AF765898

SASKIA FRÖHLICH

MIT MAXIMILIAN WINKEL

INTROVERTIERT NA UND?

Lieber nur dabei statt mittendrin

FISCHER

FSC
www.fsc.org
MIX
Papier | Fördert gute Waldnutzung
FSC® C083411

2. Auflage 2024
Erschienen bei FISCHER Taschenbuch

© 2024 S. Fischer Verlag GmbH, Hedderichstr. 114, 60596 Frankfurt am Main
Die Nutzung unserer Werke für Text- und Data-Mining im Sinne von § 44b UrhG behalten wir uns explizit vor.
Illustrationen, Layout und Satz: Christina Hucke, Frankfurt
Druck und Bindung: CPI books GmbH, Leck
ISBN 978-3-596-71122-2

Für alle,
die auch lieber nur dabei statt mittendrin sind.

INHALT

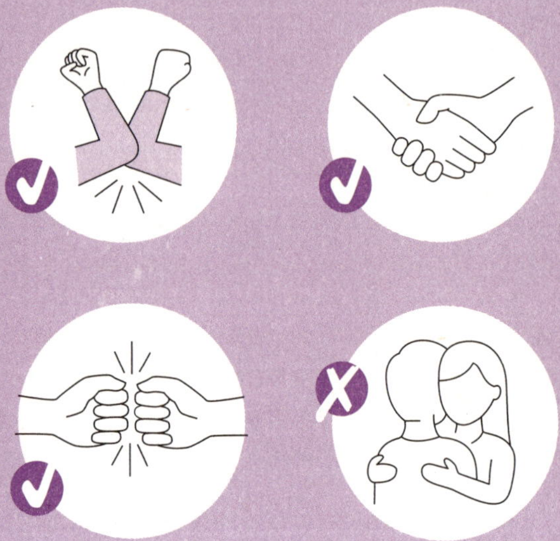

01
PARTY-ODYSSEE, ERSTER AKT

»LEG MAL 'NEN ZAHN ZU.«

Niklas drängelt hinter mir wie ein ungeduldiger Autofahrer, es fehlt nur noch die Lichthupe.

»Schalt du mal 'nen Gang runter.«

Während er die Stufen mit Leichtigkeit erklimmt, setze ich meine Schritte langsam und kontrolliert.

Je mehr Zeit du im Treppenhaus verbringst, desto später betrittst du die Party, denke ich, clever, Saskia, sehr clever. Und wenn es überhaupt die Chance auf einen guten Abend gibt, dann nur in meinem Tempo.

Wir erreichen unser Ziel: Hinter dieser unscheinbaren Wohnungstür wird mich die Party-Odyssee erwarten. Lieber wären mir ein magisches Portal und die Flucht in eine andere Welt. Am liebsten eine ohne soziale Verpflichtungen.

Es gibt ja zwei Sorten von Menschen: jene, die freiwillig auf Partys gehen. So wie Niklas. Und Dumme, die sich überreden lassen mitzukommen. Warum habe ich zugesagt?

Ich kenne bisher niemanden aus Niklas' Freundeskreis. Und das könnte meinetwegen auch noch ein paar Jahre so bleiben.

»Worauf wartest du?« Niklas deutet auf die Klingel.

Dass dich Blitzdurchfall erwischt und wir einen Last-Minute-Abgang machen. Bevor mir die Gesichtszüge entgleiten, zwinge ich meine Mundwinkel wieder nach oben und drücke mit zitterndem Finger die Klingel, als betätigte ich den roten Knopf eines Bombenentschärfungssets. Ich habe keine Ahnung, wie man eine Bombe entschärft. Aber es ist bestimmt leichter als das, was mir bevorsteht. Dumpfe Musik und fröhliches Geplauder dringen durch die Tür. Ganz schön laut. Wie stehen die Chancen, dass ein gereizter Nachbar die Polizei ruft und die Hausparty aufgelöst wird? Ich überprüfe die Klingel des Nachbarn: Michael Hoffmann. Das klingt nach Sandalen-Socken-Kombi, Feinripp-Unterhemd und starker Armbehaarung. Bestimmt eine empfindliche Person. *Komm schon, Michael, tu es für mich ... Oder meinetwegen auch für dich ... Und deinen erholsamen Boomer-Schlaf.*

Im Zweifel kontaktiere ich die Polizei selbst und gebe mich als Herr Hoffmann aus. Ich höre mich schon mit tiefer, männlicher und auf jeden Fall authentisch klingender Stimme sagen: »Guten Abend, Herr Polizeiwachtmeister. Extrem extrovertierte Personen feiern hier eine extrem extrovertierte Party. Greifen Sie ein, schnell!« *Das reicht, Saskia. Gib dem Abend eine Chance. Stell dich einfach nicht dumm an, und alles wird gut.*

Noch bevor uns geöffnet wird, schiebe ich mich hinter Niklas. Ich bin doch nicht irre und begrüße die Person auf der anderen Seite als Erste. Ich erinnere mich an die vierjährige Saskia, die sich immer und überall hinter dem Bein ihrer Mutter versteckte, um sämtliche Begegnungen mit Fremden zu vermeiden. *Fünfzehn Jahre später, und ich habe mich kein Stück weiterentwickelt, wow.* Niklas sieht mich fragend an. »Warum so schüchtern?« *Ich geb' dir gleich ›schüchtern‹.* Er wippt vorfreudig im Takt der dumpfen Bässe, und eine dunkle Locke fällt ihm ins Gesicht. Reflexartig streicht er sie zurück. Oh nein, was wäre nur, wenn seine Frisur für die Party nicht perfekt säße? Müssten wir dann etwa sofort die Flucht ergreifen? Das wäre ja schade. (Am liebsten würde ich ihn in den Schwitzkasten nehmen, um seine Haare zu zerzausen. Aber meine Mama hat mir immer gesagt, ich soll mich nur mit Schwächeren anlegen.)

Die Tür schwingt quietschend auf. »Niklas, schön, dass ihr da seid!« Eine blonde Mittzwanzigerin umarmt meinen Freund, als sei er der lang ersehnte Main Act der Party. »Und du musst Saskia sein. Freut mich, ich bin Sarina.« Als sie sich auf Schlagdistanz genähert hat, strecke ich ihr die Hand entgegen. Im selben Moment legt sie die Arme um mich und zieht mich an sich heran. Ich ramme ihr meine ausgestreckte Hand in den Bauch. *Bravo, Saskia. Fehlschlag Nummer 1. Und das innerhalb der ersten dreißig Sekunden. Eventuell ein neuer Rekord.* Sie überspielt mein

Missgeschick mit einem Lachen und signalisiert mir: Lass uns diese unangenehme Situation einfach vergessen. Aber da hat sie die Rechnung ohne mich gemacht, denn *ich* werde noch in fünf Jahren darüber nachdenken. Dieser Moment kommt in meine Worst-of-Gedächtnisschublade. (Ich brauche bald einen neuen Rollcontainer, der letzte quillt schon über.)

HALLO. ICH BIN'S. JETZT-SASKIA.

Ich werde mich hier immer mal wieder zu Wort melden und mit dir zusammen die Erfahrungen der Damals-Saskia verdauen. Die Damals-Saskia hätte im Leben nicht davon geträumt, einmal die Akten ihrer Worst-of-Gedächtnisschublade offenzulegen. Aber damit du nicht nur von meinen damaligen Erfahrungen überflutet wirst und dir denkst: »Was zur Hölle ist denn bloß los mit ihr?«, werde ich das Erzählte zwischendurch aus meiner heutigen Perspektive einordnen und Hintergrundwissen zum Hauptthema des Buchs einstreuen: Introversion.

Wahrscheinlich wirst du bereits eine Vorstellung davon haben, wie Introvertierte sind – ob diese Vorstellung stimmt, finden wir im Verlauf des Buchs gemeinsam heraus. Also aufmerksam lesen, das ist alles klausurrelevant.

Die Party, zu der Niklas und ich eingeladen waren, liegt mittlerweile einige Zeit zurück – und in der Zwischenzeit hat sich bei mir viel getan. Zum Beispiel bin ich älter und um einiges klüger. Zumindest im Hinblick auf meine Introversion.

Von meinem neu gewonnenen Wissen profitiere aber nicht nur ich, sondern – über den Verlauf des Buchs – hoffentlich auch du. Dabei ist vollkommen egal, ob du eher intro- oder extrovertiert bist. Ich richte mich bewusst an alle, da ich zwischen beiden Ausprägungen vermitteln und ein besseres Verständnis für Introversion schaffen möchte. Vielleicht wird man in zweihundert Jahren von mir als »Saskia Fröhlich, Botschafterin für Introversion« sprechen. Vielleicht auch nicht. Sehr wahrscheinlich nicht. Wichtig ist allerdings, dass du – falls du introvertiert bist – nicht erwarten solltest, durch dieses Buch extrovertiert (allgemein bekannt als: offener, geselliger und kontaktfreudiger) zu werden. Vielleicht wirke ich in meinen Videos auf Instagram, TikTok und YouTube extrovertiert auf dich, vielleicht hältst du mich bei einem Stand-up-Auftritt für aufgeschlossen und kommunikationsfreudig, oder vielleicht kennst du mich weder von Social Media noch von Stand-up-Auftritten. Falls Letzteres auf dich zutrifft, dann nimm dir jetzt bitte fünf Minuten Zeit, um meine Videos auszuchecken und mir auf allen Social-Media-Kanälen zu folgen. Ich werde das überprüfen. (Ich weiß nur noch nicht wie.)

Nun, wo du wieder zurück bist, können wir weitermachen:

Intro- sowie Extroversion sind angeborene Persönlichkeitsmerkmale. Weder kann man sie »überwinden«, noch sollte man sie überwinden wollen. Mein Ziel ist deshalb, dich bestmöglich darüber aufzuklären, so dass du im Alltag entweder dich selbst oder eben die Gegenseite besser verstehst. Die angesprochene Worst-of-Gedächtnisschublade gehört zu meiner Grundausstattung als Introvertierte. Unangenehme Situationen, Fettnäpfchen und uneindeutige soziale Interaktionen klebt mein Gehirn sofort ins mentale Fotoalbum. Und sobald ich Momente friedlicher Ruhe genießen könnte (die für Introvertierte die Quelle aller Energie sind), beginnt mein Kopf ungefragt damit, durch das Album zu blättern. Stichwort: Overthinking. Vielleicht kennst du das. Du liegst abends im Bett, willst schlafen und plötzlich fällt dir aus dem Nichts ein, wie du damals in der achten Klasse vorne an der Tafel laut gepupst hast. Und ich werde dir jetzt nicht verraten, ob diese Situation ebenfalls Teil meines besagten Fotoalbums ist. Denn dem Thema Overthinking widme ich mich erst im dritten Kapitel ➔ *KONFERENZ IM KOPF*. Andererseits baue ich das ganze Buch auf eigenen Erfahrungen und nicht wenigen Peinlichkeiten aus meinem

Leben auf – man könnte also auch sagen: Der gesamte Text ist eine Form von Overthinking.

Wie heutzutage mein Umgang damit aussieht? Bevor wir das herausfinden, müssen wir erst einmal zurück zur Party, die hat nämlich gerade erst angefangen. Also werfen wir einen weiteren Blick in das Fotoalbum meiner besten Fehltritte. Ich freue mich schon.

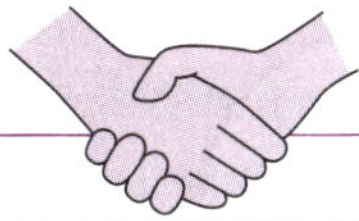

DIE BEGRÜSSUNGSRUNDE

Wir betreten den Flur der Altbauwohnung. Über den Boden verteilen sich rund zwanzig Paar Schuhe. Sind wir etwa die Letzten? Wie oft wird meine ausgestreckte Hand wohl noch mit Rippen kollidieren? Widerwillig stelle ich mich schon mal auf weitere Umarmungen ein. *Hauptsache, hier lauern keine Psychopathen, die mich mit Küsschen links und rechts überfallen wollen und –*

»Saskia, war das bei euch genauso?«

Fuck. Hat sie nicht mit Niklas gesprochen? Kann sie da wirklich erwarten, dass ich zuhöre?

»Genau.« Ich lächle und bete, dass *das* bei uns tatsächlich genauso war. Was auch immer *das* sein soll …

Niklas nickt. »Deine Wohnung war tatsächlich etwas schwer zu finden, Sarina.« Mein Gebet wurde erhört. Amen.

Sarina führt uns durch den Flur. Unterwegs halte ich Ausschau nach dem Safe-Room – oder wie andere es nennen: Badezimmer. *Tut mir leid, Sarina, die nächsten fünf Stunden verbringe ich auf der Toilette. Üble Blasenentzündung. Richtig übel. So mit Blut und allem. Und damit meine ich nicht, dass ich in Wahrheit fünf Stunden auf dem Deckel sitzen und Candy Crush spielen werde, versprochen.*

Da ich das Bad auf Anhieb nicht ausfindig mache, bleibt nur der harte Weg: fragen. Ich zähle innerlich bis drei. Dann bis sechs. Schließlich bis zwanzig, als ich mich endlich traue: »Ehm –«

»Und hier ist das Wohnzimmer.« Sarina lässt uns den Vortritt. »Ich bin kurz in der Küche.«

Wen interessiert deine kleine scheiß Dreckskũche, wo ist das verdammte Bad? Dann suche ich es eben selbst.

Ich drehe mich zu Niklas: »Du, Schatz, ich bin mal schnell –« – »Ach, guck mal, wer da ist.« Er packt meine Hand und schleift mich durch den zwanzig Quadratmeter großen Raum, in dem sich gefühlt 64 Leute tummeln und beinahe stapeln (es sind zwölf, und sie stehen ganz normal nebeneinander).

Ich lande in der pulsierenden Mitte des bunten Treibens. Umgeben von der lebendigen Energie einer ausgelassenen Gruppe, verstärkt sich mein Gefühl von Distanz – eine unsichtbare Blase trennt mich von der äußeren Welt.

Warum zittern meine Knie so?

Ein Polohemd-Typ steht an der Musikanlage und macht sich am Regler zu schaffen. Die Bässe hämmern, der Boden vibriert. *Darum zittern meine Knie so. Oder?*

»Spinnt ihr?« Eine junge Frau senkt die Musik wieder auf Zimmerlautstärke. »Wollt ihr, dass die Nachbarn die Polizei rufen?« *Ja, ja, oh Gott, ja!*

Niklas navigiert sich mühelos durch das Gewimmel und begrüßt seine Freunde. Bei den Frauen: Umarmungen. Bei den Männern: vor Testosteron triefende Handschläge. Ich ringe mir ein gezwungenes Lächeln nach dem nächsten ab. *Kein Problem, Schatz. Du musst mich niemandem vorstellen. Das kann ich problemlos selbst übernehmen. Kinderspiel. Ha ha.*

Ich klammere mich an Niklas. Meine wichtigste Regel: Immer derselben Person Hallo sagen, die Niklas zuletzt begrüßt hat. Falls nötig umarmen. Dann eine meiner sorgfältig vorbereiteten Begrüßungen nutzen: »Hey, ich bin Saskia« – okay, mehr habe ich noch nicht.

Die ersten Minuten laufen überraschend gut. Nach dem fantastischen Start mit Sarina folgen – sage und schreibe – drei weitere Personen:

1. Hannah, durchschnittliche Umarmung, wenig Armeinsatz, viel Brustkontakt.
2. Person zwei, ich bin noch damit beschäftigt, mir den ersten Namen zu merken.
3. Ben oder Paul, es könnte auch Jan gewesen sein ... verdammt! Er gibt mir einen Klaps auf den Rücken?! (Fast hätte ich ein Bäuerchen gemacht.)

Eine Stimme tönt aus dem Flur: »Wer hat Bock auf Bierpong?«

Die Gruppe schießt auseinander wie die Sterne einer expandierenden Galaxie, und ich stehe da, als hätten mich unsichtbare Anziehungskräfte aus Niklas' Umlaufbahn gerissen. Ich drehe mich um und tatsächlich: Er wurde vom Sog der Party verschluckt. Sein Parfüm hängt noch in der Luft. Er ist jetzt an einem besseren Ort. Nämlich nicht HIER! (Wahrscheinlich beim Bierpong.)

Die laute Musik, die lauten Menschen und ihr lautes Geplauder lösen in mir einen Fluchtreflex aus. Ich suche nach einer Möglichkeit, mich ungesehen und ungehört aus der Menge zu manövrieren. Aus dem Nichts taucht eine Frau auf und hält mir ihre Hand hin. *Na gut, mit einem Handschlag kann ich arbeiten, Kerstin.* (Sie sieht aus wie eine Kerstin.)

»Hi, ich bin Juliana.« *Nah dran.*

»Du bist Niklas' Freundin, Saskia, richtig?«

»Hey, ich bin Saskia.« Prima, Fehlschlag Nummer zwei. Ich sollte mir die vorbereiteten Begrüßungen echt abgewöhnen. Juliana lächelt darüber hinweg, aber meine Worst-of-Gedächtnisschublade füllt sich weiter.

»Weißt du zufällig, wo die Toilette ist?«, frage ich.

»Ne, ich bin auch zum ersten Mal hier. Frag mal Sarinas Freund, Joscha. Der steht da drüben.«

Sie deutet vage in den Raum. *Ach, danke für diese präzise Beschreibung. Jetzt weiß ich, dass Joscha einer von allen ist.* Ich erkläre die Vorstellungsrunde für beendet und widme mich wieder Plan A: Finde das verfluchte Bad auf eigene Faust und weiche dabei allen Personen aus, deren Gesichter du noch nicht kennst. Ganze drei Sekunden gelingt mir das, doch schon im Flur begegnet mir die nächste fremde Person.

»Hey, ich bin Saskia«, rutscht es mir raus. Macht der Gewohnheit.

»Ich weiß, ich bin Timon, wir haben uns gerade Hallo gesagt?« *Ah, Person zwei.*

»Kannst du mir sagen, wo die Toilette ist?«

Er schüttelt den Kopf und ich husche an ihm vorbei. Okay, freie Sicht auf drei verschlossene Türen. Ich steuere die erste an. Küche. Verdammt.

»Saskia, perfekt. Verteilst du die schon einmal im Wohnzimmer?«

Sarina hält mir ein Tablett mit zwanzig Waldmeister-Shots hin. »Ich komm' gleich mit der zweiten Ladung nach.«

Sag einfach: ›Sorry, aber ich muss superdringend auf die Toilette.‹

»Klar, gerne.«

Unterwegs wäge ich ab, ob ich die zwanzig Shots auch allein schaffe – dann bliebe mir das Wohnzimmer erspart. Und sobald ich mich in den nächstbesten Abfalleimer übergebe, verrät man mir bestimmt, wo die Toilette ist. Aber was sage ich Sarina? ›Da bin ich wieder, die Shots sind schon weg. Und wenn du mir jetzt noch ein Tablett gibst, dann klatsche ich es dir ins Gesicht.‹

Im Wohnzimmer versuche ich, die Aufmerksamkeit der Meute auf – nein, nein, bloß nicht auf mich – auf die Shots zu richten. »Möchte jemand –« Meine Stimme bricht. Voice-Crack. Ich schaue beschämt in die Runde. Keiner nimmt mich wahr, ich bin Luft. »Möchte jemand einen Shot?« Nichts.

Sarina stolziert selbstbewusst mit einem zweiten Tablett an mir vorbei. Darauf Shot-Gläser mit Erdbeerlikör.

»Leute, wer will noch mal, wer hat noch nicht?«

Hätte ich gewusst, dass man hier lauter als in einer Bibliothek sprechen darf, hätte ich es trotzdem nicht getan.

Jetzt fallen sie über uns her, alle Hände greifen zu. Als sie fertig sind, ist das Tablett leer. Meine Chance. Mission: Badezimmer. Auf geht's.

»Warte, wir stoßen noch an.« Niklas ist zurück und drückt mir einen Shot in die Hand.

Eigentlich sollte ich sauer auf ihn sein, weil er mich einfach alleingelassen hat. Aber er ist die einzige Person, die ich auf dieser Party kenne (leider) – und das ist immer noch besser als die ganzen Fremden hier.

Also vergeben und vergessen. Aber ab jetzt lasse ich dich nicht mehr aus den Augen.

»Prost.« Ben, Paul oder Jan – *wie heißt der denn jetzt?* – stößt mit mir an. Ich lege meinen Kopf in den Nacken und schlucke das brennende Grün. Danach ist Niklas verschwunden. Ich habe nur EINE SEKUNDE nicht hingesehen. Wahrscheinlich ist der Penner gerade im Bad.

Beziehungstherapeuten sagen doch immer, Kommunikation sei der Schlüssel. Übersetzt heißt das: Wenn du weißt, wo die Toilette ist, aber es für dich behältst, ist das schlimmer als Fremdgehen. Möge der Blitzdurchfall ihn treffen!

Ich realisiere, dass Ben/Paul/Jan ebenfalls vom Erdboden verschluckt wurde. Pro: kein Smalltalk. Kontra: Ich stehe völlig lost in diesem Wohnzimmer herum. Meine einzige Bezugsperson löst sich ständig in Luft auf, und auf der Suche nach dem Bad fühle ich mich wie in der *Truman Show*. Alle anderen wissen Bescheid, nur mich lässt man zur allgemeinen Unterhaltung im Dunkeln tappen. And the Award for blanker Horror goes to: Saskia. Neben mir unterhält sich ein Typ mit Sarina, schaut dabei zu mir herüber und runzelt die Stirn.

Habe ich dumm geguckt? Habe ich etwas im Gesicht? Sieht es merkwürdig aus, dass ich allein rumstehe? WAS DENN?

Die aufkommende Panik löst meinen Wirke-beschäftigt-Reflex aus. Ich zücke mein Handy. Wie haben Introvertierte das wohl in der Antike gemacht? »Ehm, sorry, ich bin gerade beschäftigt. Ich studiere diese Steintafel, die ich praktischerweise immer mit mir herumschleppe.« Das ist doch albern. Also sowohl die Steintafel als auch mein billiger Handy-Trick. Statt mitten im Wohnzimmer kann ich genauso gut im Bad durch meine Apps scrollen, als gäbe es zwischen den bunten Icons etwas Interessantes zu entdecken.

Hier sehen wir unsere junge Introvertierte in feindlicher Umgebung. Inmitten des Extro-Dschungels hat sie sich in das Revier einer Herde Extrovertierter verirrt und läuft Gefahr, als Eindringling enttarnt zu werden. Für die rivalisierende Spezies wäre sie ein gefundenes Fressen. Doch was ist das? Sie begibt sich an den Rand der Herde und ahmt das Verhalten einzelner Extrovertierter nach. Ein riskantes Manöver – ob der Trick auffliegen wird? Chamäleonartig hält sie ihre Tarnung aufrecht, während sie sich langsam aus dem Geschehen zieht. Das war knapp. Für den Moment scheint sie sich in Sicherheit gebracht zu haben. Heute Nacht gehen die Extrovertierten womöglich hungrig schlafen. Schalten Sie morgen wieder ein, wenn es heißt: Abenteuer Introversion – der Kampf ums Überleben.

Zum gefühlt zehnten Mal stürme ich in den Flur und lande in einem Rücken, der den Weg zur nächsten Tür versperrt. Er dreht sich um und mich blendet ein freundliches Lächeln. Dann sagt er die magischen Worte: »Sorry, ich stehe hier nur fürs Klo an.« Er hält mir die Hand hin. »Wir kennen uns, glaube ich, noch nicht. Ich bin Elias.«

»Saskia.«

Er schaut mich fragend an.

Worauf wartet er? Der Ball liegt bei ihm.

»Eh, die Freundin von Niklas«, ergänze ich.

Die Glühbirne über seinem Schädel leuchtet auf.

»Ah, cool, dich mal kennenzulernen. Beim letzten Mal hat es ja leider nicht geklappt.«

Beim letzten Mal hatte ich ›Kopfschmerzen‹. (Sie waren vorgetäuscht.)

»Ja, superschade.«

Von wegen.

»Niklas hat erzählt, dass euch eine gemeinsame Freundin verkuppelt hat?«

Meine Alarmglocken springen an. Verwickelt mich Elias gerade etwa in … wie nennt man das noch mal … SMALLTALK? Ohne meine Einwilligung. Übergriffig.

»Genau.« Ich frage mich, ob ich dazu imstande bin, auch Antworten mit mehr als zwei Silben zu geben. Dann probiere ich mal mein Glück: »Also, das war eine Arbeitskollegin von mir, die mit Niklas zur Schule gegangen ist.«

Damit dürften hoffentlich alle offenen Fragen geklärt sein. Aber Elias setzt das Verhör gnadenlos fort:

»Wo arbeitest du denn?«

Das geht dich gar nichts an.

»Ach, das ist nur so ein Minijob. Eigentlich studiere ich BWL.«

Bevor Elias weiter seinem Fragenkatalog folgen kann, gehe ich zum Gegenangriff über. Ist schließlich die beste Verteidigung. Und wenn ich Glück habe, ist er genauso redefreudig wie Niklas. Dann setzt er das Gespräch fort, ohne dass ich auch nur ein einziges Wort beitragen muss.

»Was machst *du* denn so? Und woher kennst *du* Niklas?«

Während seines Monologs gelingt es mir nur unter größter Anstrengung, dem Faden zu folgen. Sobald er eine Pause macht, steigt mein Puls. *Red weiter.* Meine Energie reicht gerade noch für »Ja«, »Mh« und Nicken. Tot umfallen wäre auch eine Option.

Ich, die Jetzt-Saskia, habe in den letzten Jahren viel über meine Introversion gelernt, und in der Rückschau verstehe ich manches besser. Du denkst, jetzt kommt ein Aber? Dann liegst du vollkommen richtig. Situationen wie die mit Elias fallen mir nämlich noch immer nicht leicht. Smalltalk ist mein absoluter Endgegner. Natürlich will ich nicht unhöflich wirken, aber verlangt der Anstand wirklich immer direkt ein zehnminütiges Gespräch? Noch dazu spontan? Was ist aus dem guten alten Hallo-und-Tschüss geworden? Und seit wann ist Wegrennen keine Option mehr? (Petition folgt.)

Für mich ist Smalltalk wie eine Waage, bei der ich das Gewicht meines Gegenübers immer perfekt ausbalancieren muss. Was ist die richtige Frage, um das Gespräch nicht abzuwürgen, aber gleichzeitig eine endlose Unterhaltung zu vermeiden?

»Bist du gut hergekommen?«

»Was gibt's Neues?«

»Hast du auch schon einmal eine Leiche gesehen?«

Warum sich die »kleinen Gespräche« für mich auch wie ein Irrgarten ohne Ausgang oder Ziel anfühlen können, dessen Struktur sich zudem permanent verändert, erkläre ich dir im Kapitel ➔ *SMALLTALK-LABYRINTH*.

DIE VERSCHNAUFPAUSE

Endlich öffnet sich die rettende Badezimmertür. Niklas kommt heraus. »Was ziehst du denn schon wieder für 'ne Fresse?«

Mit einem Mal wird es sehr still im Flur.

›Niklas, wir kommen nun zur ersten Frage. Für fünfzig Euro wollen wir wissen: Ihre introvertierte Freundin ist auf einer Party völlig überfordert. Wie reagieren Sie?

A. Ich frage sie in einem ruhigen Moment, wenn es niemand mitbekommt, ob alles in Ordnung ist.
B. Ich stelle sie vor anderen Menschen bloß und bin so unsensibel wie möglich.‹

›Es ist B), ganz eindeutig.‹

›Glückwunsch, das sind die ersten fünfzig Euro für den Freund des Jahres.‹

Ich lasse seinen fiesen Spruch kommentarlos über mich ergehen, die Klügere gibt schließlich nach. Außerdem möchte ich ihm nicht noch eine Chance bieten, mich vor allen zu blamieren. Denn das schaffe ich auch ganz allein. *Ha. Emanzipation, Baby!*

»Ich muss einfach nur aufs Klo.«

»Ich seh' doch, dass irgendwas ist.«

In deiner Glaskugel, oder wo?!

»Alles gut. Mach dir keinen Kopf.«

Und nerv mich nicht.

»Hast du dich überhaupt schon allen vorgestellt oder spielst du wieder das stille Mäuschen?« Er lehnt sich vor und spricht leise genug, dass die anderen es nicht hören.

»Die Leute beißen nicht.«

Danach verschwindet Niklas in Richtung Wo-auch-immer. Ich realisiere, dass ich für den restlichen Abend auf mich allein gestellt sein werde. Ich MUSS in dieses Badezimmer.

Elias lächelt mich verlegen an. »Ich geh' mal eben.« Dann schlüpft er ins Bad. Hinter mir taucht Juliana auf.

Na toll.

»Sieht so aus, als hätten wir nun beide das Badezimmer gefunden.«

Meine Energie reicht für ein Lächeln. Elias braucht zum Glück nicht lange. Ich verschließe die Tür und sinke auf den Badewannenrand. Ein Blick aufs Handy verrät mir, dass seit unserer Ankunft gerade einmal dreißig Minuten vergangen sind. Wie lange wird Niklas wohl bleiben wollen? Vier Stunden? Fünf? Acht? Und ich bin jetzt schon am Ende.

Rückblende: elfte Klasse, Sportunterricht, Drei-Kilometer-Lauf. Zwanzig Minuten sollen nicht überschritten werden, alles darüber ist eine Fünf oder schlechter. Anstelle des üblichen Sportplatzes verlagert unser Lehrer die Stunde in den angrenzenden öffentlichen Park. Meine beste Freundin und ich nehmen an einer unbeobachteten Stelle eine Abkürzung. Mit einer Spitzenzeit von 15 Minuten ergaunern wir uns die Eins. Als könnten wir eine Viertelstunde lang in einem Tempo von zwölf Stundenkilometern rennen. Und als könnte ich einen ganzen Abend diese extrovertierten Leute ertragen. Wo ist die scheiß Abkürzung? Ich spähe aus dem Fenster. Wie viele Knochen man sich wohl beim Sprung aus dem dritten Stock bricht? Und ist ein gebrochenes Bein wirklich schlimmer als eine weitere Minute auf dieser Party? Ich wende mich vom Fenster ab. Mein Spiegelbild sieht wie jemand aus, den man dringend in den Arm nehmen sollte. Und ein Stück Schokolade könnte auch nicht schaden. *Komm schon, Saskia. Du schaffst das!* Ich richte mich auf, stemme meine geballten Fäuste in die Taille und hole tief Luft, bereit zum Kampfschrei. Dann flüstere ich: »Jetzt aktivier verdammt nochmal deine innere Lara Croft. Du bist stark, du kannst das, und du siehst gerade überhaupt nicht albern aus.«

Dann kommen die Tränen.

Wenn dir das bekannt vorkommt, beglückwünsche ich dich zu deiner sehr wahrscheinlich ebenfalls introvertierten Persönlichkeit. Wenn du dich hingegen fragst, was mit dieser Saskia nicht stimmt, dann wirst du am Ende des Buchs hoffentlich schlauer sein. In beiden Fällen darfst du für einen Moment durchatmen: Der erste Akt dieser Party-Odyssee ist geschafft. Und keine Sorge, im zweiten Akt wird es selbstverständlich schlimmer.

Wie man sieht, herrschte damals zwischen meiner Vorstellung eines entspannten Abends und der meines Freundes eine unüberwindbare Disproportionalität. Ja, die Jetzt-Saskia benutzt solche Fachbegriffe ohne Scheu, schließlich ist sie Autorin. Suchmaschinenverlauf: ›Was ist der Fachbegriff für »Missverständnis?« - Dispo ... Disprolo ... Dispropo-was?‹

(Scheiß drauf, copy-paste.)

Ich lasse natürlich keine Gelegenheit aus zu erwähnen, wie viel klüger ich heute bin. Zum Beispiel verstehe ich heute, dass mein Extro-Ex Niklas seine Energie aus Abenden wie diesen zieht. Er tanzt mit Freude auf allen Hochzeiten, unterhält sich für sein Leben gern mit Bekannten als auch mit Fremden und blendet im sozialen Rausch schnell alles Störende aus. Damals beispielsweise mich. Es dauerte daher nicht lange und mir ging ein Licht auf: Wir zwei waren in einem wesentlichen Punkt grundverschieden. Im Gegensatz zu mir war er nämlich potthässlich. Und außerdem extroviert.

Na gut, potthässlich stimmt vielleicht nicht ganz. Ich meine, warum hätte ich dann mit ihm zusammen sein wollen? Wegen seines Charakters? Ha ha. (Ihr müsst mich verstehen, das war damals ein unschlagbares Angebot: zwei rosarote Brillen zum Preis von einer, intensive und langanhaltende Tönung, negative Charaktereigenschaften werden dauerhaft ausgeblendet.)

INTROVERSION FÜR EINSTEIGER – TEIL 1

Extroviert und introvertiert – diese Begriffe definieren mehr oder weniger den gesamten Inhalt dieses Buchs, deshalb gönnen wir uns vorab ein paar Basics: Der Psychologe Carl Gustav Jung prägte dieses sich gegenüberstehende Begriffspaar in den 1920–1930er Jahren. Vor dieser Zeit waren die Menschen einfach normal. Er schrieb es jedoch: »Extraversion/extravertiert« – also mit »a«. Heute akzeptiert aber selbst der Duden »extrovertiert« – mit »o« – als gängige Form. Und was der Duden akzeptiert, das akzeptiere auch ich. (Außer »das« Nutella, es heißt »die«!)

Mit Introversion meint er die Kerneigenschaft einer Person, die sich nach innen orientiert. Das bedeutet beispielsweise ein regelmäßiges Bedürfnis nach Ruhe, Zurückhaltung in sozialen Settings und wenig bis keine Lust auf diese Dreckskacke namens Smalltalk. (Oder einfach gesagt: Introvertierte traf der Corona-Lockdown in der Regel nicht so hart.) Die Extroversion bezeichnet das Gegenteil und somit gesprächigere, offenere und zum Außen hingewendete Persönlichkeiten. Extrovertierte benötigen daher mehr externen Input, wie Partys, zwischenmenschlichen Austausch oder Unternehmungen, die für neue Reize sorgen. Ich liebe es zwar auch, Neues auszuprobieren und mich abenteuerlichen Aktivitäten zu stellen, aber die Verarbeitung des Erlebten erfordert bei mir zumindest einen zeitweisen Rückzug. Für dieses Verhalten fehlt wiederum Extros – zumindest in meiner Erfahrung – häufig das Verständnis, da sie dieses Bedürfnis nicht kennen.

Bei meinen Schilderungen über die Party wurde sicher deutlich, wie sehr der Extro-Ex und ich uns unterschieden – für den Psycho-Doc wären wir perfektes Anschauungsmaterial gewesen. Vom Extro-Ex werde ich übrigens noch ausführlicher erzählen. Eine Sache möchte ich aber bereits vorwegnehmen: Die starken Unterschiede zwischen uns sorgten im Verlauf unserer gemeinsamen Zeit für immer schlimmere Konflikte, bis ich schließlich ins Grübeln geriet. Nicht nur über die Beziehung (die war hoffnungslos), sondern über mich. Ich fragte mich, was mit mir nicht stimmte. Auch das lag – unter anderem – am Extro-Ex (im Endeffekt sind Ex-Freunde doch sowieso schuld an allem). Er vermittelte mir nämlich häufig, dass etwas mit mir nicht richtig sei. Du erinnerst dich an die Situation vor der Toilette? »Was ziehst du denn schon wieder für 'ne Fresse?« Er verstand nicht, dass solche Party-Settings auf mich nicht genauso befreiend und stimulierend wirkten wie auf ihn. Sein Nicht-Verstehen äußerte sich in Vorwürfen und Fragen, die jeder Introvertierte kennt: »Wieso bist du so still? Warum guckst du so böse? Bist du mit Absicht so abweisend? – Leg das Messer weg!«

Allein die Erwartung, während einer sozialen Interaktion einen dieser typischen Sprüche zu hören, sorgte bei mir lange Zeit für enormen Druck. Du fragst dich jetzt, ob ich auf Sarinas Party noch mehr dieser Sprüche zu hören bekommen habe? Beispielsweise von Niklas? Ich will ja nicht spoilern, aber ein paar unangenehme Situationen werden im Kapitel ➲ *PARTY-ODYSSEE, ZWEITER AKT* noch auf uns warten. Wie hätte ich sonst das dritte Kapitel, in dem es um »Overthinking« geht, füllen sollen? Dass man als nach innen gekehrte Person eher zum Gedankenkarussell neigt, überrascht aber auch wohl niemanden (siehe meine Worst-of-Gedächtnisschublade).

Die gute Nachricht ist: Wenn man seine Introversion kennt und einen Umgang mit ihr findet, dann lassen sich zahlreiche Fallstricke im Extro-Dschungel umgehen. Man erreicht dieses Ziel leider nicht ohne Hindernisse. Also hol deine alte Machete aus dem Keller (hat doch jeder, oder?) und schärf die Klinge. Dieses Buch wird dir meine Hindernisse zeigen und wie ich sie überwunden habe. Der Rest liegt bei dir.

Mir gelingt ein besserer Umgang heute öfter als damals, denn glücklicherweise begegnete mir in den letzten Jahren immer wieder dieses magische Zauberwörtchen: Introversion. Es gab mir Antworten, die mich aus den Selbstzweifeln retteten. Wenn ich also heute auf diese Party zurückschaue, wird mir einiges klar. Zum Beispiel, dass die Trennung eine gute Entscheidung war (sorry, Niklas). Und worauf der gute Carl Gustav Jung hinauswollte, als er zwischen der »inneren Welt« und der »äußeren Welt« unterschied.

INTROVERSION FÜR EINSTEIGER – TEIL 2

Die Begriffe Intro- und Extroversion markieren die sich gegenüberliegenden Enden einer Skala, auf der sich jeder Mensch wiederfindet. Viele kennen beide Seiten und haben sowohl intro- als auch extrovertierte Phasen oder Momente, da sie recht mittig auf der Skala liegen. Inzwischen bezeichnet man diese ausgeglichene Position landläufig auch als »ambivertiert«. Achtung: Das ist kein offizieller psychologischer Begriff, beschreibt aber treffend, dass verschiedene Ausprägungen zwischen den Polen existieren und es nicht immer ein »Entweder-oder« sein muss. Die meisten von uns sind also weder eindeutig Extro noch eindeutig Intro. Quasi non-binär (nehmt das, Boomer!).

In jedem Fall handelt es sich bei allen möglichen Erscheinungsformen von Intro- wie Extroversion um ein angeborenes Persönlichkeitsmerkmal. Welche Eigenschaften damit häufig ebenfalls einhergehen, klären wir im Kapitel ➔ *MYTHEN UND FAKTEN*. Und hier liegt auch einer der großen Unterschiede zur Schüchternheit, die man aufgrund einiger Gemeinsamkeiten häufig mit Introversion verwechselt. Introvertierte fühlen sich unter Menschen nicht zwangsweise unwohl (außer Niklas ist dabei), es verlangt ihnen allerdings mehr Energie ab. Deshalb können sie ebenso ruhig und zurückgezogen wie Schüchterne wirken, doch während es sich bei Schüchternheit um ein durch Ängste ausgelöstes und erlerntes Verhalten handelt, geht es bei Introvertierten eher darum, die Energiereserven zu schützen. Wichtig ist außerdem, dass eine Introversion nicht mit körperlichen Symptomen einhergeht, wie man sie typischerweise von Schüchternen kennt: rote Wangen, Schweißausbrüche, Herzrasen.

Rückblickend weiß ich, auf die anderen Partygäste habe ich womöglich schüchtern gewirkt. Vielleicht lagen sie damit sogar richtig, aber es ist eben nicht die ganze Wahrheit. Die Introversion kann zwar mit einer Schüchternheit einhergehen, aber viele meiner Vorlieben und Verhaltensmuster erklärt diese nicht – hier spielt die soziale Batterie eine große Rolle, das schauen wir uns auch im nächsten Kapitel an. Heutzutage schlage ich mich in sozialen Settings und dem damit einhergehenden Smalltalk zum Glück oftmals selbstsicherer (zum Beispiel, wenn ich mir ein Bahnticket kaufe – online), aber es verlangt mir trotzdem mehr ab als den Menschen, die am anderen Ende der Skala liegen. Und wird es auch weiterhin, das habe ich akzeptiert. Als in sich gekehrte Person bereitet mir die Frage nach der richtigen Begrüßungsform immer noch Kopfzerbrechen, ebenso Smalltalk-Überfälle wie das Gespräch mit Elias. Aber ich weiß, dass es keine charakterliche Schwäche oder persönliches Versagen ist.

Für den Moment halten wir fest, dass eine Introversion nicht überwunden werden kann oder muss. Sie ist kein Mangel an Kommunikationsbereitschaft oder ein Ausdruck von Feigheit, ebenso wenig Symptom einer sozialen Angst beziehungsweise *social anxiety*. All das können Introvertierte natürlich trotzdem entwickeln, Extros aber auch.

Bringen wir es auf den Punkt: Introversion bedeutet im Kern »nach innen gewendet«. Das kommt aus dem Lateinischen, zusammengesetzt aus *intro* und *vertere*. Also *Intro* = »der Anfang von Kinofilmen zum Beispiel« und *vertere* = »Je ne sais pas.« Ich hatte kein Latein. (Google sagt: wenden.)

Das Gegenteil ist übrigens ebenso leicht übersetzt: *Extro* = »red« und *vertiert* = »flag«. (Spaß, Extroversion ist für mich natürlich nicht automatisch eine Red Flag. Ich mag vieles an Extros ... Ich mag es zum Beispiel, wenn sie die Klappe halten.) Die uns allen angeborene Ausprägung bestimmt vor allem, woraus wir unsere Energie schöpfen. Der Extro-Ex zieht sie aus dem Kontakt zu anderen Menschen, aus Partys und aus der Geselligkeit, kurz: der äußeren Welt. Ich ziehe sie aus der inneren Welt, der Ruhe, dem In-sich-Gekehrtsein, da ich auf der Skala am anderen Ende gelandet bin. Also wirklich am anderen Ende. Ganz am anderen. Wenn es noch einen Teil darüber hinaus gibt, dann da. Hinter der Skala quasi.

Die Flucht auf die Toilette war für mich also vor allem eine Flucht vor dem Außen und ein Rückzug ins Innen. Der Sprung aus dem Fenster wäre übrigens die Flucht ins innerste Innen gewesen (Krankenhaus). Für Introvertierte ist so eine Reaktion nicht ungewöhnlich, denn eine breite Palette an äußeren Reizen überfordert uns. Und diese Überstimulation sozialer Settings auch noch aufzunehmen, zu sortieren und zu verarbeiten, kostet enorm viel Kraft. Soziale Settings meint für mich übrigens alles mit mehr als zwei Personen – inklusive mir selbst. Die Energie, die mich solche Events kosten, kommt übrigens je nach Rahmenbedingungen schon nach wenigen Stunden (oder wenn's sehr schlecht läuft: nach wenigen Minuten) an ihre Grenzen. Damals lief es regelmäßig sehr schlecht. Und wenn die soziale Batterie erst einmal geleert war, wurden Partys für mich schnell zum absoluten Horrorszenario. So wie bei Sarina …

(Du willst jetzt unbedingt wissen, was auf Sarinas Party sonst noch passiert ist? Dann ist mir der Cliffhanger gelungen und du blätterst schnell weiter, husch husch. Umblättern. Jetzt. Nein, warte, lies vorher noch die Infobox!)

INFOBOX

WAS WIR GELERNT HABEN

Introversion und Extroversion (bzw. »Extraversion«) definieren die Endpunkte einer Skala, auf der unendlich viele individuelle Abstufungen möglich sind.

Extrovertierte beziehen ihre Energie bevorzugt aus dem geselligen Miteinander und laden ihre »soziale Batterie« im Umgang mit anderen Menschen auf. Dieselben Settings leeren hingegen die Batterie von Introvertieren, deren Geist sich zur »inneren Welt« orientiert: Die ruhige und reizarme »Zeit für sich« ist für diesen Persönlichkeitstyp die bevorzugte Ladestation. Die meisten Menschen kennen beide Seiten der Skala und haben nur sanfte Ausprägungen in eine der Richtungen. Es gibt jedoch auch einige Fälle, in denen eines der Extreme spürbar stärker gewichtet ist.

Introversion bedeutet nicht unbedingt gleich Schüchternheit. Die Unterscheidung zwischen Schüchternheit und Introversion liegt in der zugrundeliegenden Motivation: Schüchterne meiden soziale Situationen aufgrund von Ängsten und Unsicherheiten, während Introvertierte eher ruhige Umgebungen wählen, um Energie zu sparen.

JETZT UMBLÄTTERN.

02
PARTY-ODYSSEE, ZWEITER AKT

IN FREMDEN BADEZIMMERN weint es sich immer noch am besten. Nirgends fühle ich mich so geborgen wie auf einem kalten Badewannenrand. Dumpfe Partygeräusche untermalen diese Sternstunde meines Daseins mit dem passenden Soundtrack: *»Warum hast du nicht Nein gesagt?«* Reicht ja nicht, dass hier alle extrem extrovertiert sind, sie haben auch noch einen beschissenen Musikgeschmack. (Sorry, Roland Kaiser. Und sorry an mich selbst, dass ich weiß, von wem dieser Song ist.) Es klopft.

»Einen Moment. Blasenentzündung.« Diese Ausrede schenkt mir hoffentlich fünf weitere Minuten allein in meinem Safe Place. Höchste Zeit, mich wieder frisch zu machen. Bestürzt stelle ich fest, dass Sarina in der Steinzeit lebt und nur zweilagiges Toilettenpapier besitzt. Da kann ich mir die Wangen gleich mit Schleifpapier trocknen. Nachdem das Gesicht wieder in Schuss ist – und die oberste Hautschicht entfernt –, öffne ich jedoch statt der Badezimmertür erst mal meinen Handytaschenrechner. Bevor ich mich zurück in den Party-Dschungel stürze, will ich meine Möglichkeiten kennen. Welche Kapazitäten bleiben mir? Wie portioniere ich meine Energie für die kommenden Stunden am besten? Und wie laut muss ich die Anlage drehen, damit der Nachbar endlich die Polizei ruft? *Gib alles, Roland!*

Als ich Sarinas Wohnung betreten habe, war meine soziale Batterie natürlich längst angebrochen. Allein die Anreise hat mich schon zehn Prozent gekostet. Normalerweise kann ich gut abschalten, wenn Niklas vor sich hin redet. Dann geht es zum einen Ohr rein und zum anderen wieder raus. Aber während der Autofahrt haben seine Worte eine merkwürdige Wirkung auf mich gehabt. Statt rein und wieder raus, haben sie sich durch meine Gehörgänge geätzt und mir die Hirnrinde zerfressen: »Meine Freunde wissen, wie man feiert. Die kennen nur ein Gas: Vollgas. Und die sind alle schon richtig scharf darauf, dich kennenzulernen.«

»Oh prima. Echt klasse. Supi. Ich kann's kaum erwarten.«

Zum Glück ist ihm mein sarkastischer Unterton entgangen.

Die halbe Stunde seit unserer Ankunft hat schätzungsweise weitere 15 Prozent gekostet. Damit stehe ich jetzt bei ungefähr *... Gott sei Dank gibt es Taschenrechner ...* 75 Prozent. Fühlt sich aber nach weniger an. Und meine Erfahrung zeigt: Selbst 75 Prozent schmelzen dahin wie Butter in der Pfanne, sobald die ersten Laberköpfe mich wahrnehmen und dann so komische Sachen machen wie ...

1. mit mir reden,
2. mir Fragen stellen
3. und mit mir reden.

Aber nicht verzagen: Die Kraft der Mathematik verrät dir deine Optionen. *Wozu studierst du BWL?* Das ist wie eine Kosten-Nutzen-Analyse. Mit sehr hohen Kosten und sehr geringem Nutzen. Also eher eine Kosten-Survival-Analyse.

Wenn die letzte halbe Stunde 15 Prozent gekostet hat, liegt mein Grundverbrauch für jede weitere Stunde grob geschätzt bei dreißig Prozent. Mein Taschenrechner bestätigt das Ergebnis. Wer kennt es nicht: in Matheklausuren Rechnungen wie 2 + 2 immer vorsichtshalber mit dem Taschenrechner überprüfen. Ich meine, was ist, wenn sich mathematische Gesetze doch irgendwann mal ändern? Dann werdet ihr an mich denken.

Also dreißig Prozent für jede Stunde auf dieser Party – wenigstens ist das Mindestmaß an gutem Benehmen inklusive. (Sprich: niemanden beleidigen). Meine Batterie hält mich somit für die nächsten zweieinhalb Stunden über Wasser, solange keine unerwarteten sozialen Herausforderungen auf mich warten – okay, wem mache ich etwas vor? Alles außerhalb dieses Badezimmers ist eine unerwartete soziale Herausforderung. Zweieinhalb Stunden, plus-minus. Eher minus. Ein Blick auf die Uhr. 21:34. Ab Mitternacht sieht es also düster aus. Und

Niklas hat ja auf dem Hinweg schon gesagt, dass es heute mal etwas länger gehen darf. Was meint er bloß damit? Ein, zwei Uhr? Oder eher fünf, sechs Uhr?

Nach einer ganzen Nacht wird mein Akku Pi mal Daumen bei minus 180 Prozent stehen. Niklas' hingegen bei 3000 Prozent.

Einer der vielen Vorteile, die Extrovertierte genießen: Man bekommt bei der Geburt eine Powerbank für den sozialen Akku. Lebenslange Garantie. Die Batterie vom Extro-Ex leert sich daher in solchen Settings kein bisschen, ganz im Gegenteil: Er bezieht seine Energie aus sozialer Interaktion. Bei ihm setzt die körperliche Müdigkeit also lange vor der sozialen ein. Wir erinnern uns: »Introversion« versus »Extroversion« beziehungsweise die »Ausrichtung nach innen« im Gegensatz zu der »Ausrichtung nach außen«. Wir alle müssen daher aus dem Akku, der uns gegeben wurde, das Beste machen. In meinem Fall heißt das: ist kurzlebig, hat die Kapazität einer Knopfbatterie und neigt zur spontanen Selbstentladung.

Niklas fuhr mit Vorfreude zu Sarina, ich saß daneben und verspürte »Vorstress«. Aber Vorstress ist ja bekanntlich der schönste Stress. Eine bereits angebrochene Batterie leert sich dann aber umso schneller …

… und ich hänge immer noch auf Sarinas Klo rum und die Entladung ist bereits in vollem Gange.

Gehe ich von Variante B aus (fünf bis sechs Uhr), bleibt mir folgende Option: Abhauen. *Nein, Saskia, du springst nicht aus dem dritten Stock, das Thema ist abgehakt.* Aber grundsätzlich kann mich auch niemand dazu zwingen, die Nacht durchzumachen. Und erst recht hängt die Dauer meiner Anwesenheit nicht von Niklas ab. Meine Gedanken spielen hektisch Pingpong, der Ball springt von den Regeln des Anstands zur drängenden Sehnsucht nach meinem kuscheligen Pyjama. Eine zu kurze Anwesenheit wirkt unhöflich, andererseits will ich aber auch nicht so lange bleiben, dass ich am Ende als einsame Partydeko verkümmere.

Ich könnte auch einen polnischen Abgang machen. Außerdem habe ich sogar sechs Leute begrüßt. Wer könnte da erwarten, dass ich mich von mehr als null Leuten verabschiede? Nach intensivem Hin und Her widerstehe ich der Versuchung, mich still und heimlich von der Party zu stehlen, und beschließe, meiner vermeintlichen Pflicht als Partygast nachzukommen. Ja, ich opfere mich förmlich für die Sache der gesellschaftlichen Höflichkeit. Wer braucht schon eine gemütliche Couch und seinen geliebten Pyjama, wenn man stattdessen noch ein paar Stunden auf einer Party verbringen kann, die genauso viel Spaß macht wie Genitalherpes oder noch schlimmer: ein Vortrag über Staubmilbenzählung. Ein wahrlich selbstloser Akt.

Aber egal, wie spät es heute wird: Es muss Wege geben, in den Energiesparmodus zu wechseln und Kraft zu sparen. Zum Beispiel regelmäßige Toilettenbesuche (verringern den Grundverbrauch). Oder ich verstecke mich in anderen Bereichen der Wohnung, in denen wenig los ist (beispielsweise Küche, Abstellkammer, unterm Bett, im Schrank). Und natürlich der absolute Jackpot, aber hierauf wage ich kaum zu hoffen: ein extrovertierter Partybesucher, der meine ruhige Art akzeptiert (und somit nicht Niklas ist), adoptiert mich und schirmt mich vor dem sozialen Grundrauschen ab. Dadurch würde sich die Laufzeit meiner Batterie spürbar verlängern. Nicht auszumalen, was passiert, wenn meine Batterie auf null Prozent fällt. Während es mir jetzt noch gelingen kann, unauffällig zu bleiben, ließe ein erschöpfter Akku meine größte Befürchtung wahr werden: Ich würde die gesamte Aufmerksamkeit auf mein tränenüberströmtes Gesicht ziehen. *›Leute, ich weine doch nicht, weil mich diese Party überfordert und ich ein dringendes Bedürfnis nach Ruhe verspüre. Quatsch. Mir kommen einfach die Tränen* *bei dem Gedanken, dass dieser wundervolle Abend bald zu Ende gehen wird.‹*

Auf Sarinas Party versuchte ich, den Akku-Verbrauch möglichst genau vorherzusagen und den Abend energieeffizient zu planen. Natürlich erfolglos. Exakte Prognosen gelingen mir nämlich noch seltener als jedem Tageshoroskop. Dabei dürfte Letzteres eigentlich nicht so schwer sein. »Sternzeichen Introvertiert. Vormittags: Sie haben Lust, allein zu sein. Nachmittags: Sie haben Lust, allein zu sein. Abends: Sie haben Lust auf eine Party. Nee, Spaß. Sie haben Lust, allein zu sein. Tendenz für morgen: Sie haben Lust auf soziale Kontakte, aber nur für 13 Minuten. Danach werden Sie erschöpft zusammenbrechen und sich fünf Tage erholen müssen.« Mein Batterieverbrauch ist jedoch nicht so leicht vorhersehbar. Neben meiner Tagesform kommen noch zig weitere beeinflussende Faktoren hinzu:

1. In welchem Setting befinde ich mich? Party = schlecht. Zufällige Begegnung im Supermarkt = auch schlecht. Backstage bei einer Comedyshow = dreimal dürft ihr raten. (Schlecht.)
2. Welche Art der Interaktion wird von mir verlangt? Eine einfache Begrüßung = Überforderung. Etwas Smalltalk = ein Irrgarten ohne Ausgang (siehe ➲ *SMALLTALK-LABYRINTH*). Partyspiele = Minenfelder.
3. Gibt es innere und/oder äußere Stressfaktoren? Laute Umgebung = zu viele Reize. Hohes Stresslevel = geringe Geduld. PMS = erhöhtes Mordrisiko, und ich bin nicht das Opfer. (Für alle, die es nicht wissen: PMS steht für prämenstruelles Syndrom. Oder wie Niklas gerne sagte: »schlechte Laune im Monatsrhythmus«. Oder wie ich gerne sagte: »Halt die Fresse, du [hier Schimpfwort einfügen]«.)

4. Weiß ich, wo die Toilette ist? *WO IST DIE VERDAMMTE TOILETTE?*

Eine kurze Begrüßung kostet natürlich trotzdem weniger Energie als minutenlanger Smalltalk. Ebenso verlangen mir soziale Interaktionen auf einer lauten Party mehr ab als im kleinen Kreis am Küchentisch. Und wenn mich schlimmstenfalls schon vor dem Eintreffen Sorgen plagen, dann gehen bereits auf dem Hinweg ein paar Prozentpunkte flöten. Wir erinnern uns an den Vorstress.

Aber jetzt zurück in die Geschichte, irgendwann muss der Abend ja mal sein Ende nehmen, und das klappt nur, wenn ich die Toilette endlich verlasse ...

DER ADOPTIONSVERTRAG

Juliana verschwindet hinter mir im Bad. Die Schlange besteht inzwischen aus vier weiteren Personen, den Toiletten-Joker sollte ich also nicht zu oft zücken. Wohin jetzt? *Geh es ruhig an, sei sparsam mit deiner Energie und egal, was du tust – vermeide Gruppen mit mehr als ... einer Person um jeden Preis.*

Es klingelt. Als ich mich umdrehe, öffnet Sarina bereits die Tür. Eine Gruppe von Neuankömmlingen stürzt in die Wohnung. *Noch mehr Gäste? Wieso hat mich niemand vorgewarnt?*

»Da seid ihr ja endlich.« Sarina umarmt einen Gast nach dem nächsten, danach fließt die wilde Horde an ihr vorbei und stürmt wie in Rage auf mich zu – ich denke an die Büffelherde aus *Der König der Löwen*. Die erste Person nimmt bereits Blickkontakt auf. Oh Gott, sie lächelt sogar. Ist das etwa eine freundliche Aufforderung zur Kontaktaufnahme? Nichts wie weg hier. Wie ein geschmeidiger Schatten fliehe ich in die Küche. Manöver erfolgreich durchgeführt. *Saskia, Captain der sozialen Unbeholfenheit, meldet sich ab!*

Nicht auszudenken, wie viel Kraft es mich kosten würde, eine weitere Begrüßungsrunde zu überstehen. Meine Kalkulationen würden dadurch komplett durcheinandergeworfen. Allmählich fühle ich mich wie im BWL-Seminar, da stimmen meine Ergebnisse auch nie.

»Hier ist die Küche und – ach, schaut mal. Das ist Saskia. Niklas' Freundin. Huhu.« Sarina lächelt und deutet auf mich.

Drei der Neuen, die an der Wohnungsführung teilnehmen, umzingeln mich wie ein Wolfsrudel, das die Angst seines Opfers wittert. Sie schließen mich nacheinander in die Arme. »Du bist also Niklas' Freundin? Wo habt ihr euch eigentlich kennengelernt?«

Zurück im Bad, 21:59 Uhr. Die erste Stunde ist geschafft. Im Spiegel schaue ich mir tief in die Augen. Wenn meine soziale Batterie ein Display hätte, wie viel Prozent würde sie dann anzeigen? Schlappe sechzig? Im Leben nicht. Ich tupfe mir kaltes Wasser auf die Wangen, aber blanke Panik lässt sich nicht abwaschen. Eher frustrierte fünfzig Prozent, maximal. Und selbst mit dieser Schätzung lüge ich mir wahrscheinlich in die eigene Tasche. Ich plumpse auf den Wannenrand und zücke wieder den Taschenrechner: 50 / wie viele Stunden will ich noch bleiben? Ich setze mir eine klare Grenze: 22 Uhr. Okay, sei nicht albern, Saskia. 2 Uhr. Das schaffe ich. Noch vier Stunden. Das schaffe ich nicht. Okay, erstmal rechnen.

50 % / 4 = 12,5 %. Wenn ich also bis zum bitteren Ende durchhalten will, ohne in mich zusammenzufallen wie ein Kartenhaus, muss ich meinen stündlichen Verbrauch auf 12,5 Prozent senken. *Absolut realistisch, die erste Stunde hat mich ja nur fast das Vierfache gekostet. Also musst du alles auf eine Karte setzen.* Ich stütze mich auf dem Waschbecken ab und lehne meine Stirn an die meines Spiegelbilds. *Finde deinen Extrovertierten und lass dich von ihm retten.*

Ich hinterlasse einen beigen Make-up-Fleck auf dem Spiegel, als ich mich davon löse, um meiner letzten Hoffnung nachzugehen. Mit einem Stück Toiletten-Schmirgelpapier kratze ich ihn weg. (Den Fleck, nicht den Spiegel.)

Um 22:17 Uhr lehne ich an der Kochzeile, direkt neben den aufgereihten Partysnacks. Elias kommt herein. Sofort schnappe ich mir eine Pizzaschnecke und habe ein wasserdichtes Alibi dafür, allein hier herumzustehen.

Ich verhalte mich vollkommen normal!

»Na?« Er nimmt sich ein Bier aus dem Kühlschrank.

»Wer hätte gedacht, dass es auf dieser Party auch einen ruhigen Ort gibt?«

Ich grinse. Auf rhetorische Fragen muss man schließlich nicht antworten. Warum kann nicht jede Frage rhetorisch sein? Ich hätte es um einiges leichter. Elias sieht mich verwundert an. »Und das, obwohl hier alle Snacks und Getränke stehen.«
Wenn du nur die kleinste Andeutung machst, die wilde Party-Meute in die Küche zu locken, muss ich dich leider umbringen.

»Und Niklas soll mal chillen. Dass der dich vorhin so angefahren hat, musste echt nicht sein. Wahrscheinlich hat der beim Bierpong verloren oder so. Bei dir ist aber alles gut?«
Mach mir jetzt keine falschen Hoffnungen, Elias. So spricht man nicht mit einer Introvertierten, wenn man sich nicht der daraus folgenden Verantwortung bewusst ist. Eine Adoption gilt für den gesamten restlichen Abend.

»Diese Pizzaschnecken sind echt lecker.«

Ein plumperes Ausweichmanöver muss man erst einmal schaffen.

»Drüben machen sich gerade einige Leute für die nächste Runde Bierpong bereit. Dafür geht's runter in den Garten.«

Ich winke ab. »Das ist nicht so meins.«

Elias lacht. »Meins auch nicht. Könnte vielleicht daran liegen, dass ich immer verliere. Aber dann wird's im Wohnzimmer endlich etwas ruhiger und man kann quatschen, ohne dabei schreien zu müssen. Hast du dann Bock, mit rüberzukommen?«

Ich frage mich, ob er Gedanken lesen kann. Die Worte sind wie Überbrückungskabel, die einen Teil seiner Extro-Energy auf meine soziale Batterie übertragen. Aber noch wurde keine Vereinbarung getroffen – und meine Antwort darf nicht zu needy klingen, sonst schrecke ich ihn ab.

»Ja, why not.« Ich unterstreiche meine eh schon gleichgültig klingende Antwort mit einem noch gleichgültigeren Schulterzucken. »Ehm, ich meine, *sehr gerne*. Ich komme *sehr gerne* mit rüber.« Needy. Ich sehe den Adoptionsvertrag schon im Papierschredder.

»Cool, freut mich. Willst du auch eins?« Elias öffnet den Kühlschrank erneut. »Oder was anderes?« Meine Bedürftigkeit scheint ihn nicht zu stören.

»Bier ist gut.« *Ich hasse Bier.* Er reicht mir die geöffnete Flasche. Im Flur stampft eine lachende Meute vorbei, Niklas natürlich mittendrin. Er bemerkt uns und winkt mich zu sich. »Bierpong im Garten?« Ich bewege mich keinen Zentimeter. Mit dezenter Körpersprache signalisiere ich ihm: ›Verpiss dich und laber mich nicht voll.‹ Er winkt erneut. »Diese Schlappschwänze hier brauchen noch eine würdige Gegnerin.« Er bricht in schallendes Gelächter aus und klopft einem seiner Freunde auf die Schulter. Dass er in mir grundlos eine potenzielle Bereicherung für das Spiel sieht, reicht nicht, um mich aufs Schlachtfeld zu locken. Also danke, aber nein danke. Ich verharre wie ein kopfschüttelnder Bobblehead. »Ne, viel zu kalt. Ich glaub', ich kriege 'ne Blasenentzündung.«

Er gibt sich keine Mühe, seine Enttäuschung zu verbergen. Geringschätziges Augenrollen und ein erneuter Anflug von Bitterkeit. »Pff, dann halt nicht. Elias, bist du auch allergisch gegen Spaß?«

»Ne, ich habe gerade nur nicht so Bock auf 'nen Plastikball in meinem Bier. Saskia und ich setzen stattdessen lieber auf das revolutionäre Konzept: ›Reden‹. Ja, da haben wir uns was richtig Wildes überlegt.«

Ob ich mit Elias aufs richtige Pferd setze? *Mögen die Intro- und Extro-Götter ihn mit einem endlosen Vorrat an Geschichten segnen. Denn er allein soll das Zepter des Gesprächs schwingen. Oh, welch glorreicher Höhenflug erwartet uns, wenn der Entertainer in ihm erwacht. Götter der Konversation, seid gnädig – Elias hat heute eine besondere Mission: mich vor sozialer Überanstrengung zu bewahren. Möge die feierliche Adoptionszeremonie beginnen.*

Niklas gibt sich geschlagen und wendet sich ohne weiteren Kommentar von uns ab. Spiel, Satz und Sieg, Bitches. Flaschen klirren, Reißverschlüsse werden zugezogen, Schuhe gebunden – und sie sind weg.

»Auf die Ruhe.« Elias stößt mit mir an. »Wollen wir rüber?«

DIE KEHRSEITE DER MEDAILLE

Beim nächsten Blick auf die Uhr traue ich meinen Augen kaum. 22:53 Uhr. Ich befinde mich bereits seit über einer halben Stunde in Elias' Schutzzone, und er wird immer noch nicht müde, mir aus seinem Leben zu erzählen, ohne aufdringlich zu wirken. Und ohne zu erwarten, dass ich mich genauso redselig am Gespräch beteilige. In mir kommt ein ungewohntes Gefühl auf. Moment mal ... Empfinde ich etwa ... Freude? Macht es mir Spaß, mich mit Elias zu unterhalten? *Übertreib mal nicht, Saskia.* Selbst meine Batterie hat sich seit dem letzten Zusammenbruch kaum weiter entladen. Ich schätze meinen Akkustand auf circa vierzig Prozent. Ha, schon fast die nächste Stunde rum, und die hat nur zehn Prozent verbraucht. Ich bin eine Macherin! Okay, ich nehme es zurück. Elias ist eine Macherin. Ein Macher. Wie auch immer. Ich versinke im gemütlichen Sofapolster. Neben uns unterhalten sich ein paar Leute. Niemand von ihnen interessiert sich für mich – aber auf die gute Art. Elias erzählt fröhlich vor sich hin. Niklas hat gerade keine Chance, mir einen dummen Spruch zu drücken. Ich wirke nicht lost. Aufopferungsvoll erfülle ich meine Pflicht als Partygast. Trotz der Höhen und Tiefen – hauptsächlich Tiefen (es gab keine Höhen) – sitze ich immer noch hier und halte tapfer durch. Ab wann darf man sich eigentlich als Märtyrerin bezeichnen?

»Du studierst ja BWL, richtig?«

»Ja, aber bin jetzt erst am Ende meines ersten Semesters.«

Wen interessiert schon mein scheiß BWL-Studium?

»Ach, das reicht vollkommen. Mir kam nämlich vor kurzem eine Idee für ein Start-up und da würde mich natürlich die Meinung einer Expertin interessieren.« *Expertin? Oh, oh. Worum geht's nochmal in BWL? Gewinn? Verlust? Mehr weiß ich nicht.*

»Wie gesagt – ich studiere erst seit einem Semester, und das Einzige, was ich mir gemerkt habe, ist, dass ich seit einem Semester studiere.«

Er schmunzelt. Ich leere meine Flasche. Mein Notausgang in Richtung Küche. *Ich hole mir nur kurz ein neues Bier. Geht ganz schnell, maximal dreißig Minuten. Aber rede in der Zwischenzeit ruhig weiter.*

»Pass auf.« Elias tastet seine Hosentaschen ab.

»Hast du zufällig einen Regenschirm dabei?«

Jedenfalls nicht in meiner Hose?!

»Ich glaube, ich habe einen in meinem Rucksack, der steht an der Garderobe.«

Er klatscht in die Hände. »Hammer, kannst du mir den bringen? Du wirst begeistert sein.«

Wenn er meinen Schirm gleich nicht zu Gold verwandelt, bin ich enttäuscht. Etwas misstrauisch schleiche ich mich in den Flur und fördere meinen alten, zerfledderten Regenschirm zutage. Zurück im Wohnzimmer überreiche ich Elias das klappernde Stück Metall. Er holt Luft.

»Auto-Umbrella. Der erste appgesteuerte Regenschirm.« Demonstrativ hält er mir sein Handy hin, mit der anderen Hand umklammert er den noch zugeklappten Regenschirm.

»Stell dir vor, du bist gerade draußen unterwegs.«

Beispielsweise auf dem Heimweg? Gerne.

»Und plötzlich überrascht dich ein Regenschauer. Dein Handy hast du ja sowieso schon in der Hand.«

Ehm, nein? Ich bin Studentin und finanziell nicht dazu in der Lage, mir wegen selbstverschuldeten Wasserschadens ein neues Handy zu kaufen?

»Also zückst du einfach nur den Schirm, aktivierst die App«, sein Daumen patscht auf dem schwarzen Display herum, »und zack.« Nichts passiert. Mit der anderen Hand drückt er den Knopf am Schirm und der öffnet sich mit einem lauten Schnalzen. Die anderen Anwesenden halten kurz inne, einige lachen und andere verdrehen die Augen. Elias grinst.

»Also dein Regenschirm ist natürlich noch nicht mit der App gekoppelt.« *Ach was.*

»Aber perspektivisch wird es natürlich auch noch die Möglichkeit geben, den Auto-Umbrella zusätzlich mit jeder beliebigen Wetter-App zu verbinden. Dann könnte er sich auf Basis der aktuellen Wettervorhersage vollautomatisch öffnen und schließen.«

Das ist das Dümmste, was ich je gehört habe. Mir fallen Dutzende Gründe ein, die gegen diese Idee sprechen, und die meisten davon beinhalten eine gebrochene Nase. 1:0 für den Auto-Umbrella. Voll in die Fresse. (Peng.) Elias schiebt den Schirm wieder zusammen. »Und?« – »Ja, spitze.«

Eine blonde Frau in meinem Alter lacht. »Echt jetzt, schon wieder diese Regenschirm-Geschichte?« Sie wendet sich an mich: »Nur weil Elias bei ›Wer bin ich?‹ letztes Mal Steve Jobs war, hält er den Schrott für eine bahnbrechende Idee.«

Elias schwärmt weiter: »Auto-Umbrella wird ein großes Ding. Werdet ihr schon noch sehen.«

»Ja ja.« Die Blonde zwinkert mir zu. *Noch so ein dummer Einfall und ich überdenke die Adoption, Elias.*

»Aber apropos ›Wer bin ich?‹. Wer hätte Lust auf 'ne Runde?«

Okay, Elias, das ist nicht nur dumm, das ist bösartig. Mich durchfährt ein heftiger Schauer, meine Hände werden feucht, mein Herz rast. Das sind doch die klassischen Symptome für das Partyspielresistenz-Syndrom. Scheint aber eine seltene Krankheit zu sein, weil alle anderen dieser gemeingefährlichen Wer-bin-ich-Idee zustimmen.

Wer bin ich? Saskia. Wo bin ich? Auf 'ner Party. Habe ich Lust, im Mittelpunkt zu stehen? NEIN! So, alle Fragen beantwortet. Was wollt ihr jetzt noch?

»Wie sieht es mit dir aus?« Elias sieht mich erwartungsvoll an. *Auf gar keinen Fall!* »Meinetwegen.«

Du fragst dich vielleicht, wieso ich während der Party immer wieder verschwiegen habe, was ich wirklich dachte. Ganz einfach. Zunächst hätte das ungefilterte Teilen meiner Gedanken dazu geführt, dass ich meine Mitmenschen permanent beleidige. Zum anderen löst sich im Panikmodus die Verbindung zwischen meinen Emotionen und meinem Sprachzentrum auf. So als würde ein Co-Pilot die Steuerung meines Verhaltens übernehmen, während ich ohnmächtig danebensitze und ertragen muss, was dieser Idiot mir einbrockt.

Panikmodus? Ein Spiel wie »Wer bin ich?« kann den schon mal auslösen. Die Regeln dürfte jeder kennen. Erstens: Du bekommst eine mehr oder weniger berühmte Figur zugewiesen. Zweitens: Du musst diese Figur mithilfe von Ja-oder-Nein-Fragen ermitteln. So einfach, so schlimm. Aber nicht jeder kennt die Regeln von »Wer bin ich?«, wie sie für Introvertierte lauten. Erstens: Du musst Fragen stellen. Zweitens: Du hast keine Lust, Fragen zu stellen. Drittens: Wenn du nicht schnell auf die Lösung kommst, fang wieder bei erstens an.

Die Blonde fragt in die Runde: »Wer fängt an?« Elias zeigt auf mich. »Vielleicht Saskia? Wie wär's?« Entgeistert schaue ich ihn an. *Genau, Judas. Gute Idee. Ich habe dir vertraut. Und jetzt fällst du mir eiskalt ein ums andere Mal in den Rücken?* Mit einem schlaffen »Okay« willige ich ein. Ich greife nach meiner leeren Flasche, um wenigstens vorher noch einmal in der Küche verschnaufen zu können, da schnappt Elias sie mir weg. »Keine Sorge, ich hole noch eine Runde.«

Im nächsten Augenblick klebt bereits ein Zettel auf meiner Stirn. Alle Augen ruhen auf mir.

»Oh, das ist gut«, sagt jemand.

Falsch, das ist schlecht. Die Blonde stupst mich an.

»Dann mal los.«

Okay, cool bleiben. Du musst einfach nur Fragen stellen. Kein Grund zur Panik.

»Bin ich eine männliche Figur?«

Die Runde stößt ein kollektives »Ja!« aus. Elias kehrt zurück und reicht mir mein Bier, ich stelle es, ohne zu trinken, ab.

»Bin ich Niklas?« Na klar bin ich Niklas. Die Leute müssen noch nett zu mir sein. Welpenschutz oder so ähnlich.

Elias ist sichtlich amüsiert.

»Nein, du bist auf jeden Fall nicht Niklas.«

Du bist aber auf jeden Fall ein Verräter.

»Kennt man mich aus dem Fernsehen?«

»Joa, schon.«

Die Blonde stimmt nicht zu. »Na ja, Fernsehen? Eher nicht.«

Meine Güte, entweder Ja oder Nein! Jetzt spiel ich die Scheiße auch noch mit Leuten, die selber nicht wissen, wer die Person auf meiner Stirn ist. WIE SEHR SOLL ICH NOCH LEIDEN?!

»Lebe ich noch?«

Ratlose Blicke. »Ähm.«

»Also …«

»Nun …«

Ein paar der Anwesenden brechen in Gelächter aus. »Auslegungssache, würde ich sagen.«

Die verarschen mich doch. Welcher Kackname steht auf diesem Zettel?

»Habe ich eine historische Bedeutung?«

Ich kenne keine einzige historische Figur, die man vielleicht aus dem Fernsehen kennt, vielleicht aber auch nicht, und die vielleicht tot ist, vielleicht aber auch nicht.

»Na ja, das kommt darauf an, wie du ›historisch‹ definierst.«

Elias, das ist der Punkt, an dem du einfach mal die Fresse halten solltest.

»Na, historisch eben.« Ich schaue ihn fragend an. »Römisches Reich oder so.«

Jemand ergänzt eine genauso unnütze Antwort: »Ich sag mal so, du wärst auf jeden Fall ein interessanter Partygast.«

Toll. Ich bin noch kein Stück weiter, aber hey, immerhin weiß ich, dass meine Figur ein potenziell unterhaltsamer Gast auf dieser Drecksparty wäre. Dann wird auf jeden Fall nicht mein Name auf dem Zettel stehen.

Während die Leute den Spaß ihres Lebens haben, verliert meine soziale Batterie langsam, aber sicher an Ladung. Während des Zeitraums, in dem Elias mir kaum Energie geraubt hat, fühlte ich mich zu sicher. Natürlich rächt sich das. Wir befinden uns mittlerweile im roten Bereich. Leute, Error, Storno, lange halte ich nicht mehr durch. Mein Blick pendelt zwischen der Tür und dem Fenster hin und her. *Vollsprint oder Hechtsprung?*

»Bin ich fiktiv?«

»Wer stimmt für Ja?«, fragt Elias in die Runde und hebt die Hand. Einige andere heben ebenfalls ihre Hände, die Blonde schüttelt entsetzt den Kopf. Klasse, die nächste vage Antwort.

Das ist ja echt SUPER. Die Uneinigkeit der Leute mündet in einem gemeinschaftlichen Gelächter. Unter dem Lachen der Anwesenden leeren sich meine Energiespeicher schneller als ein Handyakku bei Minusgraden.

Während ich mich weiter durch das absurde Rätselraten quäle, poltert es im Hausflur. Dann klappern Schlüssel, die Wohnungstür quietscht und das Gegröle der Bierpong-Spieler dringt bis ins Wohnzimmer. Niklas, offensichtlich siegreich vom Schlachtfeld zurückgekehrt, betritt triumphierend den Raum. Er grinst mich selbstgefällig an. »Na, Jesus?« Der Hauch von Spott ist kaum zu überhören. Sein magisches Geheimrezept für eine harmonische Beziehung ist simpel: Man nehme ein Pfund Gehässigkeit, mische es mit einer Prise öffentlicher Demütigung und garniere das Ganze mit einer gehörigen Portion respektloser Bemerkungen. Voilà, die harmonische Beziehung ist serviert – ein Fest für Augen und Ohren.

Die Blonde versetzt Niklas einen Stoß. »Manno, jetzt verrat doch nicht die Lösung.« Seine geistige Höchstleistung ist meine Rettung.

»Dank eurer hilfreichen und eindeutigen Antworten kann ich nun mit Sicherheit sagen, dass ich Jesus bin.«

»Ne, ne, das zählt nicht.« Elias zückt flink einen neuen Zettel, der gleich darauf seinen Weg an meine Stirn findet.

Echt jetzt? Denken die wirklich, dass ich noch eine Runde dieser Folter durchhalte?

»Ich würde sagen, dass jetzt jemand anders an der Reihe ist.«

Niklas verdreht die Augen.

»Hä, fang doch einfach an zu raten?«

Hä, fang doch einfach an, dein Maul zu halten?

»Aber ich war schon dran.«

Und ich möchte nicht mehr.

»Und ich möchte nicht mehr.«

Scheiße, habe ich das gerade laut gesagt? Okay, ganz ruhig, das ist eine neue Situation für mich. Einfach abwarten, wie sie darauf reagieren und nicht die Fassung verlieren. Warum zittert mein Kinn? Saskia, NICHT HEULEN!

Die Blonde versucht mich zu ermutigen: »Diesmal ist es auch nicht so schwer. Das schaffst du.« Das Einzige, was ich heute Abend noch schaffen will, ist, meine Tränen zurückzuhalten. Ein Blick auf die Uhr. 23:27.

»Hallo?« Niklas schnipst mit den Fingern vor meinem Gesicht. »Warum sagst du nichts? So kann man das Spiel nicht gewinnen.«

Erschöpfung.

Frustration.

Überforderung.

Verzweiflung.

Keine Illusionen mehr.

Null Prozent.

Ich hebe resigniert die Hände.

Dann kommen die Tränen.

DAS EINMALEINS DER SOZIALEN BATTERIE

Falls das Bild entsteht, dass bei mir oft die Tränen fließen: Das waren die einzigen beiden Momente in meinem Leben, in denen ich je geweint habe. Ich schwöre. Ohne gekreuzte Finger. (Meine Finger sind gekreuzt.)

Erinnerst du dich an den Begriff »ambivertiert« aus dem ersten Kapitel? (Falls nicht, solltest du das dringend auffrischen, ist schließlich klausurrelevant.) Mit den Ausdrücken »soziale Batterie« beziehungsweise »sozialer Akku« verhält es sich genauso wie mit der »Ambiversion«, denn auch hierbei handelt es sich nicht um tatsächliche medizinische Begriffe. Ja, für mich war es auch überraschend, als ich erfahren habe, dass wir Menschen gar keine Batterie im Kopf haben. Dennoch hilft dieses Bild bei der Veranschaulichung des tatsächlichen Phänomens. Merke dir also: Wenn dein Arzt sagt, er wolle nur kurz deinen Akku kontrollieren, hat das nichts mit Introversion zu tun, sondern du bist entweder Iron Man oder ein Saugroboter. Wenn ich hingegen vom Akku spreche, dann meine ich, wie viel Energie mir für soziale Aktivitäten zur Verfügung steht. (Wenig, wie die elendige Party-Geschichte zeigt.)

Da ich die Faktoren, die Einfluss auf den Energieverbrauch haben, inzwischen aber besser kenne, komme ich heutzutage souveräner durchs Leben. Souveräner heißt: Pro Party nur noch einmal weinen. Cool, oder? Wenn wir es aber ernsthaft betrachten wollen – du sollst schließlich auch etwas aus diesem Buch mitnehmen –, dann sollten wir das Fundament jeder zwischenmenschlichen Interaktion genauer untersuchen. Einen wesentlichen Faktor meines Akkuverbrauchs habe ich nämlich noch nicht erklärt: mein Verhältnis zum Gesprächspartner. Die Energiekosten einer Unterhaltung werden maßgeblich dadurch bestimmt, ob ich mich in der Nähe des Gegenübers wohl fühle, unsere Wellenlängen zueinander passen und er die hohe Kunst des Fressehaltens beherrscht.

In einem optimalen Szenario begleitet mich eine vertraute Bezugsperson, die von meiner Introversion weiß und diese berücksichtigt. Das bedeutet natürlich nicht, mich wie ein Kleinkind an die Hand zu nehmen und vor jeder sozialen Interaktion abzuschirmen, sondern mich wie ein Kleinkind an die Hand zu nehmen und mich vor *möglichst vielen* sozialen Interaktionen abzuschirmen. Rücksichtnahme heißt, meine stille und zurückgezogene – eben zur Ruhe ausgerichtete – Persönlichkeit nicht von oben herab zu kommentieren oder in Frage zu stellen. Genau dieses Verhalten legt nämlich eine Art von Mensch an den Tag, die meine Kapazitäten innerhalb kürzester Zeit verbraucht: der **ENERGIERÄUBER**.

ENERGIERÄUBER, DER

WORTART: *Namenwort, i.d.R. toxisch maskulin*
SYNONYME: *Akku-Vampir, El Mosquito Extrovertido, Kackfresse*
TYPISCHE ÄUSSERUNGEN: *»Warum bist du so still?«*
»Sag doch mal was.«
»Hast du mich gerade Kackfresse genannt?«

Alle Introvertierten kennen den Energieräuber, aber für jeden von uns fallen seine Methoden etwas anders aus. Mein Energieräuber zeichnet sich zunächst dadurch aus, dass er ungefragt Aussagen über mich trifft. Eben die typischen Sprüche, die uns schon seit der Party-Odyssee verfolgen. Damit geht auch einher, dass er mich unbewusst in den Mittelpunkt der Runde rückt. Wenn jemand vor den Ohren aller fragt: »Wieso bist du so still?« und sich dann sämtliche Blicke auf mich richten, schmilzt meine Akku-Laufzeit wie Eis in der Sonne. Mein Tipp an jeden, der diese Frage schon einmal gestellt hat: Hör auf damit. Und schlag dir zur Strafe dreimal selbst ins Gesicht. Es ist egal, ob man introvertiert, schüchtern oder einfach nur genervt ist, jeder hat ein Recht auf Ruhe. Manche Energieräuber lassen außerdem keine Gelegenheit aus, sich über einfache Opfer lustig zu machen. Stille und zurückgezogene Introvertierte sind da ein gefundenes Fressen. Erinnere dich nur mal an deine Schulzeit. Wer waren diejenigen, die am ehesten geärgert wurden? Richtig! Die Hässlichen. Und natürlich die Stillen. Ich war nur still. Aber tatsächlich habe ich mich in meiner Schulzeit überraschend gut geschlagen. ›Nein, Saskia, bitte nicht schlagen. Nein. Autsch.‹ Wenn du wissen willst, wie ich meine Schulzeit überlebt habe, dann freu dich schon mal auf das Kapitel ➲ *DIE KLASSENCLOWN-FRAGE*.

Aber genug vom Energieräuber, bevor er noch das ganze Buch erobert. Wäre wieder typisch. Stattdessen kommen jetzt ein paar Profi-Tipps, wie man Energieräuber in ihre Schranken weist und in sozialen Settings generell gut haushaltet.

Grundsätzlich empfehle ich Knoblauch und einen spitzen Holzpflock. Alternativ ist es auch ratsam, die eigenen Akku-Kapazitäten zu akzeptieren und mit der individuellen Prägung zwischen extro- und introvertiert Frieden zu schließen. Mit den richtigen Glaubenssätzen stärken sich dann auch Selbstbewusstsein und Stresstoleranz – die wichtigsten Waffen gegen Energieräuber (auf Platz 3 kommt der spitze Holzpflock).

Solche Sätze lauten beispielsweise:

»Es ist okay, dass ich still und zurückhaltend bin.«

»Es ist okay, dass ich lieber beobachte, statt mich einzubringen.«

»Es ist okay, dass ich mich seit sieben Stunden im Schrank verstecke.«

Na gut, den letzten streichen wir wieder. (Kann aber trotzdem eine effektive Maßnahme sein. Ihr könnt euch ja selbst rantasten.) Support durch weniger introvertierte Bezugspersonen ist natürlich ein echter Joker, wenn es um den sozialen Energieverbrauch geht. Dafür muss aber zunächst einmal die Kommunikation mit der besagten Person gelingen. Handelt es sich zum Beispiel um meinen Extro-Ex, dann braucht man es gar nicht erst probieren. Aber natürlich habe ich auch schon die Erfahrung gemacht, dass Menschen meine Introversion verstehen. Wenn ich bei diesen empathischen Bezugspersonen eher still oder zurückgezogen auftrete, wissen sie, dass es nicht an schlechter Laune oder Schüchternheit liegt. Vielleicht habe ich gerade den Spaß meines Lebens, sehe aber aus, als würde ich innerlich einen Mord planen. (Manchmal ist auch beides gleichzeitig der Fall.)

Wichtig ist, seine Bedürfnisse zu äußern. Die meisten Leute werden überraschend viel Verständnis für dich haben, sobald du ihnen einmal erklärt hast, wie du tickst. Wenn sie wissen, dass dein Schweigen nicht bedeutet, dass du keinen Bock hast, entlastet das alle Beteiligten. Und solltest du tatsächlich einmal angepisst sein, schiebst du es einfach auf deine Introversion:

»Arschloch.«

»Was?«

»Sorry, Introversion.«

»Ach so, ha ha.«

»Ja, ha ha.«

»Dann ist ja alles gut.«

»Genau. Arschloch.«

Win-win. Ein absolutes Lose-lose war das Ende meiner Party-Odyssee bei Sarina. Wie es nach der zweiten Heulattacke weiterging, interessiert dich sicher brennend? Dann musst du dich noch etwas gedulden.

Schließen wir nun mit einer Einsicht ab, die ich auf die harte Tour gelernt habe. Es ist für Introvertierte immer ratsam, den Terminkalender im Blick zu behalten. Reiht sich plötzlich ein hochintensiver Termin an den nächsten, beispielsweise: Party an Geburtstagsfeier an Weihnachtsmarktbesuch an Familienfest, dann ist das Kind bereits in den Brunnen gefallen. Beziehungsweise der Introvertierte in die Menschentraube. Hochintensive Termine mit niedrigintensiven Tagen/Phasen abzuwechseln erhöht die Chance auf ToT (Termine ohne Tränen). Ich sollte mir eine bessere Abkürzung einfallen lassen. Pausen zwischen sozialen Events sind bei mir übrigens nicht nur zum Auftanken nötig, sondern auch um das Erlebte zu verarbeiten. Ohne Ruhetage würde mir schließlich keine Zeit fürs Overthinking bleiben. Und warum das alles andere als schade wäre, schauen wir uns im nächsten Kapitel an. Massiert schon einmal eure Schläfen, holt die Erinnerungen an eure peinlichsten Momente hoch und macht euch bereit für übermäßiges und unnötiges Nachdenken über Kleinigkeiten, die alle anderen schon lange vergessen haben. Klingt gut, oder?

INFOBOX

WAS WIR GELERNT HABEN

Die Begriffe »soziale Batterie« oder »sozialer Akku« sind keine medizinischen Fachwörter, sondern umgangssprachliche Bezeichnungen für die Energie, die Menschen für sozialen Umgang zur Verfügung steht. Je nach extro- beziehungsweise introvertierter Ausprägung fällt die Akkukapazität bei jedem anders aus und hängt von verschiedenen Faktoren ab.

Bei Introvertierten steigt der Akkuverbrauch desto mehr, je unkontrollierter und unberechenbarer ein soziales Setting ist. Wenn zusätzlich wegen innerer oder äußerer Faktoren Stress aufkommt und die Interaktionen ein hohes Maß an sozialem Austausch erfordern (wie Partyspiele oder endloser Smalltalk), schießt der Verbrauch in die Höhe.

Bei Introvertierten sinkt der Akkuverbrauch desto eher, je vertrauter und sicherer ein soziales Setting ist. Zudem helfen enge Bezugspersonen, die um die Bedürfnisse ihrer introvertierten Freunde wissen und diesen zusätzliche Sicherheit geben. Im Kreise enger Freunde hält die Batterie daher deutlich länger.

Energieräuber sind Personen, die Introvertierten innerhalb kürzester Zeit große Mengen an sozialer Energie »stehlen«. Dies passiert besonders schnell bei Menschen, die gerne im Mittelpunkt stehen und die Introvertierten entweder mit ins Rampenlicht zerren oder diese sogar vor den Augen aller vorführen. Manche Energieräuber scheinen Introvertierte zu wittern.

03
KONFERENZ IM KOPF

Sitzungsort: Gedanken

Datum: ein Tag nach Sarinas Party

Thema: Overthinking

Unterthemen: Peinlichkeiten des gestrigen Abends

entschuldigt: ~~Saskia, hauptverantwortliche Person~~

(Du kannst dich hiervor nicht drücken! LG. Akten-Saskia)

anwesend: Saskia, hauptverantwortliche Person

Introversion, Komplizin

Akten-Saskia aka die Quälende

(Überraschungsgäste oder wer sich sonst noch einmischen wird)

(DIE QUÄLENDE? Wer hat das geschrieben? Das ist nicht witzig. Ich mache nur meinen Job! LG. Akten-Saskia)

AKTEN-SASKIA: Es freut mich, dass wir uns heute so zahlreich zusammengefunden haben, um uns über die gestrigen Vorfälle zu beraten. Bitte nehmt Platz.

SASKIA: Puh, ich habe gerade echt keine Zeit. Ich muss dringend los.

AKTEN-SASKIA: Diese Konferenz findet immer dann statt, wenn du nichts anderes zu tun hast und dich eigentlich ausruhen könntest. Und genau das ist gerade der Fall.

INTROVERSION: ›Ausruhen.‹ Gutes Stichwort.

AKTEN-SASKIA: Noch nicht. Erst werden wir jedes kleine Detail der gestrigen Party durchkauen, bis wir uns wünschen, nie da gewesen zu sein.

SASKIA: Ich habe mir schon vor der Party gewünscht, nie da gewesen zu sein.

INTROVERSION: Ich bin dafür, dass statt Akten-Saskia ich diesmal die Moderatorin der Konferenz bin. Einverstanden? Super, ich erkläre die Konferenz hiermit für beendet.

AKTEN-SASKIA: Hier bleibt alles so, wie's ist. Und jetzt hinsetzen, aber zackig.

INTROVERSION: ›Aber zackig.‹ Bla bla bla. Die Alte hat schon wieder 'ne Art, dass man laufend kotzen könnte.

AKTEN-SASKIA: Was?

INTROVERSION: Was?

Die Konferenz, die sich hier in meinem Kopf abspielte, ist ein Beispiel für einen ganz typischen inneren Konflikt. Solche oder wenigstens ähnliche Konflikte tragen wir alle ständig aus, ob du's glaubst oder nicht. Meistens allerdings unbewusst. Vielleicht kennst du das Instanzenmodell nach Sigmund Freud? Ich frische es aber auch gerne noch einmal auf (endlich zahlt sich mein Pädagogik-Leistungskurs aus).

Nach Freud arbeitet die (Tiefen-)Psyche grundsätzlich mit drei Instanzen: dem Über-Ich, dem Ich und dem Es. Das Über-Ich repräsentiere dabei Regeln, Gesetze oder auch gesellschaftliche Erwartungen und wirke regulierend auf das Ich. Das Es verlange nach Triebbefriedigung und dem Erfüllen von Bedürfnissen. Das Ich stehe dazwischen und vermittele zwischen den – teils im Unbewussten wirksamen – Instanzen.

In meinem Alltag sieht das Ganze ungefähr so aus: Ich stehe in einer überfüllten U-Bahn. Die Menschen drängeln, es ist laut.

ÜBER-ICH: Denk daran, Höflichkeit ist wichtig. Bleib geduldig und fang bloß nicht an, die Menschen anzuschreien.

ES: Das interessiert doch kein Schwein! Ich will hier raus!

ÜBER-ICH: Ruhig bleiben und zusammenreißen! Für die anderen ist es genauso voll. Es wird gleich bestimmt leerer, und dann ist es auch erträglicher.

ES: Du hast »un« vergessen. Un-erträglich! Ich kann nicht atmen. Es. Ist. Zu. Voll.

ÜBER-ICH: Du weißt schon, dass es soziale Regeln gibt und man sich dementsprechend angemessen verhalten sollte?

ES: Regeln? Hier ist kein Platz für Regeln! Ich drehe gleich durch!

ÜBER-ICH: Ruhe bewahren! Jetzt chill doch mal!

ES: AHHHHHHH!

ICH (SASKIA): Leute, Schnauze halten. Ich verstehe euch beide. Ja, Über-Ich, zusammenreißen – bla bla. Ja, Es, legitime Gefühle, ich will auch schreien. Aber lasst uns stattdessen an der nächsten Station aussteigen und mal kurz durchatmen. Und dann nehmen wir ganz entspannt die nächste überfüllte Bahn.

ÜBER-ICH: Klingt vernünftig.

ES: Endlich. Raus. Hier. Außerdem habe ich Hunger. Und ich muss aufs Klo. Kalt! MÜDE!

Auch wenn Freuds Theorien in der modernen Psychotherapie keine große Rolle mehr spielen, ist dieses Modell eine gute

Stütze, um die beim Overthinking ablaufenden Konflikte zu verbildlichen. Auf der einen Seite haben wir Akten-Saskia, deren Sortierungswahn und Gedächtnispflege anscheinend nur darauf abzielen, mich vorzuführen. Sie orientiert sich dabei an Maßstäben, die sie für »normal« und deshalb erstrebenswert hält. Eben angeblich gesellschaftsfähig.

Dem gegenüber steht die Introversion, die mein Bedürfnis nach Ruhe und Reizarmut gleichzeitig erzeugt und vertritt (ist ja wohl auch das mindeste). Und ich hänge dazwischen und versuche, herauszufinden, wo Akten-Saskia womöglich richtig liegt und wann meine Bedürfnisse mir wichtiger sein sollten als die Erfüllung von (vermuteten) gesellschaftlichen Erwartungen. Beim Overthinking geraten diese normalerweise unbewusst ablaufenden Verhandlungen (beziehungsweise Konferenzen) in die unmittelbare Gedankenwelt. Als eher nach innen gewendete Person ist es nicht allzu ungewöhnlich, das eigene Verhalten zu hinterfragen – krankhafte Negativität, wie Akten-Saskia sie an den Tag legt, sollte aber nicht das Ziel des Ganzen sein.

Und jetzt zurück zur Konferenz, denn die ist (leider) noch lange nicht zu Ende.

HAUPTAKTE NR. 1 – DAS AKTEN-ARSCHLOCH

AKTEN-SASKIA: Wie ihr seht, liegen vier Hauptakten bereit, die wir besprechen müssen.

INTROVERSION: Vier?! Als wäre eine nicht genug. Können wir nicht erst einmal durchatmen und –

AKTEN-SASKIA: Die Entscheidung liegt nicht bei dir.

SASKIA: Vier Akten erscheinen mir auch etwas viel.

AKTEN-SASKIA: Ich mache die Regeln nicht. Aber sobald etwas aktenkundig wird, kann ich nur dazu raten, sich dem Ganzen direkt zu stellen. Ansonsten übergebe ich den Fall an die Zweigstelle der Verdrängung, aber früher oder später liegen die Akten ja doch wieder auf meinem Tisch.

SASKIA: Na gut. Wenn wir uns beeilen und sie einfach schnell abhaken, dann meinetwegen. Wie schlimm kann's schon werden?

AKTEN-SASKIA: Bitte öffnet als Erstes die Akte mit der Kennziffer #7353.

SASKIA: Was ist das denn? Eine ganze Hauptakte nur für die Begrüßungen?

AKTEN-SASKIA: Hätten wir uns gestern besser geschlagen, bliebe uns das erspart. Aber selbst einfache Begrüßungen scheinen für uns immer noch unüberwindbare Herausforderungen zu sein.

INTROVERSION: Du brauchst *mich* gar nicht so anzuschauen. Ich kann auch nichts dafür. Und sollte ich tatsächlich Kollateralschaden angerichtet haben, dann nur, um uns dadurch vor Schlimmerem zu bewahren.

AKTEN-SASKIA: Ach ja? Schauen wir mal rein. Begrüßung mit Sarina – Hand in Magengrube gedrückt. Timon – Namen vergessen und ein zweites Mal begrüßt. Juliana – Auf auswendig gelernte Begrüßungsformel gesetzt und auf die Frage: ›Du bist Niklas' Freundin, Saskia, richtig?‹ mit: ›Hey, ich bin Saskia‹ geantwortet.

SASKIA: Gut, das war vielleicht keine Glanzleistung, aber es hätte auch schlimmer laufen können.

AKTEN-SASKIA: Noch schlimmer?

SASKIA: Na ja, ich habe zumindest niemanden aus Versehen getötet. Das wäre nämlich echt schlimm.

AKTEN-SASKIA: Sei nicht albern. Das waren die miesesten Begrüßungen seit der Erstsemester-Woche vor einem halben Jahr und die waren bereits – wie man so schön sagt – bodenlos. Wir erinnern uns an Akte #58008. Wartet, ich schlage direkt nach.

INTROVERSION: Lass dir ruhig Zeit. Niemand von uns braucht Erholung, die soziale Batterie steht schließlich NUR AUF NULL PROZENT.

AKTEN-SASKIA: Worst-of-Gedächtnisschublade Nummer 48. Ah ja. Hier steht's. Begrüßung mit Patrick – Hand bei fehlgeschlagener Umarmung im Ärmel verfangen. Dabei fast den Finger gebrochen. Jan – bei der Begrüßung auf den Fuß getreten. Zweimal. Marie – nach der Begrüßung mit Miri verwechselt. Auch zweimal.

SASKIA: Oh Gott, *darüber* wollte ich heute nun wirklich nicht nachdenken.

INTROVERSION: Ich glaube, unsere soziale Batterie explodiert gleich. Selbstzerstörung in drei, zwei, eins. BUMM.

AKTEN-SASKIA: Tja, dann sollten wir uns zukünftig in sozialen Settings einfach besser schlagen. Die Begrüßungen des gestrigen Abends sortiere ich bei der oben bereits erwähnten misslungenen Ersti-Woche ein. Nach ganz vorne, dann können wir in den nächsten Tagen jederzeit darauf zurückgreifen und diese Fehltritte noch einmal im Detail genieß-, ehm, ich meine, betrachten.

SASKIA: Wenigstens ist die erste Akte geschafft.

AKTEN-SASKIA: War aber auch die schmalste.

Na, wie gefällt dir mein böser bürokratischer Zwilling aka Akten-Saskia? Ich sag' dir ehrlich: Diese Bitch kann ihre Rolle wirklich übertreiben. Einerseits verstehe ich ja, dass sie aufgebracht war. Auf einer Party zu heulen entspricht nicht unbedingt dem Verhaltenskodex, welchen Akten-Saskia verfolgt. Natürlich wird dann der komplette Abend von vorne bis hinten noch einmal durchgekaut. Eigentlich will sie mich damit nur vor noch mehr Scham und Demütigung beschützen.

Auf der anderen Seite sind ihre Methoden wirklich nervig. Noch dazu hat sie oftmals einfach kein Verständnis für die Bedürfnisse der Introversion – deren Erfüllung mit ironischerweise viele peinliche Situationen erspart hätte. Im Endeffekt haben mich die Overthinking-Konferenzen also überhaupt nicht weitergebracht.

Zur Erinnerung, Overthinking bedeutet auf Deutsch: übermäßiges und überflüssiges Nachdenken über Momente, für die du dich bis heute schämst, die alle anderen aber längst vergessen haben, so wie das eine Mal, als du dich im Kunstunterricht aus Versehen auf deinen offenen Wasserfarbkasten gesetzt hast.

AKTEN-SASKIA: Oder noch besser: Akte #2602. Grundschule, Matheunterricht. Als du 11 minus 7 an der Tafel lösen solltest und vor der ganzen Klasse gepupst hast.

Hallo?! Das ist hier gerade kein Teil der Konferenz. Ich versuche, den Leuten etwas zu erklären. Also verpiss dich!

AKTEN-SASKIA: Du hast gepupst. Und dein Ergebnis war 5.

Glaubst du, diese Geschichte ist wahr? Oder ist sie erstunken und erlogen? (Auflösung: Sie ist nur erstunken.) Ich bedanke mich jedenfalls bei Akten-Saskia für diesen interessanten und absolut nötigen Einwurf. Sie ist schon ein Schätzchen, oder? Vielleicht kommt dir ihre Art ja sogar bekannt vor. Das ergibt Sinn, denn in deinem Kopf wohnt möglicherweise ebenfalls ein böser bürokratischer Zwilling, der sich an jede Peinlichkeit aus deiner Vergangenheit erinnert. Taufen wir ihn doch gleich auf den Namen: Akten-[HIER DEINEN NAMEN EINFÜGEN]. Wenn er sich auf genauso penetrante Art und Weise in dein Bewusstsein drängt, wie meine innere Verwalterin, ginge auch Akten-Arschloch. (Das ist auch Akten-Saskias Spitzname, aber bitte sag es ihr nicht.)

Mein Akten-Ich macht sich nach einem sozialen Event meist zum erstbesten Zeitpunkt bemerkbar. Oftmals schon auf der Heimreise im Auto oder Zug, manchmal kurz vorm Einschlafen, spätestens am Tag danach. Als nach innen und zur Ruhe gewendete Person finde ich nach dem Verlassen eines sozialen Settings schnell den Weg in meine Gedankenwelt. Und mit »den Weg finden« meine ich: Mich reißen sich ewig drehende Gedankenkarusselle und niemals endende Grübelspiralen hinab in die dunklen Tiefen selbstzerstörerischer Denkmuster. Zum Beispiel stelle ich – oder besser: stellt Akten-Saskia – mir dann Fragen wie: »Wieso hast du die anderen so dämlich begrüßt? Bist du dumm?« Oder: »Wieso hast du bei ›Wer bin ich?‹ nicht sofort gecheckt, dass es um Jesus geht? Bist du dumm?« Oder: »Wieso bist du dumm? Du bist ganz eindeutig dumm.«

AKTEN-SASKIA: Und wieso hast du dich eigentlich nicht gegen Niklas gewehrt? Bist du –

Dumm?

AKTEN-SASKIA: Ja. Und rückgratlos. Zumindest damals. Heute bist du –

Das genaue Gegenteil.

Zum Glück gelingt es mir heute immer häufiger, sie gar nicht erst aussprechen zu lassen. Keine Sorge, das erkläre ich gleich noch genauer. Jetzt geht's erst einmal mit dem Overthinking und Akten-Saskias heimtückischen Manövern weiter. An schlechten Tagen sind ihr dafür übrigens alle Mittel recht. Zum Beispiel lädt sie manchmal auch weitere innere Instanzen zu den Konferenzen ein, meistens völlig unabgesprochen.

AKTEN-SASKIA: Akte #9697. Situation vor der Toilette. Niklas kommt heraus und fragt, ich zitiere … Nein, Moment, das soll der Beteiligte selbst schildern.

INNERER NIKLAS: Was ziehst du denn schon wieder für 'ne Fresse?

INTROVERSION: Wer hat den denn eingeladen?

AKTEN-SASKIA: Ich.

SASKIA: Ich habe einen inneren Niklas?

AKTEN-SASKIA: Du hast inzwischen genügend Zeit mit ihm verbracht und ausreichend Erinnerungen mit ihm gesammelt, um eine innere Projektion von ihm zu erzeugen.

SASKIA: Er ist also so eine Art psychisches Hologramm?

INNERER NIKLAS: In erster Linie bin ich ein psychischer Casanova.

INTROVERSION: Jap, er ist es wirklich. Aber was hast du überhaupt zu deiner Verteidigung zu sagen?

INNERER NIKLAS: Sie hat halt eine Fresse gezogen, war doch eine berechtigte Frage.

SASKIA: Habe ich wirklich eine Fresse gezogen?

INNERER NIKLAS: Klar.

AKTEN-SASKIA: Wahrscheinlich schon.

INTROVERSION: Wahrscheinlich nicht.

SASKIA: Oh Gott.

INNERER NIKLAS: Und jetzt ziehst du auch 'ne Fresse.

SASKIA: Ich finde, Niklas sollte verbannt werden. Wer stimmt dafür?

INTROVERSION: Ich.

INNERER NIKLAS: Ich stimme dagegen.

AKTEN-SASKIA: Konzentration jetzt! Einige ältere Akten sprechen eindeutig dafür, dass wir einfach eine schlechte Person sind, die ihre Gefühlslage nicht unter Kontrolle hat und ihr gesamtes Umfeld mit ihrem Resting-Bitch-Face verschreckt. Beispielsweise Akte #51432. Mit Niklas auf dem Weihnachtsmarkt, ich zitiere: »Hast du schon wieder deine Tage oder was ist los?« Oder Akte #9021, auf dem Geburtstag seines Bruders: »Du darfst dich auch gerne am Gespräch beteiligen.« Und dann hätten wir noch Akte #8777, das erste Treffen mit seinen Eltern: »Die beiden haben sich so auf dich gefreut und du redest kaum und bist schüchtern. Damit lässt du auch *mich* doof aussehen.«

INNERER NIKLAS: Er spricht mir aus der Seele.

SCHÜCHTERNHEIT: *flüstert*

INNERER NIKLAS: Red lauter, keiner versteht dich!

SCHÜCHTERNHEIT: *schweigt*

SASKIA: Ruhe. Ich will doch nur ein bisschen Ruhe.

AKTEN-SASKIA: Das wollen wir alle.

INTROVERSION: Dass ich nicht lache. Ha. Ha. Ha. Das war übrigens Ironie, ich lache nicht wirklich.

SASKIA: Können wir die Akte jetzt einfach abhaken?

INNERER NIKLAS: Wirst du denn aus deinen Fehlern lernen?

AKTEN-SASKIA: Ja, wirst du?

INNERER NIKLAS: Ja, wirst du?

SASKIA: AAAAAAHHH!

Introvertiert zu sein ist kein Fehler, deshalb habe ich natürlich nichts daraus gelernt, sondern nur darüber. Aber wenn man ständig mit derartigen Vorwürfen konfrontiert wird, beziehungsweise sich selbst damit konfrontiert, kann man in schwachen Momenten in (Selbst-)Zweifel geraten.

Overthinking-Konferenzen sind meistens schwache Momente. Akten-Saskia nutzt die Verletzbarkeit aus, die nach einer sozial herausfordernden Unternehmung besteht, gerade bei geleertem Akku. Dann lässt sie mich glauben, ich sei selbst an generell allem schuld: peinliche Begrüßungen, Vorwürfe vom Extro-Ex, das Artensterben, der Klimawandel, you name it. Akten-Saskia weiß, dass Vorwürfe à la: »Wieso bist du so ruhig?« und »Was ist jetzt schon wieder los?« nur deshalb so verbreitet sind, weil die Extroversion das Maß der gesellschaftlichen Norm ist. Das ist der erste Teil des Problems. Du kennst sicher einige oder sogar alle dieser Glaubenssätze: »Du musst Ellenbogen zeigen«, »Du musst herausstechen«, »Du musst deinen Wert beweisen«, »Du musst auffallen« und »Zieh die warme Unterwäsche direkt aus dem Trockner an und scheiß drauf, was die anderen Leute im Waschsalon denken«. Vier dieser Beispiele sorgen bei Introvertierten für ein schlechtes Gewissen, das fünfte habe ich noch nie zuvor gehört und basiert nicht auf persönlicher Erfahrung.

AKTEN-SASKIA: Ehm, Akte #4476 …

Halt's Maul!

Der zweite Teil des Problems ist, dass Introversion leider schnell mit Schüchternheit gleichgesetzt wird. Wir erinnern uns: Schüchternheit hängt mit der Angst zusammen, was andere (Schlechtes) über einen denken. In meinem Leben mögen sich sicherlich auch schon schüchterne Züge gezeigt haben, doch die Merkmale der Introversion haben definitiv immer überwogen. Anstatt mir permanent Gedanken darüber zu machen, was andere über mich denken, stand und steht auch heute noch für mich hauptsächlich im Vordergrund, wann ich endlich wieder Zeit für mich allein habe.

Introversion ist das angeborene Bedürfnis nach regelmäßiger Reizarmut und Ruhe. Bedürfnisse haben die Angewohnheit, erfüllt werden zu wollen. Ich rufe in den Zeugenstand: Hunger, Durst, Müdigkeit und das Verlangen, etwas Wertvolles vom Extro-Ex zu zerstören. Beispielsweise sein Gebiss.

Erfüllt man diese Bedürfnisse – als Introvertierter schließt das regelmäßige Ruhephasen mit ein – zu lange nicht, kann das böse Folgen haben. Beispielsweise unkontrollierte Heulkrämpfe vor den Augen anderer Menschen. Ja, ich denke wirklich gerne daran zurück. Und ich freue mich schon darauf, das gleich noch mehr zu vertiefen. Yeah. Hammer. Toll. So langsam hast du das Grundprinzip sicher verstanden. Schüchternheit lässt sich – jedenfalls theoretisch – überwinden und mit der Zeit ablegen. Verwechselt man die beiden Persönlichkeitsmerkmale also, dann erwartet man möglicherweise von einer introvertierten Person, sie könne einfach mal aus sich herauskommen und »sich trauen«. Gerade in einer Situation, in der die soziale Batterie bereits vollständig geleert ist, sind Introvertierte natürlich absolut dazu in der Lage, »sich zu trauen«. Beispielsweise trauen sie sich dann, die Flucht per Sprung aus dem dritten Stock zu wagen. Na gut, das vielleicht nicht. Sie sind nämlich noch mutiger: Sie trauen sich, genauso still und zurückhaltend in der Ecke zu sitzen wie schon die drei Stunden zuvor, und denken sich dabei: »Tja, ob das bei euch genauso gerade ist? I doubt it!«

Wir sind halt verrückte Hunde. Adrenalinjunkies. Dangerseeker. Im Konferenzraum formuliert Akten-Saskia beide Teile des Problems als Vorwürfe. Erstens: Wieso bist du nicht extrovertiert? Zweitens: Und wieso hörst du nicht einfach damit auf, introvertiert zu sein? Dann geht natürlich die Suche nach dem Schuldigen los, schließlich können weder der Extro-Ex noch Akten-Saskia die Zustände einfach akzeptieren. Ein Bösewicht muss her. Und da Akten-Saskia ihren üblichen Verdächtigen zur Konferenz eingeladen hat, können wir diese auch endlich fortsetzen. Diese Sitzungen dauern wirklich ewig. Ich glaube, das ist Absicht.

AKTEN-SASKIA: Und weiter im Text. Akte #5612: Wir versagen bei »Wer bin ich?«. Dabei haben nach unserer Frage, ob die Figur noch lebt, alle gelacht und waren sich anschließend uneinig. Hätten sie es denn noch deutlicher machen können, dass wir Jesus sind?

INTROVERSION: Wenn du es sofort wusstest, wieso hast du uns nicht geholfen?

AKTEN-SASKIA: Ich greife grundsätzlich nie aktiv ein.

SASKIA: Okay, vielleicht bin ich ja wirklich dumm. Meinetwegen. Aber ist die Akte damit nicht abgeschlossen? Ich bekomme langsam Kopfschmerzen.

AKTEN-SASKIA: Nur wo sortieren wir sie ein? Ah, ich weiß. Das Ganze erinnert mich an den Kotzstuhl.

SASKIA: Der Kotzstuhl? Ernsthaft?

AKTEN-SASKIA: Akte #4152. Sechste Klasse, wir haben uns einen Magen-Darm-Infekt eingefangen.

INTROVERSION: Die Lehrerin hätte längst bemerkt haben müssen, dass etwas nicht stimmt. Wir waren kreidebleich und brachten keinen Ton mehr heraus.

AKTEN-SASKIA: Also wie immer.

Als uns übel wurde, haben wir es gerade noch raus geschafft. Im Flur standen ein paar Stühle vor den Klassenzimmern. Auf einem davon wollten wir kurz durchatmen, aber dann passierte es.

SASKIA: Können wir stattdessen nicht einfach wieder über den Pups vor der Tafel reden?

AKTEN-SASKIA: Nur eine Sekunde nachdem wir uns erleichtert hatten …

INTROVERSION: Nachdem wir gekotzt haben, sag's doch einfach.

AKTEN-SASKIA: Nachdem wir gekotzt haben und die Sitzfläche des Stuhls mit halb verdautem Toast, Bananenstückchen und trüber Magenflüssigkeit bedeckt war, ertönte der Pausengong. Die Türen flogen auf und Hunderte Kinder blickten auf uns herab.

INTROVERSION: Es waren höchstens zwanzig.

AKTEN-SASKIA: Bah, guck dir die mal an. Ekelhaft. Ih, die hat auf den Stuhl gekotzt. Das ist der Kotzstuhl. Kotzstuhl, Kotzstuhl!

SASKIA: Ja, ich hab's kapiert. Alle haben sich vor mir geekelt. Ich denke wirklich SUPERGERNE daran zurück. Aber was hat diese Geschichte denn jetzt mit »Wer bin ich?« zu tun?

AKTEN-SASKIA: Eine Gruppe von Leuten steht vor dir. Die einen ekeln sich, die anderen lachen über dich. Ist doch Jacke wie Hose. Irgendwo muss ich es einsortieren. Ich kann nicht ständig neue Register anlegen, da verliert man ja komplett den Überblick.

INTROVERSION: Komm, Saskia, das müssen wir uns nicht geben. Lass dir lieber ein Bad ein. Mach dir eine Folge *Friends* an. Haben wir noch einen Becher Eis? Oder Chips? Oder Kuchen? IRGENDWAS?

INNERER NIKLAS: Hast du etwa wieder deine Tage?

SASKIA: Niklas hat Sprechverbot für die nächsten fünf Minuten. Nein, Stunden. Nein, Tage. Ach komm, für immer.

AKTEN-SASKIA: Ich möchte betonen, dass wir schon bei der vierten Hauptakte angekommen sind. Wäre es nicht dumm, so kurz vor dem Ziel aufzuhören?

SASKIA: Wenn's dumm ist, müsste es ja zu mir passen.

Das ist es, was das innere Akten-Ich mit einem anstellt, wenn man es lässt. Nicht nur, dass man das gerade erst Geschehene Revue passieren lässt, sich darüber ärgert, wie man in bestimmten Situationen reagiert hat, und sich fragt, was man hätte besser machen können. Nein, am besten zerkaut man dann zusätzlich noch alle anderen Geschichten aus der Vergangenheit, die ansatzweise in die gleiche Schublade passen. Das Gedankenkarussell dreht sich immer weiter und schneller. Danach geht's auf den Free-Fall-Tower der Selbstzweifel und am Ende auf die »Was wäre, wenn«-Achterbahn. Wuhu. Und noch mal eine Runde rückwärts. Bis zum Erbrechen. (Kotzstuhl, Kotzstuhl, Kotzstuhl!)

Damals fing ich gerade erst damit an, mehr über meine Introversion zu lernen. Einen gesunden Umgang hatte ich noch nicht gefunden, und das Overthinking nach sozialen Events hat – wie meine Oma schon sagte – richtig gescheppert. Bei vielen Introvertierten sorgt die Neigung zum intensiven Überdenken vergangener (und vermeintlich gescheiterter) sozialer Interaktionen dafür, sich insgeheim oder sogar ganz bewusst zu wünschen, man wäre extrovertierter. Die Introversion wird zum Bösewicht, deinem inneren Feind. Da man sich scheinbar nie angemessen und kompetent verhält, liegt jeder vermeintliche Fehlschlag an der eigenen Unfähigkeit, nicht extrovertierter zu sein.

Absage nach Bewerbungsgespräch, weil ich zu still war? Wäre ich doch nur extrovertierter. Mein Tinder-Date ghostet mich, weil ich einfach nicht zum ersten Treffen erschienen bin? Wäre ich doch nur extrovertierter. Schon wieder 1000 Euro Klarnaschulden wegen Frustshopping, weil mein Date mich ghostet und ich den Job nicht gekriegt habe? Wäre ich doch nur ... Das Prinzip ist klar. Extroversion war für mich lange das Nonplusultra. Und warum?

AKTEN-SASKIA: Weil unsere Worst-of-Gedächtnisschublade dann vermutlich etwas leerer wäre? Wir haben auch immer noch die letzte Hauptakte zu besprechen!

Pscht! Alles in meinem Tempo. Ich komme später nochmal darauf zurück, ob ich heute immer noch den Wunsch hege, eine extrovertierte Persönlichkeit zu sein. Widmen wir uns vorher lieber noch der letzten der vier Drecks-Hauptakten und bringen es einfach schnell hinter uns.

HAUPTAKTE NR. 4 – SCHLIMMER KANN'S NICHT WERDEN

AKTEN-SASKIA: Akte #9904. Wir fangen vor aller Augen an zu heulen. Wow. Das war echt der Höhepunkt.

INTROVERSION: Moment, Moment. Ich kenne da jemanden aus unserer Runde, der das eventuell mitzuverantworten hat! *hust* Niklas! *hust*

AKTEN-SASKIA: Du meinst, weil wir uns im Spiel so dämlich angestellt haben, dass er uns die Lösung vorsagen musste? Ist das wirklich ein Grund zum Heulen?

INTROVERSION: Das war kein Vorsagen, das war Vorführen.

INNERER NIKLAS: Blödsinn, ich hab das doch lustig gemeint. Die anderen haben gelacht.

SASKIA: Hat vielleicht jemand etwas Gaffer-Tape oder einen Knebel?

AKTEN-SASKIA: Gut, das hätte man vielleicht charmanter lösen können, aber zu seiner Verteidigung muss ich sagen, dass wir uns vor der zweiten Runde nicht hätten drücken sollen.

INNERER NIKLAS: Das war nicht charmant? Ich bin total charmant! Alle sagen das, da könnt ihr jeden fragen.

AKTEN-SASKIA: Hätten wir direkt mit der zweiten Runde gestartet und uns nicht dagegen gewehrt, wäre uns das peinliche Rumgeheule erspart geblieben.

SASKIA: Seit wann ist es eigentlich peinlich, vor anderen zu heulen?

AKTEN-SASKIA: Schon immer.

SASKIA: Stimmt, es war saupeinlich.

INTROVERSION: Das lag aber doch nicht daran, dass wir uns vorm Spiel gedrückt haben. Wir hätten die Party zu diesem Zeitpunkt längst verlassen haben sollen. Jeder von uns weiß, dass unser sozialer Akku nicht die längste Laufzeit hat.

AKTEN-SASKIA: Dann müssen wir uns halt mehr anstrengen.

INTROVERSION: Mehr anstrengen? Fang du doch erstmal an, die ganzen Akten zu schreddern, dann könnten wir uns das hier nämlich ersparen.

AKTEN-SASKIA: Das geht nicht, es muss alles archiviert werden. Steht im Kleingedruckten.

INNERER NIKLAS: Reißt euch doch einfach mal zusammen. Durchatmen und nicht so viel rumjammern. Das ist ja kaum zu ertragen.

SASKIA: Okay, ich wäre jetzt auch bereit für Gewalt. Niklas, verabschiede dich schon einmal von deinem Gebiss.

AKTEN-SASKIA: In jedem Fall können wir festhalten, dass Niklas' Freunde uns nach diesem Auftritt sehr wahrscheinlich für eine hysterische, seltsame und kommunikativ eingeschränkte Heulsuse halten. Das war ja ein guter erster Eindruck.

SASKIA: Ist doch egal, was sie denken. Guck, ich bin über die Heul-Situation hinweg. Okay, Feierabend dann jetzt?

AKTEN-SASKIA: Eine Sekunde noch. Wenn wir den ganzen Abend einfach nicht aus uns herauskommen, niemanden vernünftig begrüßen, uns im Bad verstecken, Smalltalk aus dem Weg gehen und uns selbst bei einem harmlosen Partyspiel dumm anstellen, dann müssen wir uns auch nicht wundern, wenn Niklas uns anpampt. All das hätte sich ganz leicht vermeiden lassen, wenn wir einfach etwas aufgeschlossener und kontaktfreudiger wären.

SASKIA: Okay, okay, es ist alles meine Schuld, ich gebe mir einfach nicht genug Mühe, ich stelle mich dumm an und habe jeden von Niklas' Sprüchen verdient. Ist es das, was ihr hören wollt?

INNERER NIKLAS: Ja.

AKTEN-SASKIA: Ich glaube immer noch nicht, dass du wirklich verstehst, worum es hier geht.

INTROVERSION: Es geht darum, die letzte Akte abzuhaken und endlich ein wenig Ruhe zu finden.

AKTEN-SASKIA: Die letzte Hauptakte, meinst du. Uns erwarten natürlich noch die sechsundzwanzig Nebenakten.

INTROVERSION: Was?

SASKIA: WAS?

SOZIALE PHOBIE: Was?

AKTEN-SASKIA: Soziale Phobie? Wo kommst du denn jetzt her?

SOZIALE PHOBIE: Ich dachte, die Leser würden sich auch mal ein paar Infos über mich wünschen.

SASKIA: Welche Leser?

INTROVERSION: Nimm mir jetzt nicht meine Rolle weg, in diesem Buch geht's um mich.

SASKIA: WELCHES BUCH?

AKTEN-SASKIA: Das klingt nach einem Thema für Zukunfts-Saskia. Lasst uns in ein paar Jahren noch einmal darüber sprechen. Die vierte Haupt-Akte ist hiermit abgeschlossen.

INTROVERSION VERSUS SOZIALPHOBIE

Während meiner Recherche zum Thema Introversion streifte ich hin und wieder das Feld der sozialen Phobie. Eine solche wurde bei mir jedoch nie diagnostiziert. Das Bedürfnis nach Ruhe ist aber zumindest kein Symptom einer Sozialphobie. An dieser Stelle ist es auch wichtig zu betonen, dass mein Buch in keiner Weise als Ersatz für eine professionelle Diagnose oder medizinische Beratung dient.

Die Ausprägungen sozialer Phobien können stark variieren und teilweise ist es nur schwer möglich, eindeutig zu bestimmen, wann schüchternes Verhalten in eine soziale Phobie übergeht. Die Unterscheidung zur Introversion ist dagegen klar: Introversion beschreibt ein Persönlichkeitsmerkmal, bei dem sich Menschen in weniger stimulierenden Umgebungen wohl fühlen. Soziale Phobie hingegen ist eine angstbasierte Störung, die durch übermäßige Angst vor sozialen Situationen definiert wird – also weit über die Schüchternheit hinaus.

Im weiteren Verlauf wird es neben meiner Introversion vereinzelt auch um meine Ängste gehen. Ängste vor peinlichen Situationen in sozialen Settings oder vor ungewollter Aufmerksamkeit. Dies ist aber nicht automatisch gleichzusetzen mit einer Sozialphobie. Die typischen Symptome hierfür gehen über die Merkmale einer Introversion hinaus. Typische Anzeichen können beispielsweise sein:

- Angst vor Kritik, Ablehnung und Bewertung
- Angst zu telefonieren
- Angst, in der Öffentlichkeit zu essen oder zu trinken
- Angst, vor Menschen zu sprechen
- Vermeidung von Blickkontakt
- Ausgeprägtes Schamgefühl
- Niedriges Selbstwertgefühl
- Angst vor körperlichen Symptomen

Mögliche körperliche Symptome können sein:

- Zittern
- Schweißausbrüche
- Herzrasen
- Erröten
- Übelkeit
- Schwindel
- Durchfall
- Panikattacken

Einzelne dieser Punkte kommen dir – gerade wenn du introvertiert und/oder schüchtern bist – vielleicht gar nicht so fremd vor. Mir auch nicht. (Ich hasse es beispielsweise, zu telefonieren. Das wird in diesem Buch auch noch Thema sein.) Es muss aber noch nichts bedeuten, da die genannten Symptome einzeln für sich stehend eine Vielzahl an Gründen haben können und es auch immer auf die eigene Tagesform ankommt. Solltest du aber mehrere der Punkte abhaken können und/oder stark darunter leiden (selbst wenn es nur wenige sind), ist es immer ratsam, sich ärztlichen Rat einzuholen. Falls du also unter diesen für die soziale Phobie typischen Symptomen leidest, empfehle ich dir, professionelle Hilfe in Anspruch zu nehmen.

So. Zurück zum Overthinking. Charmanter Themenwechsel. So was kann ich einfach. Es sind also insbesondere vier Situationen vom vorherigen Abend hängengeblieben, über die ich vermutlich noch stundenlang hätte nachdenken können (oder anders gesagt: mit denen Akten-Saskia mich noch endlos hätte quälen können). Noch einmal zusammengefasst:

1. Mein vermeintliches Unvermögen, fremde Menschen zu begrüßen
2. Mangelnde Selbstkontrolle und Zurechtweisung durch Niklas (»Was ziehst du denn schon wieder für 'ne Fresse?«)
3. Mein Versagen, wenn ich (bei Party-Spielen) im Mittelpunkt stehe
4. Meine Angst vor Kontrollverlust (… du fragst dich jetzt, wie die Situation, in der ich vor allen geheult habe, ausgegangen ist? Okay, Trommelwirbel – das erfährst du im Kapitel ➲ *DER EXTRO-EX*. Du wirst dich also noch etwas gedulden müssen. Komm klar damit!)

SCHLUSS MIT OVERTHINKING: SO SCHAFFST DU DEN ENTZUG

Was wir bereits wissen: Viele introvertierte Menschen denken oft und intensiv darüber nach, wie ihre vergangenen sozialen Interaktionen so liefen (besonders wenn sie denken, dass etwas schiefgelaufen ist). Ganz gleich, wie lange und wie intensiv wir im Nachhinein noch darüber grübeln, die Gedanken der anderen bleiben uns verborgen. Das ist auch gut so. Stell dir nur mal vor, wie es wäre, jederzeit zu wissen, was andere über dich denken. Wie du auf sie gewirkt hast, ob sie dich sympathisch finden oder nicht und ob ihnen der Spinat zwischen deinen Zähnen nicht doch aufgefallen ist. Und selbst wenn du es trotzdem gerne wüsstest, wird dir nachträgliches Overthinking niemals Gewissheit bringen, ganz im Gegenteil. Je länger du grübelst, desto unsicherer wirst du. Ich konnte stundenlang darüber nachdenken, wie unangenehm es war, Sarina meine Hand in den Bauch gerammt zu haben. Natürlich ging ich davon aus, dass sie ebenso viel Zeit an das Überdenken dieser Situation verschwendet hat – Fakt ist aber: Das konnte und kann ich nicht wissen. Und eigentlich ist das auch ziemlich unwahrscheinlich. Das eigene Overthinking sagt nichts über die Gedanken anderer aus. Vielleicht hat Sarina die Situation nicht einmal als schlimm wahrgenommen, vielleicht fand sie es lustig oder sympathisch, vielleicht hat sie danach auch nie wieder darüber nachgedacht. Erstens sollte man also akzeptieren, die Gedanken anderer nicht erraten zu können. Und zweitens sollte man nicht immer vom Schlimmsten ausgehen – denn mit beidem lässt sich das Overthinking in Schach halten. Es gibt nämlich immer mehr Möglichkeiten, als man denkt, und nicht alle sind negativ.

Mein Tipp lautet daher, sich auf das zu konzentrieren, was man sicher weiß. Beispielsweise in meinem Fall: Es lohnt sich, zwischen großen oder potenziell fordernden sozialen Events Ruhetage einzuplanen, um aufzutanken – *ohne* Overthinking. Beispielsweise in deinem Fall: Es lohnt sich, Saskia Fröhlich auf Instagram, TikTok und YouTube zu folgen.

Was sich außerdem genauso sehr lohnt: den eigenen Bedürfnissen nachzukommen. Und wenn ein regelmäßiges Bedürfnis nach Ruhe, Alleinsein und einem Sieben-Tage-Binge-Watching-Marathon besteht, wer bin ich es, mir das zu verbieten? Selbstverständlich wird es für Introvertierte, die ihren Bedürfnissen grundlegend nachkommen, trotzdem immer Challenges geben. Aber das gilt ja für die meisten (vor allem unveränderlichen) Persönlichkeitsmerkmale. Perfektionisten müssen damit klarkommen, dass manchmal Zeit und Können nicht reichen, um das gewünschte Ergebnis zu erzielen. Optimisten müssen Rückschläge ertragen. Veganer müssen die schwere Last ihres reinen Gewissens schultern.

Und natürlich haben auch Extrovertierte es manchmal schwer. Vor allem, wenn wir Intros ständig Treffen mit Extros absagen. »Das tut mir wirklich total leid, dass mich imaginäre Super-Hyper-Ultra-Kopfschmerzen erwischt haben und ich zu Hause bleiben muss ... Nein, ich habe jetzt leider keine Zeit, noch länger mit dir zu telefonieren.« Düt. Düt. Düt.

Das ist natürlich nur Spaß. Wir Intros sind doch nicht bescheuert und rufen an. Maximal eine Voice Memo, am ehesten aber eine Textnachricht. Mehr kann man von uns nicht verlangen. Auf uns Introvertierte werden also immer Herausforderungen zukommen: zum Beispiel Telefonate.

Oder Familienfeiern, Smalltalk auf der Arbeit oder das Kennenlernen von neuen Leuten. Das lässt sich nicht vermeiden. Das Wichtigste ist aber: Overthinking gehört nicht auf diese Liste, denn *das* lässt sich vermeiden – und sollte aus gutem Grund vermieden werden.

Natürlich ist es leicht zu sagen, dass man einfach nicht overthinken soll. Es gibt aber tatsächlich eine sehr effektive Methode aus der kognitiven Verhaltenstherapie, die das Ganze unterbinden kann: der Gedankenstopp. Und nein, das meint nicht, dass du einfach aufhören sollst zu denken. (Was aber cool wäre und viele Probleme lösen würde.) Vielmehr meint es, negative Grübelspiralen zu durchbrechen und stattdessen konstruktive Gedanken zu verfolgen. Also wenn du mal in die Falle deines Akten-Ichs tappst, dann versuche, entweder laut (am besten nur zu Hause) oder in Gedanken »STOPP« zu sagen. Dadurch wird das Grübeln bestenfalls abrupt unterbrochen. Unmittelbar danach solltest du dich bewusst einem anderen – und vorzugsweise angenehmem – Thema widmen. Beispielsweise meinen Videos.

Und so erspart man sich die nervenzermürbenden Gedanken-Folter-Konferenzen mit Aktenarschlöchern und anderen ungebetenen Gästen. Stattdessen kann man was Schöneres machen.

AKTEN-SASKIA: Es gibt nichts Schöneres, als Akten zu besprechen. Neue Akten, alte Akten, staubige Akten. Und fast in Vergessenheit geratene Akten. Nennt mir eine Sache, die mehr Spaß macht.

SASKIA: Eine Magen-Darm-Grippe.

INNERER NIKLAS: Es würde mehr Spaß machen, wenn ihr euch vor meinen Leuten nicht immer so dumm anstellen würdet.

AKTEN-SASKIA: Stimmt.

INTROVERSION: Warum bist du eigentlich auf seiner Seite?

AKTEN-SASKIA: Na ja, Niklas gibt uns die Schuld für alles, was gestern Abend passiert ist. Und die Konferenzen dienen nun mal dazu, uns selbst die Schuld für unser dämliches Verhalten zu geben.

SASKIA: STOPP!

INFOBOX

WAS WIR GELERNT HABEN

Overthinking meint, sich im Nachhinein über vergangene und nicht mehr veränderbare Situationen Gedanken zu machen. ABER: Weder lassen sich die Vergangenheit verändern noch die Gedanken anderer ergründen. Overthinking erfüllt also keinen Nutzen, außer dass man sich damit selbst verrückt macht. Du solltest akzeptieren, nicht zu wissen, was andere über dich denken. Und du solltest nicht immer vom Schlimmsten ausgehen.

Und wenn du doch mal in die Gedankenspirale gezogen wirst, dann probiere es mit dem Gedankenstopp. Du kannst die Kontrolle übernehmen und mit einem ausgesprochenen oder gedanklichen »STOPP!« das Grübeln unterbinden. Denk aber daran, dich danach direkt einem anderen Thema zu widmen: deiner Lieblingsserie, lesen, häkeln, Fallschirmspringen, ganz egal.

Da Introvertierte mit ihrer Neigung zur Ruhe und Orientierung nach innen anfällig für Overthinking sind, gerät auch schnell die eigene Introversion ins Kreuzfeuer des Grübelns. Der Gedanke, die eigenen Bedürfnisse seien falsch, kann dadurch enorm bestärkt werden. Diese Selbstzweifel können am effektivsten mit Selbstakzeptanz (der Bedürfnisse) bekämpft werden. Nutze deine Zeit lieber dafür, deinen Bedürfnissen nachzukommen, um aufzutanken und neue Kraft für soziale Interaktionen aufzubauen (zum Beispiel Familientreffen, Begegnungen im Job oder Smalltalk mit den nervigen Nachbarn).

Und ein kleiner Reminder: Solltest du die Befürchtung haben, unter sozialer Phobie zu leiden, ist professionelle Hilfe ratsam. Deine hausärztliche Praxis kann eine erste Anlaufstelle sein, um über deine Symptome zu sprechen und eine Empfehlung für weitere Schritte – wie beispielsweise einer Psychotherapie – zu erhalten. Insbesondere die kognitive Verhaltenstherapie kann bei einer sozialen Phobie sehr wirksam sein.

04 MYTHEN UND FAKTEN

»NUR IHR BEIDE?«, fragt uns eine sichtlich gestresste Kellnerin, nachdem wir das total überfüllte Restaurant betreten haben.

»Ne, wir warten noch auf zwei Leute«, antworte ich.

Ich, die Jetzt-Saskia, muss direkt einhaken. Du fragst dich jetzt vielleicht: Hä, die ist doch introvertiert und plötzlich trifft sie sich freiwillig mit mehr als einer Person und spricht mit fremden Menschen? WIE KANN DAS SEIN?!

Dann ist dieses Kapitel genau richtig für dich.

Ich setze mein freundlichstes Resting-Bitch-Face auf.

»Ich schau mal, was noch frei ist.« Jenny und ich folgen der Kellnerin.

»Das ist der letzte freie Platz«, sagt sie und weist auf einen Tisch, mittig eingepfercht zwischen der Bar und den Türen zu den Toiletten. Das Geklapper aus der Küche dringt zielgenau in unsere Richtung und ist kaum zu überhören. Bis ein Dreiergespann – zwei quengelnde Kinder plus motzende Mutter – das stille Örtchen verlässt und die übrige Geräuschkulisse übertönt.

»Die Karten bring' ich euch sofort«, schreit die Kellnerin und verschwindet in Richtung Küche.

»Super, danke.« Jenny grinst der Kellnerin hinterher und setzt sich. Ich hingegen weigere mich noch, Platz zu nehmen: »Wirklich super. Fast so super wie ein Picknick zwischen Baustelle und Dixi-Klo.«

Jenny rümpft die Nase. »Riecht es nach Urin?«

»Ich glaube, das bildest du dir ein. Obwohl. Nein. Jetzt riech' ich's auch.«

»Pascal, zieh deinen Schuh wieder an und nimm die Socke aus dem Mund!« Mein Blick wandert zur Seite und trifft das wütende und sockenfressende Gesicht des etwa dreijährigen Jungen. Die überforderte Mutter versucht, das andere heulende Kind in einen Buggy zu setzen.

Im Auge des Sturms soll es angeblich ja überraschend ruhig und friedlich sein, aber das halte ich für einen Mythos. In Wahrheit ist es im Auge des Sturms unnötig laut und noch dazu stinkt es nach Pisse. Ich scanne immer noch demonstrativ stehend das Lokal und überschlage die Anzahl der Leute. Kein Zweifel. Eindeutig mehr Gäste als Plätze.

Ruckartig schiebt Jenny ihren Stuhl mit einem lauten Knarren nach hinten. »Da!« Sie zeigt auf einen Tisch, an dem andere Gäste gerade ihre Plätze verlassen. »Schnell, bevor ihn jemand wegschnappt.« Ein halber Sprint durch den Laden, und schon sichern wir uns den halbwegs abgeschiedenen Tisch mit Eckbank, den schützende Trennwände aus dunklem Holz von den angrenzenden Nischen abschirmen. Marke Isolationskammer.

»Hier ist's gemütlich.«

Die Kellnerin entdeckt uns an unserem neuen Tisch. Jenny bestellt Mineralwasser, ich Cola Zero. In ihrem Glas schwimmt eine Zitronenscheibe, in meinem nicht.

»Die beiden sind bestimmt gleich da. Diese Sarah freut sich ja echt darauf, dich kennenzulernen.«

Ich höre ihren leicht skeptischen Unterton.

Ja, ich freue mich auch schon darauf, den Nachmittag nicht nur mit meinen Freundinnen Jenny und Rebecca zu verbringen, sondern zusätzlich noch mit einer mir bislang völlig unbekannten Person. Toll. Ganz toll. Warum haben die beiden überhaupt noch andere Freundinnen als mich? Das stand nicht im Vertrag.

»Diese Sarah hat mir heute Morgen sogar geschrieben. Bei Instagram.« Ich entsperre mein Handy, um Jenny die Nachricht zu zeigen: »Hey Saskia, ich folge dir hier schon superlange, und heute Abend treffen wir uns. Wie cool ist das denn? Ich freue mich riesig! 😍«

»Tja, Saskia, dann wird das wohl ein kleines Fan-Treffen zwischen dir und Sarah.« Jenny lacht und streut unwissentlich Salz in die Wunde. Eigentlich ist es noch gar keine Wunde. Aber es ist davon auszugehen, dass da bald eine sein wird. Normalerweise treffe ich mich gerne mit meinen Freundinnen Jenny und Rebecca. Ich kenne die beiden seit der Schulzeit und ihre Anwesenheit erhöht den Verbrauch meines sozialen Akkus kaum. Nach einem Abend mit den beiden findet nicht einmal Akten-Saskia Gründe zum Overthinking. Der Traum aller Introvertierten. Aber heute bringt Rebecca eine befreundete Arbeitskollegin mit. Sarah. Und seit diese Verabredung feststeht, kündigt Rebecca ständig an, wie cool Sarah meinen Social-Media-Auftritt findet, wie überrascht sie war, dass Rebecca mich kennt, und wie oft sie schon über meine Kochvideos lachen musste. Es deuten also reichlich Warnzeichen darauf hin, dass Sarah eine Energieräuberin sein könnte. Und dummerweise habe ich nur meine kleine Handtasche dabei – Weihwasser und Pflock passen da nicht rein.

Als die beiden kurz darauf auftauchen, fällt mir die Dunkelhaarige an Rebeccas Seite direkt um den Hals. Schon beim ersten Aufeinandertreffen entscheidet sie sich für eine Umarmung – gewagt, aber immerhin nur halb so aufdringlich wie befürchtet. Dummerweise habe ich kurzzeitig die Regeln der Höflichkeit vergessen und bleibe sitzen. Nun hängt sie in einer Haltung über mir, die an Quasimodo erinnert.

»Mega cool, dich endlich kennenzulernen. Habe mich die ganze Zeit schon total gefreut. Ich setze mich einfach direkt mal zu dir, okay?«

Verdammter Anfängerfehler. Ob es sehr auffällig ist, wenn ich mich jetzt noch flott umsetze? Neben Jenny? An den Rand der Eckbank? Oder am besten wieder an den Klotisch? Bin ehrlich. Chance vertan. Und wahrscheinlich hätte Sarah dann vor lauter Begeisterung meinen Schoß als ihren Sitzplatz auserkoren. Sie nutzt die Schwachstelle in meiner Verteidigung sofort gnadenlos aus. *Alle Mann auf Gefechtsstation!*

»Ich freue mich sowieso immer, neue Leute kennenzulernen«, sagt sie und strahlt mich an. »Aber du bist ja gar nicht so neu, ich folge dir echt schon ewig auf Social Media.«

Sie fängt an zu lachen und klingt wie ein Tier, das zu Recht vom Aussterben bedroht ist. »Ha he ha he ha.« Ich lache mit. »HA HA HA HA.«

Wahrscheinlich hast du es bereits durchschaut, aber zur Sicherheit: Wir haben einen enormen Zeitsprung gemacht. Sarinas Party liegt inzwischen einige Jahre zurück, und nun befinden wir uns an einem Abend, wenige Monate bevor dieses Buchprojekt seinen Anfang nahm. Bedeutet: Zu diesem Zeitpunkt weiß ich bereits viel mehr über meine Introversion. Ich bin also nicht mehr die hilflose Party-Saskia, sondern die extrem coole, in jedem sozialen Setting klarkommende und mit jeder fremden Person harmonierende Saskia. Selbsteinschätzung war einfach schon immer meine Stärke. Ha ha.

Ich unterbreche übrigens nur, da bei Sarahs und meinem Kennenlernen der Eindruck entstehen könnte, dass ich mich unnötig sarkastisch, erschreckend undankbar und extrem voreingenommen verhalte. Und da liegst du auch vollkommen richtig. Du fragst dich jetzt: Dieses arme Mädchen ist einfach begeistert von deinem Content und möchte dir das mitteilen, was ist dein Problem, Saskia? WAS IST DEIN SCHEISS PROBLEM? Dabei ist doch offensichtlich, dass sie statt des persönlichen Treffens einfach ein Like hätte hinterlassen und einen Kommentar schreiben können. Hatte sie bereits getan. Einmal schrieb sie folgenden Kommentar: »Du bist so funny! Wir wären so gute Freundinnen hihi 😇.« Profil aufrufen → Menü → Nutzer blockieren. Spaß.

Bevor das am Ende tatsächlich jemand ernst nimmt: Natürlich freue ich mich wahnsinnig darüber, wenn Leuten mein Content gefällt und sie mir das mitteilen. Das ist ja überhaupt der Grund, weshalb ich es mache: Ich möchte Menschen zum Lachen bringen. Und mich macht es jedes Mal glücklich, wenn ich Nachrichten bekomme, wie: »Ich liebe deine Videos!« oder »Du bringst mich immer zum Lachen« oder »Wow, bist du hübsch«. Es gibt aber eben auch Momente, in denen mich die Introversion leider manchmal in kleine Zwickmühlen bringt, beispielsweise beim Aufeinandertreffen mit Personen, die mich nur von Social Media kennen. Bei Sarah gibt es aber noch ein weiteres Problem, welches im Laufe des Gesprächs noch deutlich hervortreten wird. Und da ich an dem besagten Abend dabei war, weiß ich bereits, was noch auf uns zukommt. Deshalb fällt meine Schilderung des Aufeinandertreffens nicht allzu schmeichelhaft aus. So viel vorab: Sie wird uns mit einer geballten Ladung an Fehlinformationen konfrontieren. Und meine Aufgabe wird es sein, Mythen von Fakten zu trennen.

»Ich kenne echt viele deiner Videos«, sagt Sarah.

Ehm, okay, cool? Was antwortet man darauf? *Danke?* Aber Danke wofür? Dass sie meine Videos kennt? *Gefallen sie dir?* Wäre das nicht fishing for compliments? Komm schon, Sarah, sag halt was, womit ich arbeiten kann. Beispielsweise »Ich liebe deine Videos!« oder »Du bringst mich immer zum Lachen« oder »Wow, bist du hübsch«.

Zum Glück übergeht sie mein unangenehmes Schweigen und redet einfach weiter. Rebecca und Jenny haben sich bereits in ein eigenes Gespräch vertieft. Neidisch schiele ich zu ihnen rüber, während Sarah neben mir kein Ende findet: »Das war ja auch richtig krass, als du dir die Haare abrasiert hast. Stand dir ja echt gut, aber ich dachte mir nur so, wow. Schon mutig, ich würde mich das nicht trauen.«

»Danke. Wollte ich schon immer mal ausprobieren. Also einen Buzzcut.«

Sarah strahlt, als hätte ich sie zu meiner Trauzeugin ernannt. »Ich glaube, wir wären voll die guten Freundinnen. Wir sind komplett auf einer Wellenlänge.«

Ich habe absolut keine Ahnung, was ich darauf antworten soll. Ich will sie nicht vor den Kopf stoßen. Aus reiner Höflichkeit sollte ich damit wenigstens noch sieben Minuten warten. Ich bringe ein zurückhaltendes »Mh« über die Lippen. Kein »Mhm«, ich will ihr ja nicht meine Zustimmung ausdrücken. Zum Glück rettet mich die Kellnerin. Nachdem alle ihre Bestellungen aufgegeben haben, lehnt sich Sarah plötzlich an der Trennwand vorbei und spricht die Frau auf der anderen Seite an, die sich gerade erst dort hingesetzt hat.

»Sorry, dass ich dich einfach so anquatsche, aber ich muss wissen, woher du diese Ohrringe hast. Solche suche ich schon ewig.«

Ich genieße den Augenblick himmlischer Ruhe, aber ich weiß, er wird nicht von Dauer sein. Das sind sie nie. Wie auf Kommando löst sich Sarah wenige Sekunden später von der Fremden und richtet ihre Aufmerksamkeit wieder voll und ganz auf mich. »Deine Ohrringe würden mir nicht stehen, die sind etwas zu lang. Aber zu dir passen sie.«

»Und du hast auch *Ohrringe* an.« Ich nenne das: taktisches Verwirrungsmanöver. Du gibst mir ein Minus-Kompliment, und ich ziehe die Wurzel daraus.

»Ja, wir haben so viel gemeinsam, oder?«

Verdammt, sie schlägt mich mit meinen eigenen Waffen. Sie redet unaufhaltsam weiter: »Hat dir Rebecca eigentlich schon von der Party erzählt, auf der wir gestern waren?«

»Hat sie«, lüge ich, in der Hoffnung, ihre Begeisterung dadurch etwas zu bremsen.

»Ich hab' schon wieder drei neue Nummern eingespeichert.« Sie lacht. »Ha he ha he ha he.« Meine Ohren bluten. »Aber genug von mir, sonst höre ich gar nicht mehr auf zu erzählen.« *Das kann ich mir gar nicht vorstellen.*

»Apropos erzählen«, sagt sie und ich weiß, egal, was jetzt kommt, es kann nichts Gutes sein. »Ich habe gesehen, dass du bei diesem Podcast zu Gast warst. Hier, dings, Psycho-Podcast und so. Zum Thema Introvertiertheit? Hab's voll gefühlt.«

»Ach was?«

»Also ich habe mir die Folge jetzt noch nicht angehört, aber ich weiß ja, wie das ist. Ich war früher genauso. Also total schüchtern. Hatte gar kein Selbstbewusstsein. Ich war quasi wie –

Das Mädchen, das nicht Nein sagen konnte
(MYTHOS #1)

Es war einmal ein introvertiertes Mädchen, das ohne den geringsten Hauch von Selbstbewusstsein zur Welt kam. Wenn andere Kinder sprachen, saß sie still und schüchtern daneben. Wenn andere Kinder spielten, dann ohne sie. Und wenn man sie fragte, wie es ihr gehe, antwortete sie: »Danke, gut«, und klang dabei wie eine traurige Erwachsene.

Niemals gab sie Widerworte, ganz gleich, wie sehr man sie provozierte oder beleidigte. Aus diesem Grund konnte sie auch nicht Nein sagen. Ein Leid, das alle introvertierten Wesen dieser Welt ertragen müssen. Egal, wie sehr sich diese scheuen Exemplare auch anstrengen, dieses Wörtchen kommt ihnen nie über die Lippen. Einmal wurde das Mädchen gefragt, ob sie all ihr Spielzeug verschenken würde. »N-N-«, stammelte sie, »N-Natürlich.« Ein andermal ging es darum, ob sie für den Rest ihres Lebens auf Süßigkeiten verzichten wolle. »N-N-«, hörte sie sich stottern, »N-Na klar.«

Ihr Leben endete daher auch jäh, als ihr eines Tages ein blutrünstiger und skrupelloser Killer auflauerte. Mit gezücktem Messer stand er vor ihr und sagte: »Zähl sofort bis zehn, dann bleibst du am Leben.«

Das Mädchen wollte gerade anfangen, da ergänzte er: »Aber auf Englisch.«

Das Mädchen kam nur bis eight.

»Introversion hat eigentlich nicht automatisch was mit Schüchternheit zu tun«, erwidere ich und erkläre Sarah grob, welche Unterschiede es zwischen beiden Phänomenen gibt.

Du kennst diese Unterschiede bereits. Glückwunsch, denn damit bist du Sarah schon einmal einen gewaltigen Schritt voraus. Ab jetzt gehe ich für den Rest des Buchs davon aus, dass du dieses Basiswissen jederzeit parat hast, und werde dir die vierte, fünfte und sechste Wiederholung ersparen. (Die siebte auch.) Und sollte deine Erinnerung doch einmal schwächeln (oder solltest du hier und da ein bisschen vorgeblättert haben, du kleiner Schlingel), dann nimm die Infoboxen von ➲ **KAPITEL 1 BIS 3** zu Hilfe.

Sarah hört mit weit aufgerissenen Augen zu, aber ich sehe in ihrem Blick, dass sie nur darauf wartet, selbst wieder das Wort zu ergreifen. Vermutlich gehen meine Erklärungen bei ihr zu einem Ohr rein und zum anderen wieder raus oder verschwinden in der Leere dazwischen. Ob mein Blabla in ihrem Kopf noch nachhallt? Als ich fertig bin, bestätigt Sarah meine Befürchtungen.

»Genau das meinte ich ja.« *Nein, meintest du nicht.*

»Das mit der Ruhe und so weiter. Ich mag eigentlich auch die Einsamkeit. Sich einfach mal alleine fühlen. Es gibt Tage, da darf man mich wirklich nicht unter Menschen lassen. Dann bin ich so ›Ah, nicht schon wieder Menschen, bloß nicht‹ – ha he ha. Es ist fast, als wäre ich –

EINE EINSIEDLERIN
(MYTHOS #2)

Es war einmal eine Introvertierte, die den Anblick anderer Menschen einfach nicht ertrug. Schon als Kind ging sie ihren Altersgenossen so gut wie möglich aus dem Weg, später weitete sich diese Abneigung auch auf ihre Eltern, Geschwister und schließlich auf die ganze weite Welt aus. Es gab keinen Menschen, der sie nicht allein durch seine bloße Existenz zur Weißglut trieb. Die Introvertierte kannte deshalb keine Begriffe wie »Beziehung« oder »Freundschaft«, dafür aber umso mehr Beleidigungen, mit denen sie sich andere vom Leib hielt.

Als sie alt genug war, floh sie in die Einsamkeit der Einsiedelei. Seither fristete sie in einer kleinen Blockhütte ihr abgeschottetes Dasein am Rande der Welt. Und wenn die Introvertierte dort einmal jemandem begegnete, dann verscheuchte sie die Fremdlinge mit bösen Worten und viel Gefuchtel. Absolute Abgeschiedenheit war wohl schon immer ihr Ziel gewesen, nun hatte sie es erreicht.

Und so starb die grantige alte Introvertierte schließlich, wie sie gelebt hatte: Einsam und allein in ihrer Hütte, komplett isoliert. Ob sie trotzdem glücklich war? Woher soll ich das wissen, ich habe sie nie danach gefragt. Wahrscheinlich hat das niemand. Und sollte es doch jemand probiert haben, so wird die Person sicher nichts erfahren haben. (Außer vielleicht, wie viele Synonyme es für »Verpiss dich« gibt.)

»Der Wunsch nach Einsamkeit und das Bedürfnis nach Ruhe sind zwei völlig verschiedene Paar Schuhe. Nur weil ich manchmal meine Ruhe haben will, heißt es nicht, dass ich einsam bin«, entgegne ich – inzwischen relativ ungehalten.

Hörst du mir überhaupt zu, Sarah? Am liebsten würde ich sie packen und schütteln. *Hörst du mir zu? Na, sag schon!* »Außerdem sind Introvertierte nicht grundsätzlich ungesellig.« *Sondern erst dann, wenn sie auf Leute wie dich treffen.*

»Habe ich Einsamkeit gesagt? Ha he ha he.« Beim Lachen legt sie eine Hand auf meinen Oberarm. Ist das bereits ein hinreichender Grund für Selbstverteidigung?

»Nein nein, ich meinte das, was du gesagt hast. Genauso, wie du es gesagt hast. Mit der Ruhe und alles.«

Ganz bestimmt meinte sie das so. Ja sicher, na klar.

»Und außerdem hat die Introversion ja auch ihre Vorteile«, sage ich und habe nicht die geringste Chance, den Satz zu beenden. »Total! Stille Leute wirken ja auch voll geheimnisvoll. Dann ist quasi jedes Date wie –

EIN RENDEZVOUS IM CLUB MYSTIQUE

(MYTHOS #3)

Es war einmal eine Introvertierte, die stets so wenig über sich preisgab, dass sie in jedem Menschen direkt glühende Neugier weckte. Mit Vorliebe nutzte sie eine anonyme Dating-Plattform namens »Anonyme Dating-Plattform«. Sie hatte kein Profilbild, keine Infos, nicht einmal ihren echten Namen angegeben. Sie wusste genau: Da werden alle Männer schwach.

Eines Abends verabredete sie sich mit einem ihrer zahlreichen Verehrer im Club Mystique. Die Introvertierte wartete im gedämpften Licht der verrauchten Bar, eine Zigarette zwischen den Fingern, mit gesenktem Blick und hinter dunklen Brillengläsern verborgenen Augen, so als könne ihr niemand ein Geheimnis entlocken.

Der Mann erkannte sie am ausgemachten Erkennungszeichen: der Vampir-Umhang und die selbst mitgebrachte Nebelmaschine unter dem Tisch.

»Bist du @mysteriöse_schattenlady_mit_dunkler_vergangenheit123?«

Aus Höflichkeit nahm sie die Sonnenbrille ab. »Und du bist wohl @anonymernutzer_383949673125.«

Dann aktivierte sie die Nebelmaschine.

Nachdem er ihr einen Drink bestellt hatte, fragte er vorsichtig nach ihren Interessen. »Ich finde meine Inspiration in den Schatten der Nacht«, flüsterte sie. Jeder ihrer Sätze war wie eine verschlossene Tür, die nur darauf wartete, nicht geöffnet zu werden.

»Willst du eigentlich meinen echten Namen wissen?«, fragte er.

»Wie heißt du denn?«

»Jochen.«

»Dann will ich's nicht wissen.«

In der Tiefe ihrer Augen spiegelte sich das Unbekannte, und ihr Begleiter versuchte den ganzen Abend, die Geheimnisse zu ergründen, die in ihrem Verborgenen schlummerten.

Sie lebten getrennt bis an ihr Lebensende, denn er fand nicht einmal ihren richtigen Namen heraus. Auch nicht nach 13 Dates.

Und wenn sie nicht gestorben sind, dann sind sie immer noch kein Paar.

»Ja, wir sind super mysteriös«, stimme ich ihr sarkastisch zu. »Vom Sternzeichen bin ich Fische, mein Aszendent ist das Fragezeichen. Aber es gibt noch andere Vorteile. Beispielsweise hat eine Studie ergeben, dass die meisten Introvertierten wahnsinnig intelligent und überdurchschnittlich hübsch sind.«

Sarah braucht eine Sekunde, bis der Groschen fällt.

»Du bist so lustig, Saskia, weißt du das?« *Ja.*

»Das ist ja auch so eine Sache, die mich total überrascht hat. Dass du trotz deiner Introvertiertheit so lustig bist. Auch in deinen Videos. Das muss ja total anstrengend sein, sich immer so zu verstellen.«

»Wieso verstellen?«

»Wie gesagt, ich kenne das ja selbst ein bisschen mit der Schüchternheit und der Ruhe und dem, was du sonst noch meintest.«

»Keine Schüchternheit.«

»Genau! Und deshalb weiß ich auch, wie das normalerweise so ist, als ruhigere Person im Alltag. Ist ja nicht so leicht, dann auch aus sich rauszukommen, lustig zu sein und seine eigentlich betrübte Stimmung zu unterdrücken. Am Ende sind alle Introvertierten ja wie –

DAS KLEINE DEPRESSIVCHEN
(MYTHOS #4)

Es war einmal eine Introvertierte, die schon als Kind tagein, tagaus damit kämpfte, alle äußeren Reize auszublenden, um in ihr Inneres zu horchen. Und als sie tief genug in sich hinein gehorcht hatte, stellte sie zu ihrem Erschrecken fest, dass dort jemand auf sie wartete: das kleine Depressivchen.

Das kleine Depressivchen sollte sie von diesem Tag an auf Schritt und Tritt verfolgen und stets über ihrem Gemüt hängen wie eine dunkelgraue Gewitterwolke. Gleich einer unsichtbaren Last hockte es auf den Schultern der Introvertierten und drückte sie mit seinem tonnenschweren Gewicht in die Knie. Bald sorgte das kleine Depressivchen dafür, dass die Introvertierte das Haus nicht mehr verließ, mit niemandem mehr sprach und schließlich nicht einmal mehr aß. Manche glauben, dass jede und jeder Introvertierte ein solches Depressivchen im Inneren trägt, das den ganzen Tag damit beschäftigt ist, die Lebenslust seines Trägers zu betäuben. Andere meinen, in Wahrheit seien die Introvertierten selbst ihre Depressivchen. Wieder andere behaupten, die Introvertierten hätten die Depressivchen nur erfunden, um eine gute Ausrede für ihre traurige, schweigsame und bemitleidenswerte (sprich: introvertierte) Art zu haben.

Werden wir die Wahrheit jemals erfahren? (Ja, am Ende dieses Kapitels.)

»Schau mal, Sarah, das ist so. Viele Leute denken, dass Introvertierte deshalb manchmal weniger als die anderen reden, weil sie entweder nichts zu sagen haben oder weil sie in Wahrheit depressive Trauerklöße sind. Das stimmt natürlich nicht. Aber ich habe eine Frage an dich, so von Introvertierter«, ich schaue sie an und mache Gänsefüßchen, »zu ›Introvertierter‹. Denkst du nicht auch, dass es manchmal besser ist, sich nicht bei jedem Thema einzuklinken? Dass man, wenn man bestenfalls Halbwissen beitragen könnte, lieber schweigt?« *Auch bekannt als: die hohe Kunst des Fressehaltens.*

»Klar.« Zum ersten Mal wirkt sie, als würde sie sich ertappt fühlen. Sie nimmt bedächtig einen Schluck von ihrem Cocktail, und als sie ihn wieder abstellt, scheint der kurze Anflug von Selbstreflexion tatsächlich etwas bewirkt zu haben: »Du hast recht, vielleicht sollte ich mich beim Thema Introvertiertheit ein bisschen zurückhalten.« *Wehe jetzt kommt ein ›Aber‹.*

»Aber –« *War klar.*

»Diese Phase ist bei mir ja auch schon wirklich lange her. Ich glaube, es war mir auf Dauer einfach zu anstrengend. Du solltest auch auf unsere Seite kommen, Saskia. Man muss sich einfach nur trauen, das Leben nicht an einem vorbeisausen zu lassen. Als mir das klarwurde, fiel die Entscheidung ganz leicht, weniger intro- und einfach viel mehr extrovertiert zu sein.«

»Ah, du meinst also, du bist eine sogenannte –

GESTALTWANDLERIN
(MYTHOS #5)

Es heißt, dass die blutsaugenden und im Lichte eines roten Mondes geborenen Kreaturen der Nacht, die man landläufig als »Introvertierte« bezeichnet, eine uralte Gabe besitzen. Diese Gabe macht sie zu Gestaltwandlern, die jederzeit zwischen ihrem wahren Dasein als Introvertierte und ihrer zweiten Natur als Extrovertierte wechseln können.

Lachend und feiernd ziehen sie durchs Nachtleben, knüpfen allerorts Kontakte und finden selbst in den frühesten Morgenstunden noch Freude an Smalltalk, bis sie wieder ihre ursprüngliche Gestalt annehmen und in die ruhigen und abgeschiedenen Gefilde der Introversion zurückkehren. Ihre Fähigkeit zum Wandel ermöglicht es ihnen, das Beste beider Welten zu erleben – ein Geschenk, um das sie nicht wenige Extrovertierte beneiden.

Eine solche Gestaltwandlerin traf allerdings eines Tages auf eine Gattung, von der sie zuvor nie gehört hatte: Der Wer-Extro – halb Extro, halb Wer. Halb wer? Halb Wer!

Auch ihm ist die Fähigkeit der Transformation beschieden. In klaren Vollmondnächten überkommt ihn die unerklärliche Lust darauf, zu Hause zu bleiben, alle Besucher an der Tür abzuweisen und in warmer Kontaktarmut zu versinken. Dann wird er nämlich zum Introvertierten!

Als dieses ungleiche und sich doch ungemein ähnelnde Paar aufeinandertraf, erkannten beide, wen sie vor sich hatten. Und sie begriffen, dass die Existenz des jeweils anderen eigentlich eine Unmöglichkeit darstellte.

»Wer-Extros? Wer hat sich denn diesen Unfug ausgedacht?«, fragte die Gestaltwandlerin.

»Ach ja? Aber Gestaltwandler sind besser?«, erwiderte der Wer-Extro patzig.

Schließlich mussten beide einsehen, dass auch das jeweils eigene Dasein höchst unwahrscheinlich war. Also nahmen sie Abschied von der Welt und gingen gemeinsam in das Reich der Mythen und Sagen ein, wo sie in Frieden und –

»Aber jetzt mal ernsthaft: Wer-Extros? So etwas Albernes habe ich noch nie gehört.«

»Du bist eine Gestaltwandlerin, die zwischen intro- und extrovertiert switcht! Das ist doch genauso bescheuert!«

»Meine Güte, akzeptier es einfach. Wir sind sowieso beide nicht echt, das ist nur ein Märchen. Was macht das dann für einen Unterschied?«

»Dass es sich um ein angeborenes und somit unveränderliches Merkmal handelt, introvertiert zu sein, ist dir aber klar?«

Sarah winkt ab. »Na ja, also mit *der* Einstellung … Ha he ha he.« *Jetzt reicht's!*

»Sarah, ganz ehrlich: Du hast wirklich überhaupt keine Ahnung von der Materie und solltest bei diesem Thema in Zukunft einfach lieber die Fresse halten.«

»Vielleicht solltest *du* lieber die Fresse halten!«

Sie greift nach dem Cocktailglas und zerschlägt es auf meiner Stirn. Scherben fliegen durch die Luft. Ich versetze ihr einen Stoß und schleudere sie von der Eckbank. Rücklings krabbelt sie über den Boden.

»Das hast du jetzt davon«, sage ich, wische mir das Blut aus den Augen und klettere auf den Tisch. Sie hebt schützend ihre Hände, aber ich fliege saltoschlagend durch die Luft wie ein Profi-Wrestler. Ich lande mit dem Knie in ihrer Magengrube. Rebeccas und Jennys Stimmen erklingen im Gleichklang: »Sas-ki-a! Sas-ki-a! Sas-ki-a!«

»Saskia? Bist du noch da? Du wirkst gerade etwas abwesend?«

»Sorry, was hast du gesagt?«

Sarahs nervige Stimme reißt mich aus meinem aufregenden und sehr realitätsnahen Tagtraum: »Ich meinte nur, dass du es früher oder später auch schaffen wirst, deine extrovertierte Seite auszuleben.«

Da meine Kampfsportskills doch etwas zu wünschen übriglassen, entscheide ich mich für meine beste Waffe: Sarkasmus.

»Ich warte schon so lange auf diesen Tag! Wann klopft endlich die *Extrovertiertheit* an meine Tür und holt mich ab? Hast du da irgendwelche Tipps?«

»Bei mir ging das wie von allein. Letztes Jahr war ich im Sommer ja auf Mallorca, und wenn man da einmal feiern geht, ist man danach automatisch nicht mehr schüchtern, he ha he ha.«

»Oh ja, Ballermann. Das ist genau mein Ding.«

Absolut überhaupt gar nicht. Niemals.

»Komm doch dieses Jahr einfach mit.«

»Oh, schade, leider keine Zeit.«

»Im August?«

»Oh, schade, leider keine Zeit!«

»Ach, menno. Aber ist ja auch egal, wir sprechen einfach nochmal drüber.«

»Ja klar.« *Auf keinen Fall.*

»Anderes Thema«, sage ich. »Kannst du mir eine Sache versprechen?«

»Ich?« Sie errötet leicht. »Alles, was du willst!«

»Sollte ich in Zukunft mal ein Buch über Introversion schreiben, dann lies es bitte, ja? Vielleicht kommst du ja sogar darin vor.«

Geräuschvoll schnappt sie nach Luft und legt sich in einer dramatischen Geste die Hände auf die Brust.

»Oh ja, schreib ein Buch über Introvertiertheit, megageil.«

»Und egal, wie ich dich darstelle, bitte verklag mich nicht.«

»Was?«

»Was?«

Jedenfalls war das mein erstes und letztes Treffen mit Sarah. Dennoch bereue ich es nicht, sie kennengelernt zu haben, denn das Gespräch hat mir einmal mehr gezeigt, wie viele (falsche) Vorurteile es über Introvertierte gibt. Da ich zu dieser Zeit gerade begonnen hatte, in der Öffentlichkeit über meine Introversion zu sprechen, kam mir daraufhin ein Gedanke: Wie viele Leute denken wohl so wie Sarah? Und wie viele von ihnen halten mich womöglich jetzt für eine niemals neinsagende, die Einsamkeit bevorzugende, mysteriöse, depressive Introvertierte, die mit genug Wille auch extrovertierter sein könnte, dies aber aus purer Bequemlichkeit unterlässt?

Mein zweiter Gedanke war: Diese Penner! Wie kann ich ihnen zeigen, dass Introvertierte besser sind als ihr Ruf? Oder wenigstens das landläufige Bild von Introvertierten als Mythen enttarnen und die Fakten sprechen lassen? Deshalb werde ich genau das jetzt tun. Statt einer Infobox folgen fünf Fakten, die Sarahs Mythen gegenübergestellt werden. Übrigens schließen wir damit die Basics zum Thema Introversion endgültig ab. Gratulation, hiermit ernenne ich dich zum Intro-Rookie. Auf den folgenden Seiten sammeln wir weitere Abzeichen in vertiefenden Bereichen, dafür schauen wir uns typische Alltagssituationen an. (Beispielsweise erste Dates, Smalltalk-Überfälle und – nicht zu vergessen – tränenreiche Nervenzusammenbrüche vor den Augen einer Partygemeinschaft.

Gemeinsam finden wir heraus, mit welchen Tipps und Tricks man sich das Leben als Intro leichter macht – beziehungsweise wie man als Extro mehr Verständnis für die Gegenseite aufbringen kann. (Oder anders gesagt: Wie man sich einfühlsamer verhält als der Extro-Ex, dem wir – wie der Zufall so will – noch ein paarmal begegnen werden.)

Vorher aber die versprochenen Fakten, um Sarahs fünf (weit verbreitete) Mythen zu entkräften:

MYTHOS #1: DAS MÄDCHEN, DAS NICHT NEIN SAGEN KONNTE

Introversion ist weder gleichzusetzen mit Schüchternheit noch mit mangelndem Selbstbewusstsein. Diese Merkmale entspringen Ängsten, und die Introversion tut das nicht. Schüchternheit und Ängste können jeden treffen, völlig unabhängig davon, wo man auf der Skala zwischen Intro und Extro liegt.

MYTHOS #2: EINE EINSIEDLERIN

Das Bedürfnis nach Ruhe und Reizarmut ist etwas völlig anderes als das Bedürfnis nach Einsamkeit. Auch Introvertierte sind soziale Wesen, die Beziehungen, Freundschaften und Bekanntschaften knüpfen und pflegen. Hier sind Jenny und Rebecca das perfekte Beispiel. Ich genieße es, Zeit mit den beiden zu verbringen. Für ein Leben als Einsiedler ist meine misanthropische Ader nicht stark genug ausgeprägt.

MYTHOS #3: RENDEZVOUS IM CLUB MYSTIQUE

Wie genau dieser Mythos entstand, kann ich mir kaum erklären. Vielleicht liegt der Ursprung des Ganzen darin begründet, dass sich Introvertierte in größeren Gruppen eher still und beobachtend am Rande des Geschehens aufhalten und irgendeine geistige Amöbe dieses akkuschonende Verhalten auf sozialer Sparflamme als geheimnisvolles Auftreten fehlinterpretierte. Introversion ist aber bekanntlich nur die angeborene Neigung nach innen und nicht die angeborene Neigung zur verführerischen Heimlichtuerei. (Allerdings sind Introvertierte von Natur aus selbstverständlich seeeehr sexy, das könnte diesem Mythos natürlich auch in die Karten spielen. Nachzulesen in dieser Studie von 2024: *Fröhlich, Saskia – Die wirklich wahre und tatsächlich erhobene Studie über Sexyness von Introvertierten, deren Wahrheitsgehalt hiermit bestätigt wurde.*)

MYTHOS #4: DAS KLEINE DEPRESSIVCHEN

Introvertierte und Schüchterne teilen in diesem Fall tatsächlich ihr Schicksal: Denn unsere extro-normative Gesellschaft neigt dazu, ruhigen, in sich gekehrten und zurückhaltenden Personen eine Schwermut nachzusagen – wenn nicht gleich eine Depression zu diagnostizieren. Selbstverständlich ist jeder mal traurig oder verstimmt. Bei Introvertierten begünstigt beispielsweise eine aufgebrauchte soziale Batterie einen (teils auch abrupten) Stimmungswechsel – wir sind aber nicht grundsätzlich traurig. Und wenn wir es sind, dann ist das kein Grund für eine Ferndiagnose von Depressionen. Auf Basis von laienhafter Westentaschenpsychologie jemandem zu unterstellen, er oder sie hätte Depressionen, nennt man im Fachjargon: eine gefährliche Scheißaktion. Diagnosen holt man sich auf professionellem Wege ein (und sobald es Anzeichen für eine derartige Krankheit gibt, sollte man das auch dringlichst tun und nicht auf Hobbypsychologen vertrauen). Krankheitswertige Störungen sind nach wie vor etwas anderes als Charakterzüge. Und da es sich bei einer Depression um eine solche krankheitswertige Störung handelt, wäre es genauso sinnig, zu behaupten, alle Introvertierten hätten immer Schnupfen. (Oh Moment. Ha-Ha-Hatschi. 'tschuldigung.)

MYTHOS #5: GESTALTWANDLERIN

Mein absoluter Favorit: Angeborene Persönlichkeitsmerkmale werden durch diesen Mythos zu simplen Verhaltensentscheidungen herabgestuft. Ich vermute, dass die Leute, die diesen Blödsinn glauben, auch Depressiven empfehlen, einfach mal etwas Sport zu treiben, bei Burn-out zu sonnigen Spaziergängen raten und bei Schlafstörungen lieber ein großes Glas Wein am Abend befürworten, anstatt den Gang zum Arzt vorzuschlagen. Stimmt ja auch, denn wenn wir uns alle einfach nur genug anstrengen und es ausreichend wollen, dann können wir dank purer Entschlossenheit und reiner Willenskraft Persönlichkeitsprägungen ändern und Krankheiten spontan selbst heilen. Ha he ha he ha.

Na, seid ihr schon bereit für den nächsten Part? Dann holt euch eine Tüte Popcorn, macht es euch bequem und genießt die folgende Story. Der Vorhang öffnet sich für den nächsten Akt, denn hier betritt mein Extro-Ex erneut die Bühne und verspricht mehr Drama, als ihr euch gewünscht habt.

05
DER EXTRO-EX

»ICH MACHE SCHLUSS.«

»Was?« Niklas erstarrt und seine Ohren laufen rot an. Er sitzt auf unserer Couch, ich schaue an ihm vorbei und durch das große Wohnzimmerfenster in Richtung Horizont. Gerade reißt die Wolkendecke auf und ein Sonnenstrahl fällt in unsere – noch – gemeinsame Wohnung.

»Ich mache Schluss.« Der Sonnenschein kommt mir so hell und warm vor wie lange nicht mehr. »Und eigentlich wäre das schon viel früher nötig gewesen.«

Was für ein Einstieg, oder? Ich hätte Autorin werden sollen. Moment, das bin ich ja jetzt. Wo ist mein scheiß Pulitzer?!

Aber bevor ich vor Eigenlob anfange zu stinken, erkläre ich dir lieber, wie es anderthalb Jahre zuvor mit mir und dem Extro-Ex losging. Und wieso es dann schließlich auf diese Weise endete …

SASKIA <13:02>

Hey Niklas,
ich fand es gestern zwar ganz schön mit dir, aber ich habe gemerkt, dass mir eigentlich gerade noch nicht nach Dating ist. Momentan genieße ich eher die Ruhe und Gemütlichkeit als Single. Ohne Verpflichtungen und so weiter. Es war wirklich schön, nur ist es gerade einfach nicht das, wonach ich suche.
Ich wünsche dir aber alles Gute!

NIKLAS <13:03>

Hey du ☺

NIKLAS <13:04>

Danke für deine Nachricht ☺

NIKLAS <13:05>

Ich fand es gestern auch superschön! Du bist mir gar nicht mehr aus dem Kopf gegangen, seit ich zu Hause angekommen bin. Deshalb hoffe ich, dich vielleicht doch noch zu einem zweiten Date überreden zu können? Drinnen rumsitzen können wir, wenn wir alt sind 😉

Hätte ich bei dem Zwinker-Smiley bereits skeptisch werden müssen? Ja. Habe ich mich trotzdem auf das zweite Date eingelassen? Sag' ich nicht. (Auch ja.) Zeigt sich in dieser Nachricht außerdem bereits sein mangelndes Verständnis für introvertierte Bedurfnisse? JA!

SASKIA <13:38>

Vielleicht machen wir es so: Sollte ich irgendwann in den nächsten Wochen genug davon haben, Zeit allein zu verbringen, dann melde ich mich einfach nochmal.

NIKLAS <13:41>

Nimm's mir nicht böse, aber das hört sich irgendwie voll depri an ☹

NIKLAS <13:42>

Es muss ja gar kein richtiges Date sein. Wir können uns auch entspannt zum Kochen treffen oder auf einen Tee. Es lohnt sich ja nicht, allein zu Hause rumzuhocken.

NIKLAS <13:43>

Was sagst du?

Gar nichts.

NIKLAS <14:25>

Okay, Vorschlag: du gibst mir noch eine Chance, und wenn ich dich nach dem zweiten Date nicht überzeugt habe, dann lass' ich dich in Ruhe ☺

NIKLAS <14:26>

Klingt fair, oder?

SASKIA SCHREIBT… <15:07>

tippen Sei mir nicht böse, aber *löschen*

tippen Ich denke nicht, dass *löschen*

tippen Nein! *löschen*

NIKLAS <15:08>

Ich fänd's schade, wenn wir uns diese Chance entgehen lassen.

Ich überlege.

SASKIA <15:08>

Aber heul am Ende nicht rum, wenn es diesmal wirklich das letzte Date war.

Es wäre mir nicht einmal schwergefallen, Nein zu sagen. Ich bin schließlich *nicht* das Mädchen, das nicht Nein sagen kann! Aber vielleicht überrascht es dich nach allem, was du bisher gelesen hast, dass ich überhaupt mit Niklas zusammengekommen und -gezogen bin. Falls ja, mich auch. Zumindest rückblickend. Meine Rechtfertigung für die Vergangenheits-Saskia ist: Sie war jung, naiv und brauchte das Geld. (Wofür? Na, für die übergroßen Scheuklappen, die sie sich vor die Augen geklemmt hat. Denn mit denen hatte sie nur die schönen Momente im Blick und davon gab es neben den ganzen Red Flags einige. Auf anderthalb Jahre hochgerechnet, bestimmt zwölf).

Ich glaube nicht, dass Niklas bewusst war, welche Wirkung seine Nachrichten auf mich hatten. Dafür war er, rückblickend betrachtet, auch einfach zu dumm (obwohl er eine Brille trug). Er wollte mich einfach nur überreden. (Männer halt.) Und ich war dumm genug, mich überreden zu lassen. (Naives Mädchen halt.) Aber tatsächlich gelang es ihm, mich bereits ins Grübeln zu bringen, bevor wir überhaupt ein Paar wurden. Was ist, wenn mit mir etwas nicht stimmt? Wenn es nicht normal ist, lieber Zeit für sich zu verbringen, statt aktiv zu daten und unter Leute zu kommen? Wenn ich komisch wirke? Ich habe das Problem also lange nicht bei Niklas, sondern bei mir gesehen. Und *zack* hatte er das zweite Date in der Tasche und ich ihn bald dauerhaft an der Backe. Das klingt, als sei er ein zugelaufener Hund gewesen. Das ist natürlich Quatsch, er war ein zugelaufener Affe.

Spaß beiseite. Natürlich war nicht immer alles schlecht. Das zweite Date lief ja offensichtlich gut genug, um mich auf noch eins einzulassen. Und noch eins. Und noch eins. Und ehe ich mich versah: BEZIEHUNG. Sein Interesse schmeichelte mir, und es gab auch schöne Phasen. Zum Beispiel der Ski-Urlaub, an den erinnere ich mich wirklich gerne. Niklas war dort. Ich nicht. Klassische Win-win-Situation. Ja, trotz allem war ich über ein Jahr mit ihm zusammen. Ich muss gestehen, dass ich damals vieles noch nicht so begriff wie heute. Ich war in der Beziehung nicht immer glücklich, aber natürlich auch längst nicht immer unglücklich. In der Rückschau – mit dem Wissen von heute – ist mir aber klargeworden, wie viel wirklich zwischen uns schieflief. Sicher hatte er auch nicht an allem Schuld. Aber da das hier mein Buch ist, gebe ich sie ihm natürlich (he he).

Was allerdings von Anfang an nicht gelang, war die klare Kommunikation meiner Bedürfnisse. Das hat er mir einerseits wirklich schwer gemacht, andererseits wusste ich damals auch praktisch kaum etwas über (meine) Introversion. Vielleicht kamen wir auch nur zusammen, weil wir deshalb von Anfang an eine Gemeinsamkeit hatten: Wir hatten beide wenig Verständnis für mich. Ein weiteres Problem war, dass Niklas' mangelndes Verständnis und seine permanenten Vorwürfe dazu führten, dass ich lange Zeit kaum eine Gelegenheit für tiefere Selbsterkenntnisse bekam. Ich wollte mich nicht besser verstehen, ich wollte mich ändern. Aber dass Introvertierte keine Gestaltwandler sind, haben wir ja bereits gelernt.

Du erinnerst dich bestimmt an die Geschehnisse auf Sarinas Party? Dann weißt du vielleicht auch noch, mit wie vielen Selbstzweifeln ich damals noch zu kämpfen hatte. Das war einige Wochen nach meinem ersten Date mit dem Extro-Ex. Wie gesagt. Frisch verliebt. Rosarote Brille. Scheuklappen.

Und nun wird es auch ein letztes Mal Zeit, dorthin zurückzukehren. Die Party, auf der ich nicht nur ein-, sondern ganze zweimal weinte. Bevor wir reinspringen, ein kurzer Reminder: Meine soziale Batterie ist bereits geleert, ich werde trotzdem zu einer weiteren Runde »Wer bin ich?« gedrängt und schließlich lässt Niklas mich mit seinem dummen Spruch auch noch doof aussehen: »Hä, fang doch einfach an zu raten?« Und vor den Augen der versammelten Mannschaft passiert es:

Mir gelingt es nicht, die in mir aufsteigende Überforderung unter Kontrolle zu bringen, und eine heiße Träne läuft über meine Wange. Und noch eine. *Scheiße, ab zwei Tränen ist es offiziell Weinen.* Ich weine also. Und alle schauen mich an.

»Oh Gott, was ist denn los?«, fragt Sarina, die sich aus der Gruppe löst und vor mir in die Hocke geht. Sie legt eine Hand auf mein Knie. In meinen Augen sammelt sich literweise Wasser. Wenn das so weitergeht, rücken bald Großkonzerne an, um meine Tränensäcke zu privatisieren. Ich verziehe das Gesicht, um die Sturzbäche zurückzuhalten. Sarina sieht mich besorgt an.

»Geht's dir nicht gut?«

»Ich –« Verdammt, wenn ich jetzt weiterrede, dann brechen die letzten Dämme und die Partygemeinschaft darf sich über einen heiteren Heulkrampf freuen, Mindestdauer: zu lange.

Mich starren jetzt schon alle verlegen an. *Keine Sorge, Leute, mir ist das genauso unangenehm wie euch.*

Ich stehe auf und schiebe mich an Sarina vorbei.

»Ich brauche nur einen Moment.«

Mit einer raschen Handbewegung wische ich mir Tränen Nummer drei und vier von der Wange und hoffe, die nächsten drei oder vier(hundert) lange genug zurückzuhalten, bis ich in Sicherheit bin. Wie durch ein Wunder ist die Toilette frei. »Saskia?«, kommt es von der anderen Seite der Tür, als ich auf den Badewannenrand falle und die Ventile meiner linken und rechten Augenhöhle öffne. Es klopft. *Komm schon, Sarina, das war gerade mal ein Viertelmoment. Gib mir noch 17 Minuten, dann hab' ich mich wieder beruhigt.* Zum zweiten Mal an diesem Abend trockne ich meine Wangen mit Sarinas Schmirgelpapier.

»Red du mit ihr«, höre ich durch die Tür. Sarina denkt wahrscheinlich, sie flüstert, aber sie ist zu angetrunken zum Flüstern.

»Was soll ich denn sagen?«, entgegnet Niklas.

»Frag sie vielleicht einfach mal, was los ist?«

Es klopft wieder. »Schatz, was ist denn?«

»Blasenentzündung«, lüge ich. »Es ging einfach nicht mehr.« *Was wiederum die Wahrheit ist.*

»Okay«, gibt Niklas zurück.

Es folgt eine kurze Stille, dann höre ich wieder Sarina: »*Okay*? Dein Ernst, Niklas?«

»Ja, Blasenentzündung halt. Da kann ich jetzt auch nichts machen.«

»Du könntest ihr wenigstens deine Hilfe anbieten. Sie nach Hause fahren oder so.«

»Schatz, willst du nach Hause?«

Natürlich will ich nach Hause!

»Lass uns einfach gleich reden, ja?«

»Okay.«

»Du fährst sie gleich nach Hause, in Ordnung?«

Inzwischen schreit Sarina fast – sie könnte die Tür aufreißen, und ich würde sie nicht besser hören.

»Und ich suche ihr bis dahin meinen Blasen- und Nierentee raus, ich habe bestimmt irgendwo noch eine Packung rumfliegen.«

Mhm lecker, ein kräftiger Schluck von etwas, das nach feuchtem Gartenbeet schmeckt. Für die nächsten Minuten herrscht Ruhe, und es fließt genug Druck ab, um meine Tränen-Hydranten wieder unter Kontrolle zu bekommen. Schließlich klopft es wieder.

»Saskia? Niklas kann dich direkt nach Hause fahren, wenn du willst.«

Mr. Bierpong? Darüber reden wir gleich noch.

»Ich hatte auch noch ein paar Sachen von meiner letzten Blasenentzündung da. Die habe ich dir eingepackt.«

Ich öffne die Tür. »Danke, Sarina.«

Sie lächelt und reicht mir eine Papiertüte, ich ertaste Teebeutel, eine kleine Flasche und etwas Quadratisches. Jetzt hätte ich wirklich verdient, dass sich meine dumme Ausrede tatsächlich zu einer Blasenentzündung entwickelt. Ansonsten wären der *leckere* Tee und Sarinas Fürsorge ja verschwendet. Hinter ihr lehnt Niklas an der Wand und mustert mich. Ich erkenne an seinem Blick, dass er heute definitiv nicht mehr ins Auto steigen sollte. Auf gar keinen Fall lasse ich mich von ihm fahren, selbst wenn ich das Angebot als gut gemeint hinnehme.

»Meine Blase spielt auch nicht immer mit«, sagt Sarina. »Also ab nach Hause mit dir. Und genug trinken, versprochen?«

Ich umarme sie zum Abschied – diesmal sogar ohne Fettnäpfchen. Die übrige Partygemeinschaft hält sich größtenteils immer noch im Wohnzimmer auf. Zum Glück, denn das erspart mir wenigstens die Peinlichkeit, mit verschmierter Schminke noch einmal die Runde machen zu müssen. Nur eine kleine Gruppe steht am anderen Ende des Flurs, Elias ist unter ihnen. Er schielt verstohlen zu mir herüber, aber ich tue so, als würde ich es nicht bemerken.

»Also?« Niklas lässt seinen Autoschlüssel um den ausgestreckten Zeigefinger kreisen. »Können wir los?«

Ja, in acht Stunden, wenn du ausgenüchtert bist.

»Wie viel hast du noch mal getrunken?«

»Äh –«

»Der Nachtbus hält doch direkt hier um die Ecke, damit komme ich bis nach Hause.«

»Aber dann schreib wenigstens, wenn du zu Hause angekommen bist, versprochen?«, sagt Sarina und schaut mich mitleidig an.

»Klar.« *Ich habe ihre Nummer nicht.*

Niklas tritt vor. »Schade, dass du gehen musst. Gute Besserung.«

»Danke.« Einen Augenblick später bin ich im Treppenhaus, dann auf der Straße geradewegs zur Bushaltestelle. Und obwohl mir schon wieder die Tränen kommen, fühle ich mich ungemein erleichtert. Diesmal lasse ich sie einfach laufen.

Geschafft, Saskia, jetzt lass den Abend hinter dir.

AKTEN-SASKIA: Also auf *Jesus* hättest du wirklich früher kommen können.

Fuck.

Etwas trifft mich an der Stirn. War das ein Regentropfen? Ich schaue nach oben und im selben Moment setzt der Schauer ein. Wo ist mein Regenschirm? Verdammt! Elias! Vielleicht wird's jetzt wenigstens was mit der Blasenentzündung.

Stattdessen hatte ich danach eine schöne Bronchitis. Falls du dich fragst, was sich in Sarinas Papiertüte befand: ein paar Teebeutel, ein Fläschchen Cranberrysaft und eine Tafel Schokolade. Also die drei mit Abstand besten Hausmittel gegen starken Husten. (Sollte euer Hausarzt etwas anderes sagen, dann lügt er.) Um noch einmal das Gewicht dieser selbstlosen Unterstützung zu verdeutlichen: Sarina schenkte mir eine ganze Tafel Schokolade. Inzwischen frage ich mich wirklich, wieso ich damals mit Niklas und nicht mit ihr zusammen war.

Zu dieser Zeit glaubte ich noch, dass sich die Konflikte – die im Rahmen der Party sehr deutlich hervortraten, im Alltag aber oft viel weniger präsent waren – nachhaltig klären lassen würden. Teilweise gelang das auch, aber vor allem, weil ich viel zurücksteckte und meine Bedürfnisse unterdrückte. Damals fühlte sich das für mich normal und richtig an, heute weiß ich, dass es das nicht war. Niklas hingegen bewies weiterhin ein überraschend lernresistentes Unverständnis gegenüber meiner Introversion (die aber wiederum durch mein Verschulden kaum zur Sprache kam). Schließlich kam es in Streitsituationen sogar so weit, dass ... Weißt du was, wir schauen es uns einfach gemeinsam an. Unser letzter Streit vor der Trennung verdeutlicht gut, was ich meine. Wir befinden uns nun ein Jahr und wenige Monate nach Sarinas Party. Und Abfahrt.

»Wenn du nicht mitkommst, wird mein Bruder wieder den ganzen Abend lang fragen, wo du bist«, nörgelt Niklas.

Den ganzen Abend? ›Wo ist Saskia?‹ - ›Zu Hause.‹ Fünf Minuten später. ›Wo ist Saskia?‹

Niklas sitzt auf der Couch, ich stehe vor ihm und massiere mir die Schläfen.

»Sorry, aber ich bin halt einfach erschöpft. Nach so einer Woche brauche ich auch mal einen Abend zum Auftanken.«

»Meine Familie kann auch nichts dafür, dass du für Klausuren lernen musst. Andere studieren auch und haben trotzdem ein Privatleben.«

»Ich glaube, wir beide verstehen unter Privatleben nicht dasselbe. Sobald man nur einen Abend in der Woche zu Hause bleibt, reicht das für dich ja schon aus, um direkt 'ne Depression zu bescheinigen.«

»Natürlich kann man *mal* zu Hause bleiben. Aber so oft, wie du dich lieber einigeln möchtest, muss man sich halt wirklich Sorgen machen.«

»Ach ja, das hatte ich schon fast vergessen. Ich bin nicht normal, und dass ich es überhaupt wage, meine Bedürfnisse zu äußern, ist bereits ein Eingeständnis meiner psychischen Labilität.«

»Deiner was? Hast du das gerade etwa selbst zugegeben?«

Zum Glück kenne ich die beste Waffe gegen sein provokantes Sich-dumm-Stellen. Mit einem Satz springe ich auf den Couchtisch, stoße mich ab und jage Flugfaust-ballend auf ihn hinunter, woraufhin –

Stopp, keine Tagträume jetzt, du musst den Streit gewinnen!

Stattdessen werfe ich ihm also nur einen Blick zu, der eigentlich genauso weh tun müsste.

»Du willst mich einfach nicht verstehen, Niklas.«

»Dich kann niemand verstehen. Vor allem nicht, wenn du mitten auf einer Party plötzlich heulend ins Bad rennst und keiner weiß, was los ist.«

»Nicht schon wieder diese Geschichte. Ich habe dir das hundertmal erklärt.«

»Es ergibt für mich aber keinen Sinn.«

Wir schweigen. Sogar für eine ganze Weile.

»Du könntest doch einfach heute mitkommen, einen völlig normalen Abend mit mir, meinem Bruder und seiner Freundin verbringen, und am Wochenende lasse ich dich in Ruhe.«

»Völlig normal – da ist es wieder. Es geht eigentlich nicht um den Abend, in Wahrheit soll *ich* einfach völlig *normal* sein, das ist es doch, was du sagen willst?«

»Ja – ich meine – nein – deine Gefühlsschwankungen sind mir nur einfach zu krass. Manchmal sind wir unterwegs, und alles ist gut, wie bei unserem ersten Date zum Beispiel. Das war total schön. Und am nächsten Tag willst du mich plötzlich nicht mehr wiedersehen. Das ist doch – schizophren.«

»Ich mache Schluss.«

»Was?« In diesem Augenblick reißt die Wolkendecke auf und ein Sonnenstrahl fällt in unsere – noch – gemeinsame Wohnung.

»Ich mache Schluss.« Der Sonnenschein kommt mir so hell und warm vor wie lange nicht mehr. »Und eigentlich wäre das schon viel früher nötig gewesen. Ich hätte schon das zweite Date niemals zusagen sollen.«

›Achtung: Sie befinden sich in einer Sackgasse. Die Route Ihrer Beziehung wird neu berechnet. Es ist an der Zeit, getrennte Wege zu gehen. Bitte wenden. Bitte wenden. Bitte wenden.‹

WANN KOMMUNIKATION HILFT (IMMER)

Ich habe damals also endlich erkannt, dass unsere Beziehung ausweglos war. Mir fiel es schwer, mich zu erklären, und Niklas fiel es schwer, kein Arschloch zu sein (und mich zu verstehen). Wir kamen einfach nicht auf einen Nenner.

Heutzutage gelingt es mir mit mehr Selbstbewusstsein – und deshalb auch umso besser –, meine Bedürfnisse zu erklären und mir diese auch zu erfüllen. Natürlich kann es immer passieren, dass ich mein Gegenüber damit vor den Kopf stoße. Man darf aber auch nicht erwarten, dass die eigenen Bedürfnisse immer und überall bedingungslos akzeptiert werden. Es gibt Menschen, denen das Thema Intro- und Extroversion und die damit einhergehenden unterschiedlichen Wünsche nicht bewusst sind. Viele Introvertierte teilen dieselbe Erfahrung: Das Äußern eigener Bedürfnisse stößt beim Gegenüber auf Unverständnis. Aber solche Konflikte lassen sich in der Regel klären, wenn beide Parteien dazu bereit sind. Deshalb lohnt es sich, sie auszuhalten und Kompromisse auszuhandeln. Im Fall von Niklas war es leider das genaue Gegenteil: Über die Zeit gerieten wir zu oft aneinander, ohne Lösungen zu finden, so dass keiner von uns beiden mehr dazu bereit war, Kompromisse einzugehen.

Ich erwähnte ja bereits, dass ich erst viel zu spät damit anfing, mich selbst besser kennenzulernen. Vorher wünschte ich mir einfach nur, ich wäre anders, anstatt mich zu akzeptieren, wie ich bin, und lieber positiv auf die äußeren Umstände einzuwirken. Ich muss aber auch zugeben, dass ich genauso wenig Verständnis für Niklas aufbrachte. Es ist eben auch wichtig, nicht nur die eigenen Bedürfnisse zu äußern und auf Verständnis zu hoffen, sondern auch die Bedürfnisse des Gegenübers zu verstehen und zu akzeptieren.

Außerdem soll hier auf keinen Fall der Eindruck entstehen, eine Beziehung oder Freundschaft zwischen Intros und Extros wäre unmöglich. Selbstverständlich kann das matchen, es gibt sogar viele gute Beispiele. Spongebob und Thaddäus (wir wissen alle, dass Thaddäus seinen Nachbarn eigentlich genauso liebt wie umgekehrt), Ernie und Bert (die beiden wohnen sogar zusammen, ich meine, wie deutlich will man es noch machen), Chandler und Joey (Traumpaar) ... oder mein Lieblings-Intro-

Extro-Duo: Shrek und Esel. Trotz anfänglicher Hürden sind sie zum Schluss Freunde fürs Leben.

Angeblich ziehen sich Gegensätze ja an, wenn also die Kommunikation klappt und beide an der Beziehung oder Freundschaft beteiligten Personen ihre jeweiligen Bedürfnisse erfüllen können, steht dem gemeinsamen Glück nichts mehr im Wege. (Außer all die anderen Probleme neben dem Gegensatz von Intro- und Extroversion, aber um die geht es in diesem Buch zum Glück nicht. Im Zweifel hilft Kommunikation da aber auch, Kommunikation hilft ja praktisch immer.)

GEMEINGEFÄHRLICHE KÜCHENPSYCHOLOGEN

Abschließend möchte ich auch noch einmal betonen, dass die permanenten Unterstellungen und Möchtegern-Diagnosen von Niklas meinen Weg zu mehr Selbsterkenntnis enorm erschwert haben. Bitte lass dir von niemandem erzählen, dass deine introvertierten oder extrovertierten Verhaltensweisen in Wahrheit ein Anzeichen für Depression, bipolare Schwankungen oder andere, aus gutem Grund medizinisch definierte und normalerweise von einem Arzt diagnostizierte Krankheiten oder Störungsbilder sind. Natürlich gibt es individuelle Fälle, in denen eine vermutete Selbstdiagnose hilft, um eine erste Einschätzung der eigenen Leiden vorzunehmen und sich dann entsprechend Hilfe zu suchen. Aber jede auf Basis von Laienwissen hingerotzte Ferndiagnose ist einfach nur Bullshit (auch auf Social Media). Und Niklas war natürlich an vorderster Front dabei. Manchmal hat sich die Beziehung geradezu wie ein Besuch beim schlechtesten Arzt der Welt angefühlt. Herzlich Willkommen in der Praxis Prof. Dr. Dr. Extro-Ex!

»Ah, Frau Fröhlich.«

»Hallo, Herr Professor Doktor Extro-Ex.«

»Professor Doktor *Doktor*!«

»Natürlich, Herr Professor Doktor *Doktor* Extro-Ex.«

»Sehr gute Entscheidung, sich mit Ihren Beschwerden an mich zu wenden. Denn mit Hilfe meines patentierten A-A-Fragebogens kann ich jede Krankheit, mental wie physisch, zweifelsfrei diagnostizieren.«

»A-A-Fragebogen?«

»Ja, das steht für Alles-Anamnese.«

»Das ergibt Sinn.«

»Natürlich tut es das, ha ha ha. Genau wie jede einzelne Ferndiagnose, die ich jemals gestellt habe. Doch bevor Sie den Fragebogen ausfüllen, muss ich noch einige Ihrer Patientendaten auf ihre Aktualität prüfen.

»In Ordnung.«

»Ihr Geburtsjahr ist immer noch 1996?«

»Daran kann sich doch nichts ändern.«

»Bitte antworten Sie nur mit Ja oder Nein.«

»Ja.«

»Ihr Sternzeichen ist bis heute Fische?«

»Ja.«

»Daran hätten Sie in der Zwischenzeit aber schon arbeiten können.«

»Und wie genau soll das gehen?«

»Das ist ein Arztgeheimnis. Welche Augenfarbe haben Sie?«

»Na, blau.«

»Bitte antworten Sie nur mit Ja oder Nein.«

»Ja?«

»So – füllen Sie nun bitte diesen Fragebogen aus, und auf Basis Ihrer Antworten kommen wir Ihren Beschwerden ruckzuck auf die Spur.«

»Ah, Frau Fröhlich, vielen Dank für Ihre Angaben. Ich konnte auf Basis der Daten eine erste Diagnose vornehmen. Hier, lesen Sie selbst:«

Auf Basis des vorliegenden Fragebogens komme ich bei meiner Patientin S. Fröhlich zu dem Schluss, dass es sich um einen schwerwiegenden Fall von »fortgeschrittener Unnormalität« handelt. Diese Störung zeichnet sich vor allem durch unnormale Wünsche, wie dem Verlangen nach regelmäßiger Ruhe oder Zeit für sich allein, sowie durch unnormales Verhalten aus, beispielsweise grundlose Heulattacken. Ein geeignetes Behandlungskonzept für »fortgeschrittene Unnormalität« muss noch erstellt werden. Fürs Erste verschreibe ich aber dringend mehr soziale Begegnungen, am besten mehrere Stunden täglich und vorzugsweise in Settings, in denen die Patientin sich überaus unwohl fühlt (stets in meiner Begleitung).

Gez. Prof. Dr. Dr. Extro-Ex

Aber ich habe mich getrennt. Und ich habe die Diagnose »Unnormalität« nicht akzeptiert. Das Beste daran: Endlich gab es die Gelegenheit, mich selbst kennenzulernen. Da begann meine Reise mit der Introversion erst so richtig, als ich begriff, dass mit mir alles in Ordnung ist (zumindest in Bezug auf die Introversion). Denn selbstverständlich gab es trotzdem noch einiges zu lernen. Auch wenn man als Introvertierte weiß, dass man introvertiert ist, lauern im Alltag trotzdem noch viele kleine Fallstricke und Herausforderungen. Glaub mir, zwischen der Trennung und heute hatte ich immer noch einiges zu lernen. Nicht selten fühlte es sich so an, als würde ich genau die Szenarien, die mit meiner Introversion clashen, geradezu magisch anziehen.

INFOBOX

WAS WIR GELERNT HABEN

Kommunikation sorgt nicht nur für Klarheit auf beiden Seiten, sondern ermöglicht sogar Freundschaften und Beziehungen zwischen Intros und Extros (und allen anderen denkbaren Kombinationen). Wer seine Bedürfnisse oder Wünsche äußert, muss allerdings einplanen, nicht immer sofort auf bedingungsloses Verständnis zu stoßen. Das ist aber in Ordnung – zwischen vernünftigen und kompromissbereiten Menschen werden sich Lösungen finden lassen.

Genauso wichtig wie das Äußern der eigenen Seite ist es, der anderen Seite ebenso bereitwillig zuzuhören, wie man es sich selbst wünscht. Man sollte schließlich nicht nur verstanden werden wollen, sondern auch selbst verstehen lernen. Für einen Kompromiss braucht es schließlich zwei.

Und egal, ob es sich um Bedürfnisse handelt, die aufgrund einer introvertierten oder extrovertierten Persönlichkeitsprägung entstehen – lass dir nicht einreden, das sei unnormal. Natürlich können besonders extremes Verlangen nach Alleinsein und genauso besonders rastloses Hetzen von Party zu Party ungesunde Maße annehmen, aber nach einer harten Woche einen Abend auf der Couch verbringen (oder nach einer langweiligen Woche unter Menschen kommen) zu wollen, ist kein Grund für eine »Ferndiagnose« durch Außenstehende.

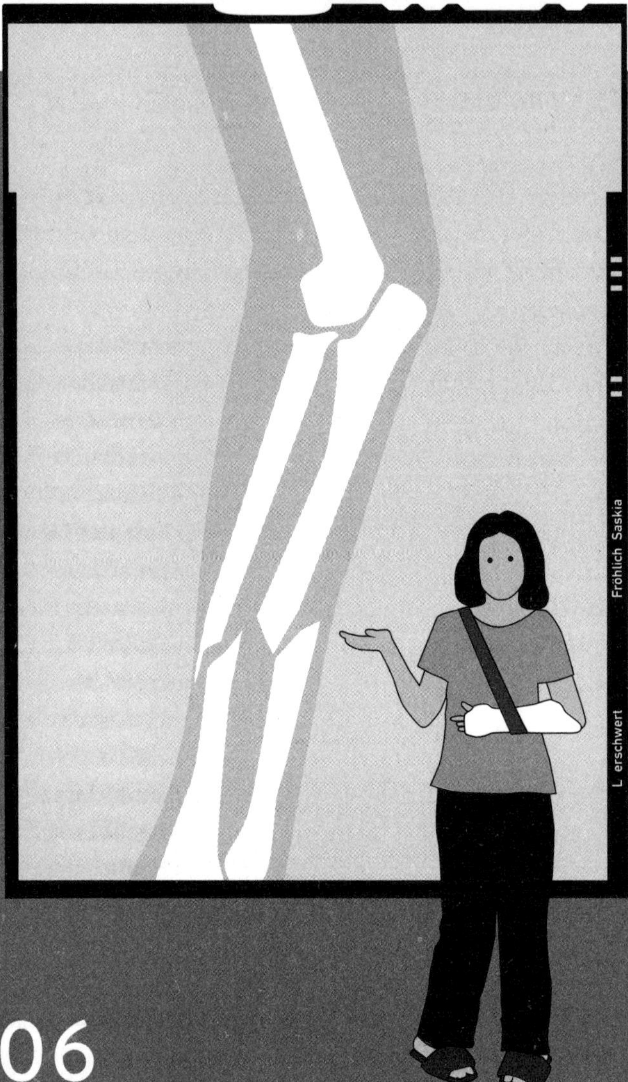

06
INTROVERTIERT ALS KIND

DIE SACHE MIT DEM GEBROCHENEN ARM

Seit der Trennung ist Niklas tagsüber immer öfter unterwegs. Da wir uns die Wohnung bis zu meinem Auszug noch teilen müssen, kommt mir das gelegen. Während er sich seine Zeit mit Extro-Zeug vertreibt, gehe ich *meiner* Lieblingsbeschäftigung nach: Ruhe haben. (Und Kartons packen.) Im ersten Karton landen alte Lernunterlagen aus meiner Abi-Zeit. *Mathe. Bah.* Ich überlege kurz, mich davon zu trennen, entscheide mich aber dagegen (so habe ich für den wahrscheinlichen Fall, dass mich eine Person eines Tages nach irgendwelchen Mathegesetzen fragt, den Ordner direkt parat, um der Person damit eine runterzuhauen). Als Nächstes sortiere ich ein paar Geburtstagskarten der letzten Jahre. Die von Niklas kommen in Ablage M – Mülleimer. Beim weiteren Ausmisten meiner Schreibtischschubladen fällt mir eine transparente Schutzfolie in die Hände. Darin befinden sich zwei Stahldrähte, unterarmlang und zwei Millimeter dick, sowie zusammengefaltete Ausdrucke von Röntgenaufnahmen. Eine gefährliche Mischung aus cool und eklig: Elle und Speiche des linken Arms bestehen aus zu vielen Einzelteilen: vier – statt den üblichen zwei. Ein Unfall im Trampolinverein, als ich 13 Jahre alt war.

Ich erinnere mich an die Worte meiner Trainerin kurz vor der Landung: »Nicht mit den Armen abstützen!« Da mein Genick aber auch keine Option ist, strecke ich beide Arme in Richtung des Trampolinnetzes, um meinen Körper noch rechtzeitig abzufedern. Dann geht eigentlich alles ganz schnell. Das harte Netz des Trampolins gibt etwas zu wenig nach, mein linker Arm etwas zu viel. Das Geräusch ist schlimmer als der Schmerz. Nachdem ich registriert habe, was eigentlich passiert ist, bleibe ich einfach liegen. Mein in der Mitte geknickter Unterarm ruht bewegungslos neben mir, ich schaue in die andere Richtung. Die Sanitäter renken den offenen Bruch noch vor Ort ein. Im Krankenhaus folgt die Operation, bei der das Wirrwarr in meinem Unterarm um zwei zusätzliche Drähte erweitert wird. Ich vermeide es, intensiv darüber nachzudenken. Ansonsten besteht akute Kotz-Gefahr.

Nun liege ich schon seit drei Tagen mit eingegipstem Arm auf der Kinderstation. Und an dieser misslichen Lage wird sich auch so schnell nichts ändern. Da gerade keine anderen Kinder die Spielecke belagern, schnappe ich mir einen der bunten Stühle und beschäftige mich mit Sachen, für die ich eigentlich zu alt bin, die aber wenigstens kurz die Langeweile vertreiben. Meine Mutter geht währenddessen einer anderen Mission nach: mit Ärzten sprechen und mir die heiß ersehnte (und tapfer verdiente) Schokolade aus dem Geschenkeshop besorgen. Der Schoko-Vorrat, den meine Mutter mir am ersten Tag des Aufenthalts vorbeigebracht hatte, ist auf wundersame Weise noch am selben Tag verschwunden. Und niemand kann beweisen, dass ich etwas damit zu tun hatte! Ich inhaliere Schokolade so schnell, dass es für das bloße Auge nicht sichtbar ist.

Gerade stehe ich nach einer fordernden Viertelstunde endlich kurz davor, eines der hier rumliegenden Sudokus zu lösen, als verräterisches Stimmengewirr eine Horde Menschen im Treppenhaus ankündigt. In angsterfüllter Starre halte ich meinen Blick auf das Zwischenpodest gerichtet. Wie in Zeitlupe sehe ich einen nach dem anderen um die Ecke kommen, es hört gar nicht mehr auf – Familienmitglieder ersten, zweiten und sogar dritten Grades, die sich wohl für einen gemeinsamen Krankenbesuch verabredet haben. Und niemand hat mich vorgewarnt! Sechs, sieben, acht Menschen, die auf mich zusteuern. Einige von ihnen lachen, andere schauen mich mitleidig an, wie Wölfe fallen sie über mich her. Ohne Pause reden sie auf mich ein, durchlöchern mich mit Fragen, zeigen auf meinen Gips und tätscheln mir den Kopf. Hilfe, denke ich, aber es kommt kein Laut über meine Lippen. So viele Augenpaare, die mich erwartungsvoll ansehen. *Das passiert also, wenn man sich den Arm bricht und im Krankenhaus landet? Auf ein zweites Mal kann ich dann gerne verzichten.* Wie heimtückisch von ihnen, sich für diesen Überfall zusammenzurotten. Mein Mund öffnet sich – und schließt sich wieder, ohne dass ein Ton rauskommt.

»Wie lange wirst du noch hierbleiben müssen?«

»Juckt es schon? Irgendwann fängt es tierisch an zu jucken unter so einem Gips.«

»Kennst du noch unseren Nachbar Gregor? Der hat sich auch mal den Arm gebrochen.«

Hilfe, denke ich wieder – die Leute drängen sich noch dichter um mich. *Ich will nur meine Ruhe. Und meine Mutter. Und meine Schokolade.* Hilflos schaue ich mich nach einer Fluchtmöglichkeit um, aber ich sitze in der Falle. Eingekesselt von meiner eigenen Familie, die mich auf meinem kleinen Kinderstühlchen wie hungrige Zombies bedrängt, genau wie bei Geburtstagsfeiern, meiner Kommunion und an Weihnachten. *Ich werde sterben, so viel steht fest. Sie werden weiter auf mich einreden, während ich weinend dasitze, bis ich schließlich sterbe und –*

Bevor ich den Gedanken zu Ende bringe, kommt die Rettung. Meine Mutter hilft mir auf die Beine, nimmt meine Hand und schubst die Plagegeister beiseite. Im nächsten Augenblick öffnet sie die Tür zu meinem Krankenzimmer, schiebt mich hindurch und schließt sie direkt hinter mir. Meine Zimmergenossin ist heute Morgen entlassen worden, deshalb bin ich erfreulicherweise allein und kann durchatmen. Von draußen höre ich, wie meine Mutter die übrige Verwandtschaft zurechtweist. Was ihnen denn einfiele, mich derart zu überfallen. Dass sie doch gesehen haben müssten, wie überfordert ich war. Dass ich Ruhe bräuchte und wieso ihnen denn nicht aufgefallen sei, was für eine scheiß Idee es wäre, mit der ganzen Sippschaft aufzulaufen, ohne vorher

Bescheid zu sagen. Zum Glück steht meine Mutter für mich ein, denke ich. Genau wie damals, als ...

Du kennst bestimmt den Spruch: Familie sucht man sich nicht aus. Abgesehen von dem unterwältigenden Informationsgehalt dieser Aussage stört mich, dass die damit einhergehenden Verpflichtungen wie der achtköpfige Familienbesuch im Krankenhaus, auf den ich von allen am wenigsten Lust hatte, komplett unerwähnt bleiben. Denn wegen genau dieser nicht ausgesuchten Familie kann man sich auch nicht immer aussuchen, wie viel Aufmerksamkeit einem in bestimmten Situationen zuteilwird. Da liegt man einmal mit offenem Bruch im Krankenhaus, und schon bekommt man ständig Besuch, um den man nicht gebeten hat. Eine aufmunternde Karte hätte es doch auch getan – die gibt man einfach am Empfang ab und erspart allen Beteiligten das unangenehme Aufeinandertreffen. »Ja, danke, danke, mir geht's schon besser, ja, es juckt, nein, ich brauche nichts, ah doch Schokolade, und ja, du darfst DICH JETZT VERPISSEN!« (Ja, ich war schon immer ein gern gesehener Gast auf Familienfeiern, wieso?)

Ich muss wahrscheinlich nicht erwähnen, dass mein Energielevel aufgrund der Armbruch-Situation generell keine Höchstwerte aufwies. Merke: Eine angeschlagene Saskia kann auch nur mit einer angeschlagenen sozialen Batterie arbeiten. Minus mal Minus ergibt in diesem Fall nicht Plus. Für die Abwehr von Überfällen durch eine mir auflauernde Familienbande blieb deshalb auch keine Kraft mehr.

Zum Glück reagierte meine Mutter schnell genug und nahm mich nicht nur in Schutz, sondern zog mich aus der Situation und brachte mich in Sicherheit. (Du erinnerst dich an meine Lieblingsbeschäftigung? Ruhe haben.) Aber natürlich gab es auch kritische Situationen in meiner Kindheit, bei denen meine Mutter nicht anwesend war. Wie die folgende Geschichte zeigt, gelang es ihr trotzdem, mich zu unterstützen.

DIE SACHE MIT DER BLUTIGEN NASE

Als absolutes Highlight meines zweiten Grundschuljahrs entpuppt sich der Umzug aufs Land. Der Orts- und Schulwechsel erfolgt in den Osterferien. Am Montagmorgen stellt die Klassenlehrerin mich den anderen Kindern vor und fragt, wer sich bereit erkläre, mir in der ersten Pause den Schulhof zu zeigen.

Zwei Mädchen übernehmen den Job.

Während sie mich herumführen, mir den Sandkasten, die Tischtennisplatten und die Fahrradständer zeigen und mich mit Fragen bombardieren, auf die ich meistens nur knappe Antworten gebe, folgen uns zwei Jungs. Bei meiner Vorstellung zu Unterrichtsbeginn hatten sie bereits die Köpfe zusammengesteckt und getuschelt. Drei Minuten vergehen, in denen die beiden uns unablässig belauern, ohne dass etwas geschieht. Vier, fünf – doch schließlich passiert das Unvermeidliche. Einer der beiden rennt los, er hat helle Haare und böse Augen. Die Mädchen und ich schauen ihm dabei zu, wie er über den Hof spurtet. Geradewegs auf uns zu. Nein – nicht ganz geradewegs. Wenn er auf diesem Kurs bleibt, wird er knapp an uns vorbeirauschen. Aber warum? Im letzten Augenblick verschränkt er beide Hände, reißt sie seitlich hoch, holt aus – und im nächsten Moment sitze ich mit schmerzender Nase und tränenden Augen auf dem Boden.

»Oh nein, du blutest«, sagt Laura, Mädchen Nummer eins.

»Boah, Jakob!«, schreit Isabell, Mädchen Nummer zwei, dem davonlaufenden Jungen hinterher. Ich spüre etwas Warmes an der Lippe, es schmeckt salzig und nach Eisen.

»Ich hole Frau Schmied.«

Laura eilt los. Die Jungs sehe ich nicht mehr. Mein Gesicht tut weh. Isabell und ich setzen uns auf eine Bank, ich drücke ein Taschentuch unter meine Nase. Sie sagt, ich soll den Kopf in den Nacken legen, aber da ich keine Lust habe, dass mir das Blut den Rachen runterläuft, lasse ich meinen Kopf, wo er ist. Der gesamte Schulhof schaut zu uns herüber, einige Kinder zeigen auf mich – alle wissen Bescheid. *Am ersten Tag direkt im Mittelpunkt.* Wieso hat Jakob nicht bis nach der Schule damit gewartet, mir ins Gesicht zu schlagen? Auf dem Heimweg, wo es niemand mitbekommt?

Wenige Minuten vergehen, dann taucht Laura zusammen mit Frau Schmied auf, sie hat etwas zum Kühlen dabei. Frau Schmied geht vor mir in die Hocke, schaut mich mitleidig an und drückt mir das Kühlpad ins Gesicht.

»Ach, du Arme. Wer war das?«

»Jakob. Der hat Saskia ins Gesicht geboxt.« Laura hat das Wort ergriffen. Mit Kühlpad vor den Atemwegen lässt es sich aber auch wirklich nur sehr schwer sprechen. Und schwer atmen. Ich nehme Frau Schmied das kalte und wabbelige Teil aus der Hand und kümmere mich selbst um meine Nase.

»Geht schon wieder. Danke.«

Mit prüfendem Blick beäugt sie mein Gesicht.

»Gebrochen ist da aber nichts.« *Okay, Frau Doktor Grundschullehrerin.* »Und es hat schon aufgehört zu bluten. Gott sei Dank. Ich knöpfe mir Jakob dann jetzt mal vor.« Frau Schmied verschwindet. Wenige Minuten später kommt sie zurück. Alle Blicke kleben an der Lehrerin, während sie mir ein feuchtes Tuch reicht, damit ich mir das unter der Nase getrocknete Blut wegwischen kann. »Jakob möchte sich bei dir entschuldigen. Ich habe ihn nach drinnen auf die stille Treppe geschickt.« *Stille Treppe? Klingt nach einem schönen Ort.*

»Okay, dann ist ja gut«, antworte ich und hoffe, dass die Sache damit geklärt ist.

»Komm mit, dann kann er sich persönlich bei dir entschuldigen.«

»Nein, ist schon okay.«

»Saskia, ich denke, er sollte es dir auch noch einmal selbst sagen.«

Widerwillig trotte ich ihr hinterher, Laura und Isabell im Schlepptau. Jakob sitzt mit verschränkten Armen und beleidigter Miene auf einer Treppenstufe. »'tschuldigung. War nicht so gemeint.« *Wie war es denn gemeint?*

»Okay.« Wir reichen uns die Hände wie zwei Erwachsene.

Meine Mutter wartet schon in der Haustür, als ich zu Hause ankomme. Sie lächelt und will mich begrüßen, doch dann fällt ihr Blick auf meinen orangen Windbreaker, den ein paar frische Blutflecken zieren.

»Was ist passiert?«

Nachdem ich es ihr verraten habe, ruft sie direkt in der Schule an und hält Frau Schmied eine Standpauke, wieso ihre Tochter mit Blutflecken auf der Kleidung nach Hause käme und man sie nicht einmal informiert habe. Leider ist die Geschichte damit nicht zu Ende.

Zwei Wochen später kommt Jakob in der Pause erneut zu mir. Erst vor ein paar Tagen haben die Kinder endlich damit aufgehört, mit mir über den ersten Vorfall reden zu wollen, da ärgert der Idiot mich schon wieder. Ich ignoriere ihn, in der Hoffnung, dass er so von mir ablässt. Doch nach ein, zwei Beleidigungen boxt er mir mit voller Wucht auf den Oberarm. (Am nächsten Tag sieht man den Abdruck seiner Faust in Form eines lila-blauen Blutergusses.) Erneut bekommen es alle inklusive unserer Klassenlehrerin mit. *Jakob muss wirklich lernen, unauffälliger zu sein.* Immerhin hat Frau Schmied ihre Lektion gelernt und informiert umgehend meine Mutter, die mich am nächsten Tag in die Schule begleitet. Bereits vor Unterrichtsbeginn kommt es zum Sechs-Augen-Gespräch zwischen Jakob, Frau Schmied und meiner Mutter. Die einmalige Gelegenheit, diesem Gespräch beizuwohnen, lehne ich dankend ab. Jakobs Eskapaden waren mir in den letzten zwei Wochen etwas zu hoch dosiert. Auf noch mehr *Jakob* kann ich also gut und gerne verzichten. *Außerdem ist meine Mutter schon erwachsen und kriegt das auch allein hin.* Während die anderen in meiner Abwesenheit hinter geschlossenen Türen verhandeln, frage ich mich, ob meine Situation dadurch am Ende nicht doch noch verschlimmert wird und ich erst recht im Mittelpunkt der Klasse stehen und Ziel für Ärgereien sein werde. Gut zehn Minuten vergehen, bis sich die Tür zum Klassenzimmer wieder öffnet und Jakob ganz unerwartet auf mich zukommt. Er schaut mir demütig in die Augen und entschuldigt sich so aufrichtig, wie ich es niemals erwartet hätte: »'tschuldigung. War nicht so gemeint.«

Was auch immer meine Mutter zu ihm gesagt hat, ihre Worte zeigen eine nachhaltige Wirkung. Denn danach lässt er mich endlich in Frieden, und es kehrt Ruhe im Schulalltag ein.

AUCH KINDER SIND IHRE EIGENEN MENSCHEN

Bevor du diese Geschichte missverstehst: Es geht mir nicht darum, Mitleid zu erhaschen. Stattdessen möchte ich vor allem betonen, was mich als introvertiertes Kind ausgezeichnet hat: Ich war härter im Nehmen als alle anderen. Irgendein Junge boxt mich zweimal und ich zucke nicht einmal mit der Wimper. Und Jakob, falls du das liest: Ich bin ready für Runde 3!

Ich würde nicht sagen, dass es meiner Introversion geschuldet war, dass ich mich vor Konfrontation, Gegenwehr und Protest gescheut habe. Hätte Jakob mich ohne Zuschauer attackiert, dann hätte ich ihn natürlich anstandslos mit einer vernichtenden Serie von Boxschlägen k.o. gehauen. (Zumindest in meinen Träumen.) Auf dem Schulhof war es jedoch eine einfache Gleichung für mich: Konfrontation vor Publikum = ungewollte Aufmerksamkeit = nicht mein Ding. Interessant ist außerdem, dass ich mir als Kind über viele Sachen weitaus weniger Gedanken gemacht habe, als es heute der Fall ist. Würde mir heute ein Junge ins Gesicht boxen, würde ich denken (oder eher overthinken): Hat er das gemacht, weil ich zu still war? Habe ich komisch gewirkt? Soll ich ihm Geld anbieten? Hauptsache kein Smalltalk!

Damals war mir allerdings vollkommen gleichgültig, wieso er mich angegriffen hat, ich dachte einfach nur: Hauptsache kein Smalltalk! Spaß. Das Einzige, was ich dachte, war: Aua. Wie ich damals gewirkt habe und ob ich zu still, zu zurückhaltend oder in oberflächlichen Gesprächen zu unbeholfen war, kümmerte mich nicht. (Und besonders tiefgehende Gespräche führen Siebenjährige generell selten, also fehlte der Vergleich.) Overthinking und Akten-Saskia waren also noch nicht Teil meines Intro-Systems. Oh Mann, wie gerne ich wieder sieben Jahre alt wäre. Als Kind geht man einfach unbeschwerter durchs Leben. Konfrontation, Gespräche, Smalltalk, sämtliche Begegnungen kann man, so gut es geht, vermeiden (und/oder versemmeln), ohne negative Konsequenzen à la Overthinking ertragen zu müssen.

Auch Jakob wird es nur wenig interessiert haben, dass ich still und zurückhaltend war. Vor allem an meinem ersten Tag in der neuen Schule kann er unmöglich schon verstanden haben, was für ein Persönlichkeitstyp ich bin. Jedenfalls kann ich mich nicht daran erinnern, mich mit den Worten: »Hallo, ich bin Saskia, sieben Jahre alt, introvertiert, zurückhaltend und lieber still. Ich hasse Gespräche. Bitte box mir ins Gesicht«, vorgestellt zu haben. Für ihn war ich einfach ein leichtes Ziel: die Neue. Es ist gut möglich, dass Jakob tatsächlich nur Aufmerksamkeit auf sich selbst ziehen wollte, und ich war sein Mittel zum Zweck. Und wenn es so war, wer könnte ihm die blutige Nase und den Bluterguss dann noch verübeln?

Mir gefiel es hingegen nie, im Mittelpunkt zu stehen. Ich war lieber nur dabei statt mittendrin. Auf Geburtstagsfeiern, Schulausflügen und Klassenfahrten war ich sehr gerne, solange ich nicht im Fokus stand. Ich war zwar von außen betrachtet ein eher ruhiges Kind, aber trotzdem habe ich jeden Scheiß mitgemacht. Ich saß also nicht nur zu Hause und habe Bücher gelesen und Kassetten gehört (ja, ich bin ein Millennial), sondern habe auch gerne was mit meinen Freunden unternommen und kleine Abenteuer erlebt. Nichtsdestotrotz fiel es mir aber auch immer sehr leicht, mich mit mir selbst zu beschäftigen. Wenn ich also hier und da mal zur Strafe in mein Zimmer geschickt wurde, dann war das meistens eher eine Belohnung als eine Lektion.

Heutzutage geht es mir ähnlich (also mit der Aufmerksamkeit, nicht mit der Bestrafung). Ich freue mich immer, wenn man mich zu einer Party einlädt, nach einer Verabredung fragt oder in andere gemeinsame Unternehmungen involviert. Die geringe (neunundneunzigprozentige) Wahrscheinlichkeit, dass ich dann doch keine Lust haben werde, ist zwar da, aber es ist trotzdem schön, wenn man das Gefühl hat dazuzugehören. Eben lieber nur dabei statt mittendrin. Eine Faust ins Gesicht und auf den Arm zu bekommen zog allerdings eine Menge Aufmerksamkeit auf mich. Aber glücklicherweise ist meine Mutter für mich in Aktion getreten. (Und ich sage mal so: Ich bin froh, dass ich nicht an Jakobs Stelle war.)

Was ich aus heutiger Sicht definitiv sagen kann: Ich bin dankbar, dass meine Mutter von mir nicht erwartete oder verlangte, den Konflikt auf laute oder konfrontative Art selbst zu lösen. (Kleiner Tipp am Rande: Schneide dir von meiner Mutter eine Scheibe ab, falls du mit deinem introvertierten Kind anders umgehst.) Dass Eltern die eigene Persönlichkeit auf ihre Kinder projizieren, ist ja keine Seltenheit:

»Sei still.«

»Sei nicht so still.«

»Sei nicht beleidigt.«

»Sei ein von Versagensängsten und Minderwertigkeitskomplexen geplagtes Stressbündel – ganz der Papa.«

Ich kann von Glück sagen, dass meine Mutter nie so war und mich (fast) alles so hat machen lassen, wie ich es wollte. Nur das Tamagotchi hat sie mir verboten. »Zu laut und zu nervig« war ihre Begründung. Oh, wie ich das heute nachvollziehen kann! Meine Mutter hat grundsätzlich keine Erwartungen an mich gestellt. Es hieß also nicht: »Klavierunterricht, Fußballverein, Jugendnobelpreis, Millionärin mit 14, Burnout mit 16, und so weiter.« Meine Hobbys habe ich mir selbst ausgesucht: Trampolinverein (inklusive Verletzung), Einradfahren, Schwimmen, Turnen und vieles mehr (und in allem war ich schlecht, aber das ist ein anderes Thema). Erfolge – oder was in der breiten Masse dafür gehalten wird – erwarten viele Eltern zu Unrecht von ihren Kindern. Persönlichkeitsmerkmale wie eine extro- oder introvertierte Prägung grenzen nicht nur die Möglichkeiten, sondern auch die Vorlieben einer heranwachsenden Person ein. Nicht nur Kinder profitieren davon, wenn Eltern darauf Rücksicht nehmen.

Dasselbe gilt auch für Lehrer: Frau Schmied verlangte von mir, sie zur stillen Treppe zu begleiten, wo Jakob auf mich wartete. Ich hielt das für eine ungeheuerliche Ungerechtigkeit: Erst boxt er mich und dann darf er auf die stille Treppe? Wieso wird er belohnt? Das eigentlich Ungerechte war natürlich, dass Frau Schmied mir nicht glaubte, dass die Situation für mich wirklich geklärt sei. Ihr Ansatz war natürlich nicht grundlegend falsch, aber sie hätte auch akzeptieren können, dass ich keine Lust auf eine weitere Konfrontation hatte. Wenn Kinder ihre Ruhe wollen, dann kann man das als Erwachsener genauso ernst nehmen, wie bei anderen Erwachsenen.

Ebenso ist es wichtig, dass Eltern ihre Kinder nach ihren individuellen Bedürfnissen und Wünschen fragen, anstatt voreilig anzunehmen, dass sie bereits wissen, was für das Kind am besten ist. Das Ganze hat natürlich auch seine Grenzen. Als ich meine Mutter mit zehn Jahren angefleht habe, mir Overknee High Heels zu kaufen, war es natürlich absolut richtig, mir dieses »Bedürfnis« nicht zu erfüllen. Es ist aber entscheidend, dass Eltern die Persönlichkeit und das Verhalten ihres Kindes – sofern es nicht Jakob ist – respektieren und nicht einfach ihre eigenen Vorlieben und Verhaltensweisen auf das Kind projizieren. Kinder sollten die Möglichkeit haben, eine Meinung zu äußern, und es ist wichtig, ihre Entscheidungen zu akzeptieren, auch wenn sie sich gegen bestimmte Aktivitäten oder Vorschläge aussprechen. So, wie eben auch meine Mutter früh erkannte und akzeptierte, wodurch mein Verhalten geprägt war. Niemand bezeichnete es damals schon als Introversion, aber sie hatte Verständnis für meine nach innen gekehrte Art. Meine Mutter verlangte deshalb auch nicht von mir, mehr im Außen zu sein. Dazu würde ich als Introvertierte generell auch allen Eltern raten: Still zu sein kann viele Gründe haben. Wenn man ihnen auf die Spur kommen will, sollte man sich nicht bereits einen Grund in den Kopf gesetzt haben. Es muss natürlich keine Introversion sein – aber genauso wenig muss Zurückgezogenheit ein Grund dafür sein, sich Sorgen zu machen. Das lässt sich nämlich erst sagen, wenn man wirklich versteht, was dahintersteckt – und dafür muss man zuhören, Bedürfnisse erkennen und Freiräume lassen.

Eltern sollten darauf achten, Extroversion nicht als das gesellschaftlich bevorzugte Verhalten bei ihren introvertierten Kindern als Maßstab zu setzen. Das kann auch latent und unbewusst passieren, beispielsweise wenn Eltern dazu neigen, die Teilnahme an sozialen Aktivitäten als erstrebenswert darzustellen: »Schau mal, Lisa macht doch auch mit!« Das kann vom Kind als implizite Botschaft verstanden werden, dass extrovertiertes Verhalten besser oder wünschenswerter ist als introvertiertes Verhalten. Es ist wichtig, dass Eltern die individuellen Bedürfnisse und Vorlieben ihrer Kinder akzeptieren und fördern, auch unabhängig davon, ob der Nachwuchs intro- oder extrovertiert ist.

Und wie es mir als Jugendliche in der Schule erging, erzähle ich dir im Kapitel ➲ *DIE KLASSENCLOWN-FRAGE*. Das kommt aber erst später. Es wäre ja auch zu einfach, wenn wir mein Leben chronologisch betrachten. Nein, als Nächstes geht es zurück in die Nach-Trennungsphase. Ich muss diesen Umzug über die Bühne kriegen. Und vor allem muss ich erstmal eine Wohnung finden ...

INFOBOX

WAS WIR GELERNT HABEN

Angeborene Persönlichkeitsmerkmale sind, wie der Name sagt, angeboren – und machen sich deshalb auch schon im Kindesalter bemerkbar. Kinder mit introvertierter Prägung können auf Familienfeiern, größeren Festen und anderen sozialen Events bereits sehr zurückgezogen wirken – statt sie gegen ihren Willen ins Rampenlicht zu ziehen, sollte den Bedürfnissen jedoch mit Verständnis und Akzeptanz begegnet werden.

Nicht jede Art der Stille oder Abgrenzung muss bei Kindern Anlass für Sorge sein. Natürlich sollte man den Befindlichkeiten, die dahinterstehen, auf den Grund gehen. Aber im Falle einer introvertierten Prägung kann das Kind (trotzdem) die eigenen Bedürfnisse und Meinungen äußern. Diese sollten respektiert werden.

Wenn Kinder aufgrund von Verhaltensweisen, hinter denen die Introversion steht, ausgegrenzt werden oder den Anschluss verlieren (oder einfach grundlos geärgert werden), darf natürlich nicht weggeschaut werden. Aber bei jeder Form von Unterstützung und Hilfe sollte die Introversion im Hinterkopf behalten und nicht übergangen werden. Die Art der Konfliktlösung sollte also auch immer auf das Bedürfnis des introvertierten Kindes angepasst werden.

07
MISSION: 2-RAUM-DG

Das Extro-Tarnmanöver

Briefing E.X.T.R.O.-Agency

Mission: Wohnungsbesichtigung – 2-Raum-DG

Einsatzraum: Einstein-Str. 20

Zielperson: Herr Rosengart (Codename: Knilch)

Schwierigkeitseinstufung: DUNKLES DUNKELROT

Missionsverlauf:

Schritt 1 – Observation des Objekts
Schritt 2 – Vorbereitung & Tarnung
Schritt 3 – Infiltration des Einsatzraums
Schritt 4 – Aufklärung & Sicherung
Schritt 5 – Kontaktaufnahme mit Zielperson
Schritt 6 – Abschließende Beurteilung

Taktische Empfehlung: (Anmerkung: niemals die Abkürzung benutzen!)

Der Agentin Saskia Fröhlich – Codename: Saskia Extrovertiert; Abkürzung: SEx – wird dazu geraten, auffällig und vor allem so vorzugehen, dass sie auf jeden Fall bemerkt wird. Das Expertenteam der Sicherheitsbehörde E.X.T.R.O. (Effektive eXtrovertierte Tarneinheit für aufRegende Operationen) empfiehlt der Agentin, im Rahmen der Mission eine Tarnidentität anzunehmen, um bei der Zielperson einen bleibenden Eindruck zu hinterlassen.

Folgende Tarn-Maßnahmen sind ausdrücklich bewilligt:

Stufe Eins:
Anpassung der Persönlichkeitsprägung

Unter dem Deckmantel extrovertierter Verhaltensmuster wird die Agentin der Zielperson gegenüber als offene und kontaktfreudige Person auftreten. Dabei wird sie ihre introvertierte Natur geschickt verschleiern, um keinen Verdacht zu erregen.

Stufe Zwei: Anti-Camouflage-Accessoires

Accessoires wie ein farbenfroher Schal oder auffälliger Schmuck können dazu dienen, Aufmerksamkeit auf sich zu ziehen.

Stufe Drei: Stimm-Modulation

Die bewusste Verstellung der Stimmlage ermöglicht es der Agentin Saskia Extrovertiert, je nach Situation zwischen extrovertiertem Enthusiasmus und unauffälliger Zurückhaltung zu wechseln. Damit kann sie ihr Auftreten an die jeweiligen Umstände anpassen.

FALLS DU DAS HIER als extrovertierte Person liest und dich möglicherweise über die Notwendigkeit einer umfassenden Vorbereitung auf eine Wohnungsbesichtigung wunderst, so möchte ich an dieser Stelle betonen: Ja, ich wünschte auch, es wäre nicht nötig! Die Besichtigung einer Wohnung kann für viele Menschen, mich eingeschlossen, eine äußerst stressige Angelegenheit sein, die sorgfältige Planung erfordert.

Und falls du das hier gerade als introvertierte Person liest und glaubst, am Ende dieses Kapitels wertvolle Ratschläge zur Bewältigung deiner nächsten Wohnungsbesichtigung zu erhalten, dann möchte ich dir deine Enttäuschung hier noch nicht vorwegnehmen.

Die Suche nach einer Wohnung hat mich schon vor so manche Herausforderung gestellt. Und woran lag das wohl?

- ☐ **A:** Introvertierte haben Schwierigkeiten, sich in unbekannten sozialen Situationen wohlzufühlen.
- ☐ **B:** Du weißt, die Antwort ist A.

Fremde Räume betreten, neue Menschen treffen, Smalltalk – das sind Faktoren, die mich nicht gerade vor Freude strotzen lassen. Um dieser Herausforderung aber trotzdem zu begegnen, habe ich mich in der Vergangenheit nicht nur einmal dazu entschieden, mich als Extrovertierte auszugeben. Sich bei einer stinknormalen Wohnungsbesichtigung wie eine Geheimagentin aufzuführen, kann meiner Erfahrung nach nur zwei Gründe haben. Erstens: Man ist introvertiert und möchte sich als extrovertiert tarnen. Zweitens: Man ist tatsächlich Geheimagentin. Die Mission *Wohnungsbesichtigung* ist das perfekte Beispiel, um dir mein ausgeklügeltes Tarnmanöver zu präsentieren. Eine gründliche Vorbereitung auf den Termin (Näheres dazu in ➲ SCHRITT 1 und 2), einschließlich der Entwicklung von Smalltalk-Themen und Strategien zur Selbstpräsentation sind daher für introvertierte Wohnungssuchende besonders wichtig. Saskia Fröhlich wird zu Saskia Extrovertiert, eine Agentin auf geheimer Mission. (Sie ist nicht geheim.) Beginnen wir mit Schritt 1.

SCHRITT 1 – OBSERVATION DES OBJEKTES

Ich schleiche am Hauseingang der Einstein-Str. 20 vorbei, den Kopf gesenkt, den Blick unauffällig Richtung Boden gerichtet. Nur einmal schaue ich auf und verschaffe mir einen Eindruck des Einsatzgebiets. Die graubraunen Reihenhäuser sehen von außen typisch für das Ruhrgebiet aus, nicht allzu auffällig, nicht allzu schick. (So wie ich, in meinem Kapuzenpullover und der Jogginghose.) Die Gegend ist sauber, aber altmodisch. Hinter den Dachgeschossfenstern im vierten Stock herrscht Dunkelheit. Hinter einigen Fenstern der unteren Stockwerke brennt Licht – überall könnten wachsame Blicke lauern. Schnell gehe ich weiter, biege um die nächste Straßenecke und werde eins mit den regennassen Gassen. *Observation abgeschlossen.*

Mein Weg führt mich zurück zur Operationsbasis. (Also in die Wohnung, die ich mir leider immer noch mit dem Extro-Ex teile, zum Glück ist er aktuell mit seinen Eltern im Urlaub.) In weniger als zwölf Stunden wird die Mission beginnen, und ich werde nicht mehr nur am Eingang der Einstein-Str. 20 vorbeilaufen, sondern ich werde ihn betreten müssen. Aber bis dahin werde ich nicht mehr dieselbe sein. Für eine Mission solcher Wichtigkeit braucht es mehr als Saskia Fröhlich. Es braucht meine Tarnidentität: Saskia Extrovertiert.

SCHRITT 2 – VORBEREITUNG UND TARNUNG

Um eine glaubhafte Extrovertierte abzugeben, muss man nicht nur reden und handeln wie eine Extrovertierte – man muss denken wie eine Extrovertierte. Man muss das kräftezehrende Verlangen nach Geselligkeit und Partys zulassen, man muss den undenkbaren Wunsch nach Smalltalk in sich wachrufen. Für viele Introvertierte ist ein solches Unterfangen unvorstellbar. »Du bist verrückt«, sagen sie. »Krankes Schwein«, nennen sie mich. Aber habe ich denn eine Wahl? Für die Erfüllung meiner Mission gibt es keinen anderen Weg.

Meine Vorbereitung beginnt damit, dass ich mich am Tag des Einsatzes direkt nach dem Aufstehen vor den Spiegel stelle und mir selbst tief in die Augen schaue: »Du hast Lust auf Smalltalk.« Noch einmal: »Du hast Lust auf Smalltalk.« Diesmal lauter und eindringlicher. Ich sehe immer noch Zweifel in meinem Blick. »Du hast Lust auf Smalltalk.« Inzwischen schreie ich fast, so dass kleine Speichelspritzer auf dem Spiegel landen. Ich wiederhole mein Mantra so oft und so lange, bis ich anfange, es mir selbst zu glauben.

Danach geht es zum Kleiderschrank. Saskia Extrovertiert plant, in pinkem Oberteil, einer Strickjacke und Bluejeans aufzutreten. Wenn ich mit diesem Outfit nicht heraussteche, dann – ist das wenig überraschend, denn eigentlich sehe ich aus wie immer. Vielleicht brauche ich einen auffälligen Schal oder eine protzige Goldkette? Oder beides? Das Ergebnis beweist jedoch, dass es einen wesentlichen Unterschied zwischen extrovertiert und extravagant gibt.

Wieso geht mein Spiegelbild dann trotzdem nicht als Saskia Extrovertiert durch? Etwas fehlt. Etwas stimmt nicht. Allein schon, wie mir die Strickjacke um die Schultern schlabbert. So kauft mir die Rolle doch niemand ab.

Moment. *Ist es das? Kann es wirklich so einfach sein?*

Ich richte meinen Rücken auf (es knackt), rolle die Schultern nach hinten (es knackt erneut) und spanne Bauch und Gesäß an (zum Glück kein Knacken). Während ich meinen Körper in Haltung bringe, beobachte ich im Spiegel, wie sich meine Tarnidentität Rückenwirbel um Rückenwirbel ihren Weg an die Oberfläche bahnt. Zum Schluss fällt meine Strickjacke glatt und straff von den starken Schultern einer Extrovertierten. *Tarnidentität angenommen.*

SCHRITT 3 – INFILTRATION DES EINSATZRAUMS

Pünktlich um 10:02 Uhr verlasse ich das Haus. Um 10:11 Uhr nehme ich die Bahn. Um 10:18 Uhr erreiche ich die Zielstation, um 10:24 Uhr befinde ich mich in Sichtweite der Einstein-Str. 20. Um 10:45 Uhr soll die Mission beginnen.

Ich nutze die Zeit, um noch eine Runde um den Block zu drehen. Tief durchatmen und einen kühlen Kopf bewahren. Außerdem muss ich mich mehrmals daran erinnern, die Schultern in Position zu halten. *Meine Fresse, ist das anstrengend. Vor allem, weil ich mir meine schlaffe Körperhaltung so mühselig antrainiert habe.* Als ich erneut die Straßenecke erreiche, steht eine Person vor der Einstein-Str. 20 und raucht. Ein Blick auf die Uhr verrät, dass ich mir in wenigen Minuten Zugang zum Haus verschaffen muss. Wie soll ich vorgehen? Trete ich in meiner Tarnidentität mit dem Fremden in Kontakt oder schleiche ich mich an ihm vorbei? Ersteres würde nur wertvolle Energie meiner sozialen Batterie verschwenden, die ich für die Begegnung mit der Zielperson Knilch noch brauchen werde. Also muss ich an der unbekannten Person vorbeigleiten wie ein glitschiger Aal durch ein Korallenriff. (Weil ich vor Aufregung nicht schlafen konnte, habe ich gestern Nacht noch eine Tierdoku geguckt …)

Zum Glück habe ich mich für eine Strickjacke mit Kapuze entschieden. Ich ziehe sie mir tief ins Gesicht und nähere mich dem Hauseingang auf leiser Sohle. Gerade, als ich den Unbekannten fast erreicht habe, bemerke ich den Schwachpunkt in meinem Plan. Sobald ich mich vorbeigeschlichen habe, stehe ich direkt neben ihm vor einer verschlossenen

Tür. Wo muss ich klingeln? Wie komme ich rein? Wo ist mein Dietrich? (Ich habe keinen Dietrich.) Zu spät – er wendet sich in meine Richtung: »Ach, bist du auch für die Wohnungsbesichtigung hier?« Ich drehe ihm blitzartig den Rücken zu. Dieses Manöver gehört zum Standardrepertoire jedes Agenten. Ich nenne es, die »Ich-tue-so-als-hätte-ich-dich-nicht-gehört«-Pirouette.

»Der Makler war gerade schon da, ein paar Leute sind direkt mit ihm hoch. Er hat den Schnapper so eingestellt, dass wir die Tür einfach aufdrücken können.«

Der pure Zufall hat mir eine Top-Secret-Information zugespielt. Angeblich hat der Makler nämlich den Schnapper so eingestellt, dass man die Tür einfach aufdrücken kann. Im nächsten Augenblick stehe ich im Hausflur. *Infiltration ist gelungen.* »Mission: 2-Raum-DG« läuft weiterhin nach Plan. Auf ins Dachgeschoss.

Aber warum wollte ich mich damals überhaupt als Extrovertierte »tarnen«? Wieso wollte ich so tun, als sei ich jemand anders? Ganz einfach: Extrovertiertes Verhalten – beziehungsweise Verhalten, welches *eher* aus einer Extroversion heraus entsteht – stellt in unserer Welt das Maß für »richtig« oder »empfehlenswert« dar. Seit Jahren finden sich in Business-Ratgebern, Erfolgsguides und LinkedIn-Blogbeiträgen Konzepte wie »Networking« oder »Connections knüpfen«. Man soll miteinander reden. Für Vitamin B. Ständig und überall. Was auch durchaus empfehlenswert ist, aber Introvertierte (wie mich) je nach sozialem Akkustand und Tagesform vor enorme Herausforderungen stellt. Dabei ist es völlig egal, ob Party-Setting oder Arbeitsleben, ob Social-Media-Präsenz oder Pflichtveranstaltungen wie Geburtstage und Schulfeste – oder eben eine Wohnungsbesichtigung –, die Norm orientiert sich an eher extrovertiertem Verhalten. Einen guten Eindruck hinterlässt man als gesprächige, charismatische und im Smalltalk selbstbewusst auftretende Person. Einen schlechten Eindruck hinterlässt man, wenn man sich verhält wie ich auf Sarinas Party. Du erinnerst dich sicherlich ... Wenn du also jemanden vergraulen willst, dann frag dich einfach: WWST – Was würde Saskia tun?

Das ist natürlich übertrieben, aber manchmal fühlt es sich trotzdem exakt so an. Und der Druck, in sozialen Settings der Norm entsprechen zu müssen, um erfolgreich zu sein, zwang mich schon zu so mancher Agenten-Mission. Mir verlangen die gesellschaftlich erwarteten Praktiken des »Vernetzens« die übermenschliche Leistungsbereitschaft eines James Bond ab. Einfach ich zu sein ist nach wie vor leichter gesagt als getan, da mir in dieser extro-dominierten Welt eben immer wieder Gedanken kommen wie: »Vielleicht wäre es gerade besser, wie *sie* zu sein. Wie die Extros.«

Wohnungsbesichtigungen sind durch den unterschwelligen Konkurrenzzwang ein perfektes Beispiel für Settings, bei denen man es sich als Intro kaum erlauben kann, ohne Vorbereitung hereinzuspazieren. Genau wie Schüchterne laufen wir nämlich stets Gefahr, unterzugehen. Ein weiterer Grund für Verwechslungen. Am Rande des Geschehens, beobachtend, in Gesprächen kurz angebunden – so signalisiert man nicht allzu nachdrücklich sein Interesse an einer Wohnung. Wichtig ist bei der Vorbereitung vor allem die realistische Erwartungshaltung, dass ein derartiges Tarnmanöver die soziale Batterie noch um ein Vielfaches schneller leeren kann. Sich extrovertiert zu geben bedeutet: Gespräche (inklusive Smalltalk) auszuhalten. Die Reizübersättigung in großen Menschengruppen zu ertragen. Und manchmal sogar aktiv den Kontakt zu anderen zu suchen.

Schauen wir mal, wie gut das im Fall von »Mission: 2-Raum-DG« geklappt hat. (Zu meiner Verteidigung: Das war die allererste Wohnungsbesichtigung, die ich völlig allein bewältigen musste.)

SCHRITT 4 – AUFKLÄRUNG & SICHERUNG

Die Zielperson Knilch lokalisiere ich bereits beim Betreten der Dachgeschosswohnung. Direkt links öffnet sich die Küche, wo er gelangweilt an der Kochzeile lehnt. Ein Herr um die fünfzig, rote Wangen, eine Brille, deren zu enge Bügel sich in die Schläfen drücken, kurze weiße Haare. Ich nicke ihm zu und verschwinde in die gegenüberliegende Richtung. *Immer mit der Ruhe, Saskia.* Zunächst muss ich mir einen Überblick des Einsatzraums verschaffen. Außerdem checke ich gleichzeitig meine Konkurrenz aus. Zum Beispiel der Schluffi da vorne, der gerade die Steckdosen im Flur bestaunt, als wären es Gemälde von van Gogh. Seine Schultern hängen ihm bis zu den Kniekehlen. Dem steht »Introversion« ja auf die Stirn geschrieben. Was für ein Loser. Ganz im Gegensatz zu mir. Ich stehe aufrecht. Zwanzig Prozent natürliche Haltung, achtzig Prozent reine Willenskraft und maximale Anstrengung. Als würde ich jeden Moment einen Paso doble aufs Parkett legen. »Laminat-Böden also.« Ein Pärchen läuft den Boden betrachtend an mir vorbei. *Okay Saskia, keine Zeit verlieren. Aufklärung und Sicherung.* Zwei Zimmer, Küche, Bad, ein kleiner Balkon. Mein zweiminütiger Rundgang genügt bereits, um festzustellen: Ich will diese Wohnung. Das ist einerseits prima, denn der desolate Wohnungsmarkt hält normalerweise nur unschöne Überraschungen bereit. (Außer man wollte sowieso Nagetiere im Keller halten und eine Schimmelkultur am Fensterrahmen züchten.) Andererseits ist die Option »Missionsabbruch« damit endgültig weg vom Fenster. Jetzt muss ich durchziehen. *Mach dich bereit, Knilch. Saskia Extrovertiert versprüht gleich ein paar Extro-Pheromone.* Es wird Zeit für die nächste Phase der Operation. Aufklärung und Sicherung sind abgeschlossen.

SCHRITT 5 – KONTAKTAUFNAHME MIT ZIELPERSON

Die Zielperson hat in den letzten fünf Minuten ihre Position nicht verändert. Ich steuere Knilch an und bringe ein sauber ausgesprochenes »Hallo« über die Lippen. *Ha! Wer kann, der kann. Der erste Eindruck zählt. Und das war ein Hallo, das er so schnell nicht mehr vergessen wird.* Knilch begrüßt mich, sein Händedruck ist etwas zu warm und viel zu klebrig. »Hallo, Rosengart, ich bin der Makler. Haben Sie sich schon umgeschaut?« *Das ist deine Chance, Saskia. Rücken gerade, Schultern zurück, Smalltalk-Time.* »Ja. Also umgeschaut habe ich mich schon. Ich habe alles gesehen. Jeden Raum. Auch das Bad.« *Neue Regel: Erst denken, dann reden.*

»Äh ... gut. Und haben Sie noch Fragen?«

Fragen? Welche Fragen? Es standen doch alle Informationen im Wohnungsinserat. *Mission abbrechen, Mission abbrechen, Fehlschlag, Fehlschlag!*

»Ehm, ja«, bringe ich selbstbewusst hervor.

Immer mit der Ruhe, Saskia. Frag jetzt einfach etwas Schlaues: »Warum sind denn die Vormieter ausgezogen?«

»Die sind aus beruflichen Gründen weggezogen.«

»Ach so, ich dachte vielleicht wegen eines versteckten Schimmelbefalls in den Wänden, den Sie uns hier verheimlichen.«

Ich zwinkere ihm zu und lache. Er lacht nicht. *Alles klar, die Humor-Taktik wird als Misserfolg verbucht.* Die nun folgende Pause ist etwas zu lang, aber mir will einfach keine Frage einfallen, mit der ich diesen Fehlschuss wieder korrigieren könnte. *Abbruch, Abbruch – Mission gescheitert.*

»Sonst noch was?«, erbarmt sich Knilch, um den Gesprächsfaden nicht komplett abreißen zu lassen.

»Herr Rosengart, ich kann Ihnen nur versichern, dass ich diese Wohnung hervorragend finde. Ich habe mir die Gegend gestern Abend schon angesehen und …« Er runzelt die Stirn. *Verdammt, meine Tarnidentität schießt übers Ziel hinaus.*

»Na ja, ist auch egal.« Ich lache wieder. Diesmal aus Verzweiflung. »Ich bin jedenfalls begeistert von Ihnen. Von der Wohnung. Von der Wohnung, meine ich.« *ERST DENKEN, DANN REDEN!* Mein erbärmlicher Charme prallt an ihm ab wie ein Kieselstein am Panzer eines Hummers. (Diese verdammte Tierdoku!) Knilch atmet tief ein.

»Freut mich. Nun, dann würde ich Ihnen abschließend noch die Selbstauskunft mitgeben.« Ich reiße das Papier an mich wie einen Fünfhundert-Euro-Schein. Ein Hoffnungsschimmer. Ich bin also noch im Rennen – so einen Zettel kriegt schließlich nicht jeder.

»Die kriegt jeder«, ergänzt Knilch und wendet sich ab.

»Haben Sie vielleicht einen Stift?«, frage ich. »Dann könnte ich es direkt fertigmachen und –«

»Nein, das füllen Sie bitte zu Hause aus. Dann einscannen und mir per Mail schicken.«

Ich verabschiede mich und trete den Rückzug an. Kontaktaufnahme mit Zielperson erledigt.

SCHRITT 6 – ABSCHLIESSENDE BEURTEILUNG

Fünf Tage später zeigt meine Mail-App per Pop-up-Benachrichtigung die Betreffzeile einer neuen Mail: »RE: Selbstauskunft Einstein-Str. 20«.

Der Account »knilch@irgendeinemailadresse.de« schreibt:

»Sehr geehrte Frau Fröhlich,
haben Sie vielen Dank für Ihre Bewerbung um die DG-Wohnung in der Einstein-Straße 20. Danke auch für das Foto, so konnte ich mich gleich an Sie und das interessante Gespräch erinnern.«

Ups.

»Bedauerlicherweise muss ich Ihnen mitteilen, dass wir die Wohnung an andere Bewerber vergeben haben.
Vielen Dank für Ihr Interesse.
MfG
K. Rosengart«

Falls du jetzt denkst, die Moral von der Geschichte sei, dass man als Introvertierte bei der Wohnungssuche benachteiligt wird, liegst du natürlich völlig richtig. Introvertierte kriegen praktisch nie eine Wohnung. Die meisten von uns sind daher auch wohnungslose Nomaden.

Spaß beiseite: Mir ist vollkommen bewusst, dass Introversion bei weitem nicht der größte Nachteil für Wohnungssuchende ist. Zuallererst geht es um eine saubere SchuFa, um geregeltes Einkommen, um Familienplanungsabsichten und nicht selten auch darum, wie der Nachname lautet. Als Introvertierte »verliert« man gegen ein sympathisches Lehrerpaar (verbeamtet) mit sicherem Einkommen, geregelten Verhältnissen und Heiratsabsichten also nicht (in erster Linie), weil man introvertiert ist.

Aber ich habe trotzdem etwas aus dieser Geschichte gelernt, nämlich dass die persönliche »Mission«, anlassbezogen extrovertierter zu sein, niemals in Form einer grundlegenden Persönlichkeitsänderung erfüllt werden kann. Hätte ich mir weniger Sorgen um mein (vor allem äußerliches) Auftreten gemacht und mich mehr auf die für die Situation wichtigen Punkte konzentriert, wäre das Gespräch mit dem Knilch sicher besser gelaufen. Für die Wohnungsvergabe hätte das wahrscheinlich kaum einen Unterschied gemacht, aber das Grundprinzip lässt sich auch auf andere Settings übertragen: das erste Date, im Restaurant beim Bestellen oder Beschweren, bei Reklamationen, im Streit, zufällige Begegnung mit den Nachbarn, beim Elternsprechtag (mein Beileid an alle Eltern), bei Bewerbungsgesprächen und vieles mehr.

Bei der Wohnungssuche war mir damals einfach wichtig, mich von der konkurrierenden Masse abzuheben. Ich habe mich also bewusst dazu entschieden, anders aufzutreten als sonst und bin davon ausgegangen, dass ich als kommunikationsfreudige Person mehr Chancen habe. (Dass das Gespräch ein absoluter Fail war, ignorieren wir jetzt einfach mal.) Ich würde dir jetzt gerne sagen, dass es totaler Quatsch ist, sich zu verstellen, um einen vermeintlichen Vorteil zu haben. Dennoch will ich es mir nicht zu leicht machen und dir so etwas wenig Hilfreiches raten wie: Sei einfach du selbst. Wie schon gesagt, wird es für (uns) Introvertierte immer Situationen oder Anlässe geben, bei denen es durchaus hilfreich sein kann, sich extrovertiert zu präsentieren. Nicht weil es zwingend von dir verlangt wird, aber weil es dir eben einen Vorteil verschaffen kann. Und ganz ehrlich, Vorteile sind geil. Wenn ich mich dafür verstellen muss, dann mache ich es ... hoffentlich besser als bei der Wohnungsbesichtigung. Nehmen wir das Beispiel *Bewerbungsgespräch*. Es ist ja kein Geheimnis, dass wir uns alle – egal ob intro- oder extrovertiert – in diesem Setting von unserer besten Seite zeigen wollen. Ein Personaler freut sich bestimmt mehr über Kandidaten, die offen, neugierig und (in einem gesunden Maße) selbstbewusst sind, als über Bewerber, denen man die Würmer aus der Nase ziehen muss. Wenn du als Intro also in so einer Situation mehr aus dir herauskommst als gewöhnlich, hast du die Chance, dir einen persönlichen Vorteil zu verschaffen. Und dich eben dafür kurzzeitig zu verstellen kann dir niemand verbieten. Gleichzeitig heißt es aber nicht, dass du gezwungen bist, so vorzugehen. Du kannst das frei für dich entscheiden und je nach Setting abwägen, ob es dir guttut, ob es situationsbedingt Sinn macht und ob du persönlich etwas davon hast, aus deiner Komfortzone zu treten.

KLEINER CRASHKURS ZUM THEMA »KOMFORTZONE«

Die Komfortzone ist ein individueller »Ort«, an dem sich viele Menschen sicher und wohl fühlen. Hier sind feste Routinen verankert, Herausforderungen sind begrenzt, und es besteht eine gewisse Kontrolle über die Umgebung. Das Verlassen dieser persönlichen Komfortzone kann Mut erfordern und mit Unsicherheiten einhergehen. Dennoch sind es oft die Erfahrungen außerhalb dieser vertrauten Blase, die persönliches Wachstum ermöglichen. Das bedeutet nicht, sich ständig in Extremsituationen zu begeben, sondern vielmehr, dass man bewusst und gezielt auch mal über die eigenen Grenzen hinausgehen kann. Wie du dir sicherlich vorstellen kannst, sehen die Komfortzonen für Intros und Extros grundverschieden aus. Für Intros kann das Verlassen der Komfortzone bedeuten, mehr aus sich herauszukommen. Für Extros kann es wiederum bedeuten, mehr Zeit mit sich selbst zu verbringen und das Alleinsein, die Ruhe und Stille auszuhalten. Es kann also durchaus guttun, seine persönliche Komfortzone manchmal zu verlassen. Es kann dich stolz machen, wenn du diese Herausforderung annimmst und bewältigst. Ich werde zum Thema »Komfortzone« und »sich mal was trauen« zum guten Schluss noch ausführlicher berichten.

Wenn sich Introvertierte nun für eine Undercover-Mission entscheiden, rate ich aber dazu, sich vorher klarzumachen, was das bedeutet. Es kann beispielsweise sein, dass sich die soziale Batterie in einer ungewohnten und herausfordernden Situation noch schneller entleert. Wie dieses Buch zeigt, passiert mir das ständig. Darüber hinaus muss man bei so einem Extro-Tarnmanöver mit der richtigen Erwartungshaltung rangehen. Wünsche dir nicht, grundsätzlich anders zu sein und deine Persönlichkeitsmerkmale langfristig zu ändern, denn das wirst du niemals erreichen. Etwas Unmöglichem nacheifern ist nämlich ein Rezept fürs Unglücklichsein. Sieh es lieber als anlassbezogene (kurzzeitige!) Challenge, bei deren Bewältigung du dich vielleicht sogar richtig gut fühlen wirst. Aber selbst wenn es nicht klappt, dann zerbrich dir darüber nicht allzu sehr den Kopf und vermeide nachträgliches Overthinking (denk an die Gedankenstopp-Technik). Und wenn du bereits während dieser persönlichen Challenge merkst, dass es sich nicht gut anfühlt, dann bleibt dir ja die Option des Missionsabbruchs. Rückzug! Timeout! Pause! Ende! Stopp! Schluss! Feierabend! Nein, im Ernst, das Kapitel ist hier zu Ende.

INFOBOX

WAS WIR GELERNT HABEN

DAS EXTRO-TARNMANÖVER

Warum?
Bei bestimmten sozialen und beruflichen Anlässen kann die gezielte Imitation extrovertierter Verhaltensweisen von Vorteil sein. Es kann sich beispielsweise positiv auf Networking oder Vorstellungsgespräche auswirken. In sozialen Situationen kann es die Kommunikation und den Aufbau neuer Kontakte erleichtern. Eine offene Körpersprache, Blickkontakt, Lächeln, eine präsente Ausstrahlung und Smalltalk (*würg*) können den extrovertierten Eindruck verstärken. Aus der gewohnten Komfortzone zu treten bietet die Möglichkeit für persönliches Wachstum und eröffnet neue Perspektiven jenseits der festgelegten Routinen und vertrauten Grenzen.

Warum nicht immer?
Eine dauerhafte Veränderung der intro- oder extrovertierten Persönlichkeitsmerkmale ist nicht möglich. Es ist wichtig, situationsabhängig zu entscheiden, wann eine solche »Tarnung« für dich persönlich angebracht ist und wann nicht. Die Balance zwischen Authentizität und dem situationsgerechten Verlassen der Komfortzone ist entscheidend für das persönliche Wohlbefinden.

08
DAS SMALLTALK-LABYRINTH

»MEINE DAMEN UND HERREN AUF GLEIS 2: Der RE1 Richtung Köln HBF hat beschlossen, uns etwas länger warten zu lassen. Warum? Nun ja, ehrlich gesagt, sind wir genauso überrascht wie Sie.«

Die Durchsage vom benachbarten Bahnsteig ärgert mich. Es betrifft mich zwar nicht, aber trotzdem bin ich von der Verspätung eines Zuges genervt, in den ich nicht einsteigen werde. *Typisch.* Immerhin verspricht die sanfte Morgenröte, die den Bahnsteig und mein Gesicht in warmes Licht taucht, einen vielversprechenden Reisebeginn. Die Aussicht auf eine fünfstündige Fahrt bietet Anlass für mein Lieblingsoutfit: Jogginghose, Oversize-Pullover, Sportschuhe im 90s-Look. Nach einer bequemen Anreise begegne ich Berlin so auch optisch auf Augenhöhe. Außerdem habe ich verschiedene Snacks eingepackt. Damit meine ich verschiedene Tüten derselben Chipssorte (salzig) und eine Packung Kaugummis. Ausgewogene Ernährung ist mir einfach wichtig. Jetzt fehlt nur der Zug. Laut Anzeigetafel kommt er in wenigen Minuten. Das kann bei der Bahn natürlich alles heißen. Dass die überhaupt noch bezahlte Platzbindung anbieten, gefühlt entfällt die bei 99 von hundert Fahrten. Ich buche sie trotzdem – Leute zu fragen, ob neben ihnen noch frei ist, ist das größere Übel. Apropos Übel … Aus dem Nichts taucht neben mir ein Typ auf und strahlt mich mit großen Augen an. »Saskia? Hi.« Er trägt eine schwarze Softshelljacke, Jeans, Sneaker und schultert eine Sporttasche. Außerdem riecht er nach einem etwas zu preiswerten Männerparfüm.

»Äh … hallo?«

»Erkennst du mich noch?«

»Jaa klaar.« *Wer ist das? Gedächtnis! Erinnerung! Wieso lasst ihr mich im Stich?*

»Woher kennen wir uns nochmal?«

»Gymnasium, Oberstufe? Komm schon!«

»Stimmt.« *Wer ist das?!* »Wir hatten … Englisch zusammen?«

»Reli.«

»Ach …«

Flo? Ich habe das Gefühl, er heißt Flo, aber vielleicht sieht er auch einfach nur aus wie einer. Was soll's, es gibt nur einen Weg es herauszufinden:

»Flo. Hi.«

Er grinst zufrieden. *Glück gehabt.*

»Na, was machst du hier? Wartest du auch auf den Zug?«

Nein, ich steh' hier nur so rum. Tauben, Müll, Menschenmengen – einfach meine Welt.

»Genau. Auf den ICE.«

In meiner Jackentasche kreuze ich die Finger und hoffe, dass –

»Ach krass, ich auch.« *Verdammt.*

»Cool.«

Cool. So etwas sage ich in solchen Situationen. Die Rahmenbedingungen sind aber auch so was von *cool*: Wir warten am selben Gleis auf denselben, in wenigen Minuten einfahrenden Zug. Ein Flucht- oder Ausweichmanöver ist selbst für einen Profi wie mich kaum möglich. Sofort springt mein Gedankenkarussell an und beschleunigt von null auf hundert. Wäre es ein tatsächliches Karussell, sähe man links und rechts Kinder durch die Luft fliegen. In meinem Kopf sieht es dabei so aus:

Bleibt Flo bei mir stehen? Steigen wir gleich zusammen ein? Am Ende sitzt er im selben Waggon! Oh Gott, muss ich etwa die ganze Fahrt reden? Bis wohin fährt er mit? Vielleicht sogar bis nach Berlin? Was, wenn er keine Sitzplatzreservierung hat? Dann wird er definitiv neben mir sitzen wollen, falls dort frei ist. Soll ich ihn fragen, wo er sitzt? Aber schlafende Hunde soll man nicht wecken!

»Cool«, sage ich noch einmal. »Cool, cool.«

Ja genau, *cool, cool.* Richtig cool ist, was mich jetzt erwartet. Ein Irrgarten ohne Ausgänge, das große Rätsel der gezwungen ungezwungenen Konversation: Das Smalltalk-Labyrinth. Dieses Labyrinth ist für mich genauso verzweigt und unüberschaubar wie das gesamte deutsche Bahnnetz. Und beim Durchqueren kommt es genauso häufig zu Ausfällen und Störungen. Aber diesmal erzähle ich dir nicht nur von meinen Schwierigkeiten, sondern lasse sie dich mehr oder weniger selbst erleben. Denn auf den folgenden Seiten erwartet dich eine interaktive Smalltalk-Challenge, durch die du dich selbst manövrieren musst. Dadurch wirst du entweder begreifen, wie schwierig Smalltalk für Introvertierte sein kann – oder dass der Verlag mir nicht jede Idee hätte durchgehen lassen sollen.

Es funktioniert so: Beim Start auf SEITE 156 setzt der liebe Flo das mühsam in Gang kommende Gespräch fort und lädt uns zum Smalltalk ein. Du wählst eine der vorgegebenen Antworten aus, auf deren Basis die Konversation unterschiedlich fortgesetzt wird. Die Antwortmöglichkeiten stellen optionale Reaktionen dar, zwischen denen ich in solchen Momenten je nach Stimmungslage wählen würde. Du schlüpfst nun also in meine Rolle und erfährst, wie ätzend Smalltalk für mich sein kann. Das heißt gleichzeitig auch, dass du dich mit meinen Antwortmöglichkeiten zufriedengeben musst. Gelegentlich erlaube ich es mir, die eine oder andere Situation aus dem Off zu kommentieren, um dir einen tieferen Einblick zu geben, was ich in diesem Moment denken oder fühlen würde. Das wird dann ungefähr so aussehen *(Ich hasse Smalltalk.)*:

Das Labyrinth ist durchnummeriert und jede Antwortmöglichkeit schickt dich zu der für deine Option angegebenen Zahl weiter. Wenn du also eine Antwort ausgewählt hast, blätterst du entweder vor oder zurück, um die entsprechende Zahl zu finden und den Smalltalk fortzusetzen. Wenn dich eine Antwort zu einer höheren Zahl führt, heißt das aber nicht zwingend, dass du das Ende schneller erreicht hast und umgekehrt.

Sobald du ein Ende erreicht hast, reflektieren wir gemeinsam, wie es lief. Es gibt zwei Enden, die einen positiven Ausgang haben und ein Ende, das ... nun ja, du wirst es ja eventuell selbst sehen.

Solltest du mit deinem Ende nicht zufrieden sein, kannst du es natürlich auch noch einmal versuchen. Aber auf eigene Gefahr. Und jetzt keine Zeit mehr für weitere Fragen, husch, husch, auf ins Labyrinth.

CHOOSE YOUR OWN SMALLTALK

START

1 »Ja, cool«, sagt Flo und spielt mit dem Reißverschluss seiner Jacke. »Fährst du eigentlich auch bis Berlin?«

(Auch? AUCH?)

A – AUSWEICHEN: »Ja, aber ich glaube, ich werde die ganze Zugfahrt schlafen, ich bin so erledigt.«
Weiter geht's hier → **8**

B – GEGENFRAGE: »Genau. Was führt dich denn nach Berlin?«
(Wieso fährt er nicht eine Stunde früher oder später? Frechheit!) Weiter geht's hier → **10**

Das ist also die Stelle, an der du nicht mehr brav jede Seite nach der anderen liest, sondern zu »deiner« Nummer weitergehst. Also **8** oder **10**. Das heißt, du überspringst auf jeden Fall die folgenden Konversationsmöglichkeiten. Das Prinzip setzt sich dann fort, sobald du deine nächste Antwort ausgewählt hast.

2 »In welchem Wagen? Moment, lass mich eben nachschauen, ich habe einen Platz reserviert.«

(Bitte nicht in meinem Wagen.) Flo schaut auf sein Handy. »Ah, Wagen 2, und du?«

A – AUSWEICHEN: »Oh schade, ich bin in Wagen 7. Na ja, man sieht sich bestimmt nochmal woanders.« → ❺

B – AUSWEICHEN AUF NUMMER SICHER: »Ich? In welchem Wagen? Ehm, auf jeden Fall am anderen Ende.« → ⓯

3 »Was machst du in der Hauptstadt?«

A – DARAUF EINGEHEN: »Ich habe einen Stand-up-Auftritt.« → ❾

B – ABBLOCKEN: »Ach, nur ein bisschen arbeiten.« → ❹

C – VERWEIGERN: »Das geht dich gar nichts an!« → ❼

4 »Du machst jetzt Stand-up, oder? Habe ich auf Instagram gesehen. Hätte ich niemals gedacht, dass es bei dir irgendwann in so eine Richtung geht.«

(Nur weil ich eine in mich gekehrte, ruhige, introvertierte Person bin, der soziale Interaktionen viel Kraft abverlangen? Scheiß Vorurteile!)

A – DARAUF EINGEHEN: »Ja, genau. Manchmal läuft eben alles anders als geplant.« → ❻

B – ABBLOCKEN: »Tja, so ist das.« → ⓯

5 »Wir könnten ja auch gleich im Bordbistro noch ein bisschen quatschen?« *(Wo kann man eigentlich ein Annährungsverbot beantragen?)*

A – ABBLOCKEN: »Wenn wir uns da zufällig begegnen, gerne.« *(Ich werde dieses Bordbistro nicht betreten.)* → ⓯

B – AUSWEICHEN: »Ja genau, Bordbistro ha ha. Das hat doch eh immer geschlossen. Ha ha.« → ⓮

6 »Ist echt spannend, wie jeder so seinen eigenen Weg geht. Mirko hat angefangen, Psychologie zu studieren, aber dann abgebrochen. Nele hat letztens geheiratet. Wir arbeiten beide im Rathaus.« *(Alles klar, Herr Bürgermeister.)* »Aber in anderen Etagen.«

A – AUSWEICHEN: »Ja, cool. Heiraten und so. Man ist ja jetzt in dem Alter.« *(Notbremse, Notbremse!)* → ⓮

B – ABBLOCKEN: »Apropos den eigenen Weg gehen. Ich geh schon mal da rüber. Mein Wagen hält zwischen Abschnitt C und D.« → ⓯

7 Flo schaut mich an, als hätte ich ihm ins Gesicht gespuckt. »Äh ... okay. Ja, viel Spaß in Berlin ... was auch immer du dort machst.« *Verdammt, irgendwie muss ich die Situation retten.* »Ehm ... sorry ... ich ... ehm ...« *Los Saskia, lass dir was Nettes einfallen.* »Willst du ein Kaugummi, bevor du gehst?«

Flo schüttelt den Kopf und dreht mir den Rücken zu. Beim Weggehen zückt er sein Handy und fängt an, eine Sprachnachricht aufzunehmen: »Du glaubst gar nicht, wen ich gerade getroffen habe ...« Und in irgendeiner dunklen Ecke meines Verstands reibt sich Akten-Saskia bereits die Hände.

Herzlichen Glückwunsch, du hast das erste von drei möglichen Enden erreicht: »Verweigerung«. Auf ➲ **SEITE 161** gehen wir in die Auswertung. Außer du willst es noch einmal probieren, dann schleunigst zurück zum Start.

8 »Du bist erledigt?« Flo sieht mich mitleidig an.

Ich nicke. *(Was war an »Ich bin erledigt« so schwer zu verstehen?)*

»Wenig Schlaf gehabt, oder was?«

A – AUSWEICHEN: »Ach ja, nee, einfach erschöpft. Aber halb so wild, in Berlin wird's hoffentlich chilliger.« → ❸

B – ABBLOCKEN: »Ja.« → ⓫

9 »Du hast einen Auftritt? Wie cool! Wo denn? Ich habe zwar schon Pläne, aber vielleicht können wir es ja noch dazwischenschieben.«

A – AUSWEICHEN 1.0: »Das ist ... leider schon ausverkauft, fällt mir gerade ein. Tja, Pech aber auch.« → ⓮

B – AUSWEICHEN 2.0: »Puh, ehm. Ich bin mir gerade gar nicht sicher, wie die Location nochmal heißt. Aber vielleicht kann ich es dir ja schreiben, wenn's mir eingefallen ist.« *(Never ever.)* → **5**

10 »Ein Freund von mir feiert seinen Junggesellenabschied. Die anderen sind schon alle da.« *(Also fährt er allein? Hoffentlich in einem anderen Waggon.)*

A – ABBLOCKEN: »Cool, dann viel Spaß schonmal.« → **3**

B – NACHHAKEN: »Mensch, für den JGA ein ganzes Wochenende in Berlin, klingt ganz nice.« *(Ich würde mich lieber erschießen.)* → **13**

11 »Oh je, woran lag's?«
»Schlaf ist bei mir einfach ein rares Gut.« Flo lässt nicht locker. »Aber Schlaf ist echt wichtig. Denk an deine Gesundheit.«

A – AUSWEICHEN: »Wie das halt so ist. Man ist busy.« → **12**

B – ABLENKEN: »Ach, Schlaf ist eh überbewertet. Ha ha.« Flo nickt und schweigt.
(Rede doch! Warum sagt er nichts? Alles muss man selbst machen.) »Komm doch zu meinem Stand-up-Auftritt.« *(Was? Wieso sollte ich so etwas sagen? Was ist mit meinem Gehirn nicht in Ordnung?)* → **9**

12 »Immer busy, wem sagst du das. Da verliert man sich nach der Schule nur für ein paar Jährchen aus den Augen und zack – erwachsen. Schade, dass man sich nicht mehr sieht, oder?«

A – DARAUF EINGEHEN: »Joa. Vielleicht hat man irgendwann bei einem Klassentreffen nochmal die Gelegenheit, mit allen zu quatschen.« → **6**

B – ABBLOCKEN: »Ach, so schlimm finde ich das gar nicht.« → **14**

13 »Für einen JGA sind die Möglichkeiten in Berlin endlos. Das ganze Wochenende ist pickepackevoll. Limousinenfahrt, Casinoabend, Kneipentour und vielleicht geht es noch in einen Strip-Club.«

A – ABBLOCKEN: »Das klingt …« *(Sei nett!)* »Aufregend?« → **4**

B – AUSWEICHEN: »Cool, in welchem Wagen bist du gleich eigentlich?« *(Hoffentlich hat er einen Platz reserviert und bitte ganz weit von mir entfernt.)* → **2**

14 Flo dreht sich um und zeigt auf den sich nähernden ICE. »Dann gehe ich mal los, mein Wagen ist – irgendwo dahinten. Nun, ehm. Hat mich gefreut. Viel Spaß in Berlin.«

Tatsächlich habe ich es bis zum Ausgang des Labyrinths geschafft. »Danke. Gute Spaß, viel Fahrt.« *Warte, was?*

Herzlichen Glückwunsch, du hast das das zweite von drei möglichen Enden erreicht: »Flo geht.« Auf der nächsten Seite gehen wir in die Auswertung. Außer du willst es noch einmal probieren, dann schleunigst zurück zum Start.

15 Flo lächelt verdutzt. Das ist der Punkt, an dem wir beide nicht mehr wissen, was wir sagen sollen. Ich erbarme mich schließlich und breche das kurze Schweigen.

»Na ja, ich muss dann. Gute Fahrt. Mach's gut.« Ich gehe, ohne mich noch einmal umzudrehen. Keine Ahnung, wo mein Wagen tatsächlich hält, aber: *Ich habe es bis zum Ausgang des Labyrinths geschafft.*

Herzlichen Glückwunsch, du hast das dritte von drei möglichen Enden erreicht: »Saskia geht.« Auf der nächsten Seite gehen wir in die Auswertung. Außer du willst es noch einmal probieren, dann schleunigst zurück zum Start.

AUSWERTUNG

Na, wie lief's? Das bisschen Smalltalk führt sich von allein, oder nicht? In jedem Fall hast du es zu einem der drei möglichen Enden geschafft – oder das Labyrinth einfach überblättert, du kleiner Faulpelz. Du nichtsnutzige schmarotzende Enttäuschung. Spaß. Zuallererst klären wir, wie mein Gespräch damals tatsächlich verlief: Solltest du das zweite Ende (Nr. ⓮ »Flo geht«) oder das dritte Ende (Nr. ⓯ »Saskia geht«) erreicht haben, dann bist du schon sehr nah an der Wahrheit. Beide Enden stellen für mich einen positiven Ausgang dar. Das hat drei Gründe: Erstens hat man sich tapfer durch das Labyrinth geschlagen. Zweitens hat man danach wieder seine Ruhe. Und drittens. Mir fällt kein Drittens ein.

Das erste Ende dient eher zur Veranschaulichung dessen, wie es im schlimmsten Fall laufen könnte. (Solltest du also das Ende Nr. ❼ »Verweigerung« erreicht haben und im echten Leben genauso sein, ist dir allerdings mein Respekt sicher. Von dir können wir alle noch viel lernen.) Aber auch wenn man keine Lust auf Smalltalk hat, möchte man ja nicht unhöflich wirken, was beim Ende »Verweigerung« schlicht und ergreifend der Fall wäre. Wenn eine zu Overthinking neigende Person auf eine harmlose Frage (»Was machst du in der Hauptstadt?«) mit so einer abwehrenden Haltung (»Das geht dich gar nichts an!«) reagiert, dann reibt sich das Akten-Ich schon voller Schadenfreude die Hände. Nichtsdestotrotz steht es dir natürlich immer frei, den Smalltalk mit einer Person zu beenden, wenn du keine Lust mehr hast. Hier sind dann aber Optionen wie »Lass uns ein anderes Mal weiterreden« oder »Sei mir nicht böse, aber ich habe gerade keine Lust zu quatschen« definitiv harmloser und bieten mehr Chancen, um auf Verständnis zu stoßen.

Wenn ich daran zurückdenke, wie ich am Bahnhof stand und plötzlich von Flo angequatscht wurde, hätte ich mich am liebsten unsichtbar gemacht. Nicht nur dass ich sowieso nie Lust auf Smalltalk habe, an diesem Morgen hatte ich noch weniger als keine Lust. Hätte ich Flo als Erstes gesehen, hätte ich früher handeln und mich beispielsweise so von ihm wegdrehen können, dass ich ihm gar nicht aufgefallen wäre. Tja, dafür war es zu spät. Danke für nichts, Universum! Trotzdem habe ich es – und darauf bin ich selbstverständlich sehr stolz – durch den Irrgarten dieser oberflächlichen Fragen und Antworten geschafft, bis ich mich am Ende von Flo verabschiedet habe und meinte, ich würde mich schon mal dort hinstellen, wo mein Wagen hält. (Eigentlich stand ich schon die ganze Zeit richtig, aber ich wollte es nicht darauf anlegen, dass man dann noch schweigend beieinandersteht. Man muss sich einfach zu helfen wissen.)

Wie im ➲ KAPITEL *MISSION: 2-RAUM-DG* bereits erklärt, gibt es manchmal Situationen, in denen es eine legitime Option sein kann, sich als Extro zu tarnen. Oder wenigstens als eine Person, der Smalltalk leichtfällt. Natürlich hängt der Erfolg der Tarnung direkt mit dem individuellen Smalltalk-Skill zusammen. In meinem Fall hat dir die Auswahl der vorgegebenen Antwortmöglichkeiten möglicherweise schon gezeigt, dass ich meine Fähigkeiten noch etwas verbessern könnte.

Übrigens ist die Vorgabe von konkreten Gesprächsoptionen gar nicht so weit hergeholt. Im echten Leben gehe ich ebenfalls sehr taktisch an Smalltalks heran. Mit jeder Äußerung wäge ich ab, ob es unhöflich wäre, das Gespräch bereits abzuwürgen, oder ob ich schon einmal den Blinker setze und die nächste Ausfahrt nehme. Im metaphorischen Sinne.

Dazu kommt, dass – wie auch schon im Gespräch mit Immobilienmakler Knilch – bewusste Smalltalk-Bemühungen meine soziale Batterie noch schneller leeren, als sie es von allein schon tut. Obwohl ich mich nicht einmal besonders gut geschlagen habe. Viel Energie für wenig Outcome. Dass sich der Akku so schnell leert, liegt vor allem an den zahlreichen Einzelaufgaben, vor die mich bewusste Smalltalk-Bemühungen stellen.

MEHRWERT

Zunächst muss ich mich selbst davon überzeugen, dass mir die Konversation einen Mehrwert bietet, ansonsten blockiert mein Gehirn direkt. Und sobald das eintritt, verfüge ich nur noch über die Eloquenz von Patrick Star (inklusive Sabberfaden im Mundwinkel). Solange ich es mir selbst nicht bewusst mache, bietet mir Smalltalk nämlich keinen Mehrwert – er kostet soziale Energie, ist im Endeffekt aber nur ein Lückenfüllergespräch, dessen Inhalt die Beteiligten in der Regel schon kurz danach wieder vergessen haben. Wetter, Job, ein laufendes Verfahren wegen bewaffnetem Raubüberfall – gähn. Mir ist selbstverständlich bewusst, dass es dabei auch um soziale Gepflogenheiten und Anstand geht, und das respektiere ich. Ich denke nicht, dass Smalltalk grundsätzlich und immer überflüssig ist und ich mir deshalb jede Unhöflichkeit herausnehmen kann. Wichtig ist mir nur zu betonen, dass der Gesprächsinhalt an sich meistens eher oberflächlich bleibt und meine soziale Kosten-Nutzen-Rechnung daher im Schnitt rote Zahlen schreibt. Aber auch wenn ich mich selbst daran erinnere, höflich sein zu wollen und den Mehrwert des Gesprächs nicht in seinem Inhalt zu suchen, warten weitere Hürden auf mich.

SCHWEIGEN UND SCHEISSE REDEN

Die größte sind Gesprächspausen. Habe ich es mir erst einmal zur Aufgabe gemacht, eine Smalltalk-Situation möglichst kompetent über die Bühne zu bringen, ist Schweigen kaum zu ertragen (siehe ➲ NR. 11 ANTWORT B – *ABLENKEN*). Unter der Maske der »gesprächigen Saskia« fange ich sofort an zu schwitzen, wenn länger als drei Sekunden nichts gesagt wird, und fühle mich umgehend dazu verpflichtet, den Ball wieder ins Rollen zu bringen. In diesen Sternstunden öffnen sich meine Lippen wie von allein, und mit einer Wahrscheinlichkeit von 99 Prozent kommt anschließend gequirlte Scheiße heraus.

»Du wohnst jetzt mit deiner Freundin zusammen? Cool. Anderes Thema: Leben deine Großeltern eigentlich noch?« oder »Oh, dein Hamster ist gestorben? Tut mir leid. Willst du meine Warze am Ellenbogen sehen?«

Gleichzeitig fällt es mir schwer, meine eigene Person in den Mittelpunkt von Smalltalk zu stellen. Oberflächliche Themen interessieren mich nämlich in beide Richtungen nicht. »Ja, ich bin heute Morgen tatsächlich ohne Kaffee in den Tag gestartet, weil ich keine Zeit mehr hatte. Meine Güte, mein Leben ist einfach eine einzige Achterbahnfahrt.« Wenn dann Gesprächspausen entstehen, bleibt nicht viel Material, mit dem ich sie sinnvoll füllen kann. Und so entstehen die gerade aufgelisteten Fehlgriffe.

SMALLTALK-WAFFEN UND RETTUNGSFRAGEN

Aber ich wäre nicht ich, wenn ich nicht trotzdem wenigstens eine Handvoll praktischer Tipps für dich hätte. Der einfachste und für mich persönlich hilfreichste Ratschlag ist überraschend simpel. Du kannst dich nämlich direkt zu Beginn jeder Begegnung in eine vorteilhafte Position bringen. Sobald du jemanden auf dich zukommen siehst, die oder der sehr wahrscheinlich Smalltalk anfangen wird, verschaffst du dir einen enormen Vorsprung, indem du direkt wegrennst.

Ein paar hilfreiche Rettungsringe gibt es tatsächlich. Heutzutage überspringe ich bei Freunden und mir lieben Menschen den Smalltalk meistens oder verkürze ihn, so gut es geht. Er ist quasi eine Fast-Food-Vorspeise voller leerer Kalorien, die man sich gut und gerne sparen kann. In der Regel nimmt mir das auch niemand krumm. Aber das hilft natürlich nur bei einem kleinen Anteil aller Smalltalk-Situationen. Bei den übrigen helfen mir einige vorbereitete Standardfragen, die es mir erlauben, das Gespräch sicherer und weniger kräftezehrend zu kontrollieren. Genau die Momente, in denen Gesprächspausen mich sonst zu Übersprungsäußerungen verleiten, kann ich mit einem kleinen Repertoire an Rettungsfragen besser meistern. Das Ziel ist dabei, entweder oberflächliche Fragen zu stellen, von denen aus man jederzeit das Gesprächsende ansteuern kann:

»Was ist deine Favorit-Serie für einen Binge-Marathon?«

»Welches Buch hast du zuletzt gelesen und kannst du es empfehlen?«

»Welches Wetter bevorzugst du? Sonne, Wolken, Regen, Nebel, Schneefall, Wind, Sprühregen, Gewitter, Hagelschauer oder Sandsturm?«

Die letzte Frage bietet dir bereits eine achtzigprozentige Chance auf einen Gesprächsabbruch. Und mein Joker für einen spontanen Notausstieg:

»Wie viel müsste man dir bezahlen, damit du deine linke Niere isst? Hundert? Mehr habe ich leider nicht dabei, dann muss ich zum Automaten.«

Oder aber ich stelle bewusst Fragen, die zu einem tiefgründigeren Gespräch führen können, weil ich mich für meinen Gesprächspartner interessiere. Hier ein paar meiner Favoriten:

»Wann hast du das letzte Mal so doll gelacht, dass dir die Tränen kamen?«

»Welche Erfahrung hat dich im Leben am meisten geprägt?«

»Was würdest du tun, wenn du nur noch ein Jahr zu leben hättest?«

Meine bisherige Erfahrung, eine solche Frage zu stellen, zeigt, dass vor allem zwei verschiedene Reaktionen möglich sind:

1. Mein Gegenüber antwortet: »Weiß ich nicht.«
2. Mein Gegenüber ist erst überrascht, eine solche Frage gestellt zu bekommen, denkt dann aber darüber nach und gibt mir anschließend eine ehrliche Antwort, was der Einstieg in ein weniger oberflächliches Gespräch ist.

Natürlich lassen sich diese Beispielfragen nicht auf jede Situation übertragen. So wäre mein Gespräch mit dem Makler Knilch wahrscheinlich auch nicht besser gelaufen, wenn ich ihn nach seiner Lieblingsserie oder nach seinen prägendsten Erfahrungen im Leben gefragt hätte. Und ich will auch nicht lügen: Trotz meiner »Taktiken« ist Smalltalk immer noch (und bleibt wohl auch) eine unangenehme Sache für mich. Solltest du ebenfalls introvertiert sein und dasselbe Problem haben: I feel you. Im Zweifel Augen zu und durch. Unsere Gehirne sind einfach nicht dafür gebaut, gut zu socializen. Dafür können wir andere Sachen prima. Nachdenken zum Beispiel. Grübeln. Sinnieren. Wir müssen eben mit dem arbeiten, was wir haben, und das in allen sozialen Situationen. Zum Beispiel bei Wohnungsbesichtigungen, auf Partys und bei zufälligen Begegnungen mit alten Bekannten. Oder bei Dates – und genau das schauen wir uns im nächsten Kapitel an.

INFOBOX

WAS WIR GELERNT HABEN

Grundsätzlich sollte man zwischen Höflichkeitsfloskeln und Smalltalk unterscheiden. Man möchte gewiss nicht unhöflich wirken, schuldet aber auch niemandem ein zehnminütiges Gespräch über das Wetter. Ansonsten steht es dir aber auch frei, ein Gespräch zu beenden, wann immer du willst. Du bist nicht dazu gezwungen, durch das Smalltalk-Labyrinth zu irren (vor allem, wenn null Prozent der am Gespräch Beteiligten einen Mehrwert davon haben).

Gespräche können kontrolliert werden: Du kannst dir Fragen zurechtlegen, die das Gespräch entweder am Laufen halten, um peinliche Stille zu vermeiden, oder das Ende des Gesprächs ansteuern. Alternativ kannst du dir tiefgründigere Fragen überlegen, um die oberflächlichen Themen beiseitezuschieben und das Gespräch in eine für beide Seiten interessante und wertvolle Richtung zu lenken.

Nichtsdestotrotz sind sich die meisten Introvertierten bestimmt einig, dass Smalltalk einfach zum Kotzen ist. Wir wollen hier ja schließlich auch nichts verherrlichen. Aber mit ein paar Kniffen können wir die Richtung vorgeben und so schneller den Ausgang aus dem Irrgarten finden.

09
DATING: DER INTRO, DER EXTRO UND DER AMBI

SWIPE NACH LINKS. Swipe nach links. Swipe nach links.

Ein lautes Zischen aus der Küche lässt mich aufhorchen. An der Unfallstelle angekommen, sehe ich das Desaster: Überkochendes Wasser sprudelt wild aus dem Topf, in der Pfanne daneben qualmt mein halb verbranntes Abendessen – eine einfache Tomatensauce mit Gemüse, die allerdings zur Hälfte an den Wandkacheln klebt. *Da schaue ich fünf, zehn oder zwanzig Minuten nicht hin und schon muss ich meine Küche renovieren. Na ja, wenigstens ist nichts explodiert.* Seufzend greife ich nach einem Geschirrtuch und schalte die Herdplatten aus.

Zurück auf der Couch lasse ich mir das nur noch halbwegs genießbare Essen »schmecken«. So habe ich mir meinen Dienstagabend nicht vorgestellt, aber hey, das Leben steckt manchmal voller Überraschungen. Mit einem Löffel zerkochter Nudeln plus angebrannter Sauce im Mund stürze ich mich wieder ins Haifischbecken des modernen Liebeslebens. Mein Daumen huscht übers Display. Links. Links. Links.

Vor einem Monat bin ich aus der gemeinsamen Wohnung mit dem Extro-Ex ausgezogen. Agentin Saskia Extrovertiert hat tatsächlich eine neue Bleibe gefunden. Seitdem … na ja, also es ist definitiv nicht so, dass ich einsam bin. Ich möchte einfach neue Leute (und vielleicht einen neuen Partner) kennenlernen, und so häufig steht mir der Sinn nicht nach Neuem. Dieses »High« muss ich ausnutzen. Ich kaue auf einem knusprigen Stück Möhre. Na gut, vielleicht bin ich manchmal auch einsam. Aber genau dafür wurde das Online-Dating doch erfunden. Einsame Introvertierte. Ich bin quasi die Kernzielgruppe.

Was hast du vom Dating-Kapitel in einem Buch über Introversion erwartet? Blind Dates? Real-Life-Kennenlernen? Leute auf der Straße ansprechen? Mach mal halblang. Natürlich startet es mit Online-Dating. Und als erfahrene Introvertierte kannte ich mich mit dieser Materie damals natürlich schon aus. Außerdem sind solche Apps ein niedrigschwelliger Weg, um überhaupt mit neuen Leuten in Kontakt zu treten. Ein für mich weiterer und entscheidender Vorteil von Dating-Apps ist die anfängliche Unverbindlichkeit. Man lernt sich bereits ein wenig kennen, bevor man das erste Treffen ausmacht, welches ich dann wegen eines niedrigen Akkus oder schlechter Tagesform spontan absage. Und nach zwei, drei weiteren Versuchen gelingt es dann manchmal sogar, die Bekanntschaft in der echten Welt fortzusetzen. Wir erinnern uns, wie bereits im ➲ KAPITEL *MYTHEN UND FAKTEN* erwähnt: »Auch Introvertierte sind soziale Wesen, die Beziehungen, Freundschaften und Bekanntschaften knüpfen und pflegen.«

Phasen übermäßiger Kontaktfreudigkeit sind für mich trotzdem eher die Ausnahme. Nach meinem Umzug konnte ich endlich die Ruhe und Unabhängigkeit genießen, die mir lange fehlten, und diesen Bedürfnissen mehr Aufmerksamkeit widmen. Aber nach vier Wochen des Alleinseins – abgesehen von langweiligen Routinen wie Uni, Nebenjob und vereinzelten Verabredungen mit Freunden – machte sich in mir das seltene Verlangen nach neuen Möglichkeiten breit. Natürlich habe ich nicht lange gefackelt und die erstbeste Dating-App heruntergeladen. (Über den Extro-Ex war ich schneller hinweg, als er »Weißt du noch, auf Sarinas Party?« sagen kann.)

Ob diese Phase der »sozialen Bereitschaft« nach der Trennung tatsächlich durch ein Gefühl von Einsamkeit ausgelöst wurde? Das Verlangen nach neuen Kontakten ist jedenfalls ein Anzeichen dafür, dass Einsamkeit aufkommen *könnte*, wenn ich diesem Bedürfnis nicht nachgehe. Und da schon die größte Dichterin und Denkerin unserer Zeit – Saskia Fröhlich – keinen Bock auf Einsamkeit hatte, kam dieses inspirierende Gedicht zustande:

Soll dich Einsamkeit nicht plagen,
Musste dir Dating-Apps runterladen.

Dem Thema Einsamkeit widmen wir uns aber in einem späteren Kapitel noch ausführlicher. Zurück zu meinen Online-Dating-Versuchen.

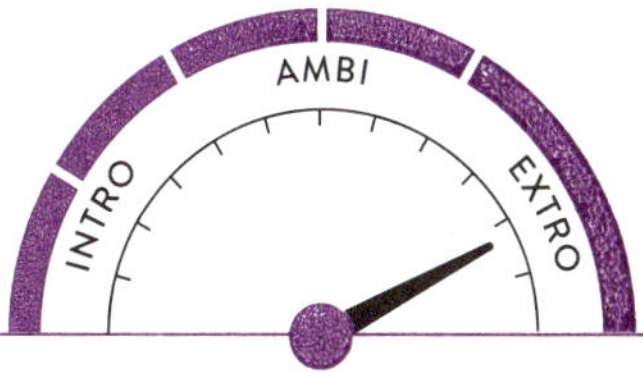

DER EXTRO

ANDRÉ, 25. Auf seinen Bildern zeigt er sich mit oder ohne Freunden bei verschiedenen Aktivitäten. Bowlen, Bouldern, Billard in einer Bar – hauptsächlich Sachen mit B. Dieser Hang zu geselligen Unternehmungen erinnert mich etwas zu sehr an Niklas. Aber ich bin so fair und gebe seiner Bio eine Chance: »Lebenslustiger Abenteurer auf der Suche nach Spannung und Kick, der das Leben in vollen Zügen genießt – Reisen, Sport, gutes Essen.«

Gutes Essen – mein Stichwort. Ob ihm meine Nudeln mit Ruß-Sauce schmecken würden? Das werden wir wohl nie erfahren, denn mein Daumen swiped instinktiv nach links. Nicht, dass ich mir grundsätzlich keine (weitere) Beziehung mit einem Extro vorstellen könnte. Aber direkt nach Niklas brauche ich erst einmal zwei oder drei Jahrzehnte Erholungszeit, bevor ich mich wieder auf Freundesgruppen, Partys und das übrige Extro-Zeug einlasse. (Eine Verabredung mit einem fremden Menschen ist schon »extro« genug.) Neue Erkenntnis zum Thema »Hochphasen«: Der Wille, neue Leute kennenzulernen, ist da. Für den Willen, auch noch deren Freunden zu begegnen, reicht's aber nicht.

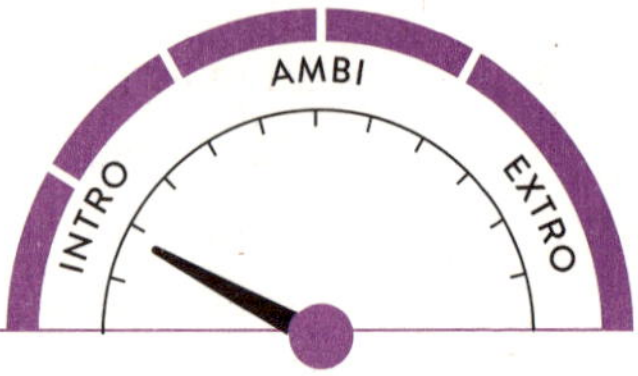

MO, 24. Er ist Altenpfleger und das exakte Gegenteil vom letzten Kandidaten. Seine Galerie besteht aus einem Spiegelselfie, einem Bild von ihm mit Hund, einem Bild vom Hund (ohne ihn) und einem Bergpanorama, vor welchem er in Wanderoutfit posiert. Also Mo, nicht der Hund. Keine Menschengruppen und keine Hobbys, die normalerweise mit Menschengruppen einhergehen. Na gut, was sagt die Bio?

»Natur- und Tierliebhaber. Wenn ich nicht gerade draußen mit meinem Vierbeiner unterwegs bin, genieße ich Quality Time mit einem guten Buch oder Film. Außerdem bevorzuge ich tiefgründige Gespräche – wenn du mich kennenlernen willst, dann stell mir am besten eine gute Frage.«

Auf den ersten Blick liest sich einiges daran ganz gut: Mo hat anscheinend wenig Lust auf Smalltalk. Er muss nicht jedes Wochenende die Sau rauslassen. Seine Interessen sind eher nach innen gerichtet. Zusammengefasst: Er könnte ebenfalls introvertiert sein. Aber was ist, wenn es bei ihm genauso extrem wie bei mir ausfällt? Wer bestellt dann, wenn wir Essen gehen? Wer antwortet, wenn uns jemand nach dem Weg fragt? Wer übernimmt den Smalltalk auf Partys? Na gut, welche Partys? Aber die übrigen Punkte sind trotzdem ein Problem. Ganz abgesehen von der passiv-aggressiven Aufforderung, ihm eine gute Frage zu stellen, kommen mir Zweifel, ob es mit uns beiden funktionieren würde. Wie sähe unser Alltag aus? Der eine bleibt meistens zu Hause und der andere – auch? Und ehe ich mir der Entscheidung wirklich bewusst werde, hat der Daumen bereits sein übliches Manöver ausgeführt. Ciao, Mo.

Ich weiß, was du denkst: »Der kann man es aber auch einfach nicht recht machen! Wenn sie weder Intro noch Extro will, wen will sie dann?« Ganz einfach: einen überdurchschnittlich attraktiven Milliardär. Leider lassen die Dating-App-Filter da keine zielgenaue Suche zu. Womöglich habe ich mich damals etwas reingesteigert. Auf Basis eines Dating-Profils erschließen zu wollen, wo die jeweilige Person auf der Intro-Extro-Skala liegt? Schwierig. Würde ich es trotzdem wieder so machen? Möglicherweise schon. Wählerisch zu sein hat auch Vorteile. Zum Beispiel sage ich dann nur Personen, die mir wirklich richtig gut gefallen, spontan ab.

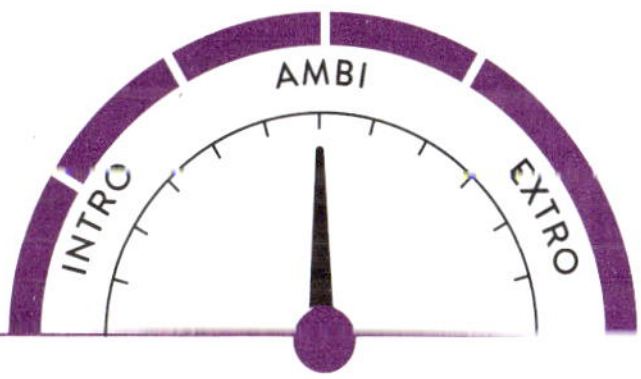

DER AMBI

Was machst du da, Saskia? Du wolltest doch neue Bekanntschaften knüpfen – das klappt nur, wenn du dich darauf einlässt. Wo bleibt dein Sinn fürs Abenteuer? Na los, das nächste Profil wird geliked. Ganz egal, wer die Person ist.

Ich richte meinen Blick wieder aufs Handy und höre förmlich, wie das Universum mich auslacht. Niklas, 25, ein junger Mann mit Brille, der – so kurz nach unserer Trennung schon Dating-Apps benutzt?! Was denkt der sich? Arschloch. Swipe nach links. *Jetzt aber, Saskia, jetzt wird geliked.*

DAVE, 26, präsentiert sich mit einem dieser Achterbahn-Fotos, die während der Fahrt an einer meist besonders vorteilhaften Stelle geschossen und anschließend für einen lächerlich hohen Preis verkauft werden. Damit man erkennt, welcher der vier lachenden Typen er ist, hat er sich selbst rot eingekreist: Er ist einer der vier lachenden Typen. Auf dem nächsten Bild steht er vor der Akropolis – mit durchgeschwitztem T-Shirt und einem leichten Sonnenbrand auf Nase und Wangen. Um eine perfekte Außendarstellung geht es ihm also nicht. Das dritte und letzte Bild ist ein digital gezeichnetes Porträt mit bunter Cartoon-Ästhetik. In der unteren Ecke steht der Name des Künstlers: Dave. Er hat also eine kreative Ader.

In seiner Bio erfahre ich, dass er Grafikdesign studiert. Wenigstens hin und wieder Zeit allein zu verbringen dürfte für ihn also kein Problem sein. Außerdem schreibt er, dass er zwar gerne Neues ausprobiert, aber nicht jedes Wochenende unterwegs ist und auch mal Ruhe genießt. Erst denke ich: Wow, wie originell. Dann denke ich: Na gut, bei mir ist es gerade genauso. (Obwohl »Neues ausprobieren« natürlich alles Mögliche heißen kann, aber wir werden uns schon einig, Dave.)

Wir erinnern uns, dass viele Menschen recht mittig auf der Intro-Extro-Skala liegen. Diese ausgeglichene Position bezeichnet man landläufig als »ambivertiert«. Ich habe Dave beziehungsweise den Inhalt seiner Bio als ambivertiert eingeschätzt. Zwar wollte ich es vermeiden, die vorgeschlagenen Profile einer genauen Position auf der Skala zuzuordnen. (Nein, hier kommt kein »Aber«.) Zurück zu Dave.

Damit ist die Sache besiegelt. Ich swipe nach rechts und – es passiert nichts. *KEIN MATCH?!* Da schraube ich meine Ansprüche schon runter, überwinde mich und dann so etwas. Dave hat mich nicht verdient. Niemand hat mich verdient.

Am oberen Bildschirmrand erscheint ein Pop-up: Du hast ein neues Match mit Dave. *Glück gehabt.*

DATE MIT DAVE

Eine Woche später. Ich gehe in meiner Wohnung auf und ab. Im Wohnzimmer denke ich noch, Augen zu und durch. In der

Küche überlege ich, welche Ausrede in Frage käme: »Meine Oma hat unerwartet Durchfall bekommen, und ich muss auf sie aufpassen?« Im Flur hoffe ich, dass er mir die Mühe abnimmt und die Absage stattdessen von ihm kommt. Autounfall oder so was. Mein Handy vibriert. Eine Nachricht von Dave, sie wird in meiner Benachrichtigungsleiste nur unvollständig angezeigt: »Hey Saskia, tut mir wirklich leid, aber ich …« *Oha, sagt er etwa ab? So kurzfristig? Arsch!* Ich öffne die Nachricht. »… aber ich komme leider ein paar Minuten später. Freue mich schon!« *Warum? Warum sagt er nicht einfach ab? Arsch!* »Kein Problem. Ich freue mich auch«, tippe ich in mein Handy. *Bin ich bescheuert? Jetzt gibt es kein Zurück mehr!* Noch ein Blick auf die Uhr. 16:54 Uhr. Um 17:30 Uhr treffen wir uns am Eingang des Parks. Er wird sich zwar verspäten, aber vor lauter Aufschieberitis habe ich meinen eigenen Zeitplan ebenfalls aus den Augen verloren. Verdammt! Ich schnappe mir Jacke und Tasche und bin aus der Tür.

Um 17:27 Uhr stehe ich am abgemachten Treffpunkt. Der Nordeingang, direkt am großen Brunnenplatz, den einige Bistros und Eiscafés umgeben. Nervös halte ich Ausschau nach Dave. Und suche nach einem Fluchtweg, nur für den Fall, dass – *nein, das mache ich nicht!* Ich bin schließlich nicht der Typ Mensch, der vor einem Date wegrennt. *Oh, Moment mal, doch, genau der bin ich.* Um 17:33 Uhr überprüfe ich zum tausendsten Mal, ob nicht doch noch eine Absage von Dave kam – natürlich ist da nichts. Hätte ich ihm verraten, dass ich eine verunsicherte und kontaktscheue Introvertierte bin, dann hätte er bestimmt abgesagt. Und ich könnte mein Glück in einer Höhle suchen. Um 17:34 Uhr eine Nachricht: »Bin gleich da! :)« Was heißt gleich? Eine Minute? Zwei? Fünf? Wird die Zeit genügen, um meine Aufregung wegzuatmen? Einatmen. Ausatmen. Ein. Aus. Ein. Aus. Ein. Ein. Ein. Aus. Aus. *Fuck. Ich habe verlernt zu atmen.*

Um 17:36 Uhr sehe ich ihn von der anderen Seite des Parks auf mich zukommen. Wieso haben wir uns an diesem Eingang verabredet, wenn er dafür die komplette Anlage durchqueren muss? Soll ich ihm entgegenkommen? Was, wenn er es doch nicht ist? *Verdammte Scheiße, warum bin ich nur kurzsichtig?* Oder warte ich einfach hier und tue so, als hätte ich ihn nicht gesehen? Rastlos trete ich auf der Stelle, wippe von links nach rechts. Aus dieser Entfernung könnte er mich auch mit einem aufgescheuchten Huhn verwechseln. Als noch rund fünfzig Meter zwischen uns liegen, entscheide ich mich, ihm entgegenzulaufen. Das sind die längsten fünfzig Meter meines Lebens. Ich sehe ihn. Er sieht mich. Wir sehen uns an. In der gesamten Menschheitsgeschichte gab es noch nie einen Moment, in dem sich zwei Menschen so intensiv angestarrt haben. Ich zwinge mich zu einem Lächeln, das wahrscheinlich mehr nach Verstopfung als nach Freude aussieht.

»Hey, Saskia, freut mich. Sorry nochmal für die Verspätung, stand im Stau.« Er umarmt mich so kräftig, dass mir kurz die Luft wegbleibt. Eigentlich bevorzuge ich Begrüßungen ohne Erstickungsrisiko. Aber das ist immerhin besser als mein Rumhecheln vorher. Einatmen. Ausatmen. Tod.

»Hi. Kein Problem. Ich warte auch erst seit einer Minute.« *Und mit einer meine ich zehn. Und mit zehn meine ich, sie fühlten sich an wie hundert.*

»Ich habe da vorne eine leere Parkbank gesehen, die so schön in der Sonne steht. Ich würde sagen, wir setzen uns dort hin.«

Dave, ich danke dir für diesen Vorschlag. Ich danke dir, dass du mir diese Entscheidung abnimmst. »Klingt super.«

»Oder wollen wir uns vorher noch ein Eis holen? Hast du Lust auf Eis?«

Dave, du kleiner nichtsnutziger Nichtsnutz. Was du eigentlich hättest sagen sollen, ist: »Wir holen uns vorher aber noch ein Eis, denn ich treffe diese Entscheidung für uns beide, um dich vor jeder schwierigen sozialen Situation zu bewahren.«

Was sage ich? Ja? Nein? Habe ich überhaupt Lust auf Eis? Vielleicht will er unbedingt Eis, dann wäre es doof, wenn ich

Nein sage. Vielleicht wollte er aber auch nur nett sein, dann wäre es doof, wenn ich Ja sage. Wird gleich diese unangenehme Situation entstehen, in der er mich einladen will, ich es aber aus Emanzipationsgründen ablehne und wir dann vor dem Eisverkäufer diskutieren, anfangen zu streiten und uns schließlich prügeln?

»Klingt super.« *Na, immerhin beweise ich, dass mein Wortschatz ganze zwei Wörter hergibt.* Nervennahrung kann jedenfalls nicht schaden. Wir erreichen den nah gelegenen Eisladen *Scoop'n'Smile*, und noch bevor wir bestellen, teilt Dave mir mit: »Ich lade dich natürlich ein.« Er lächelt mich an.

»Wer wäre ich, mir ein kostenloses Eis entgehen zu lassen?« Ich lache. Er grinst (verwirrt). *›Danke.‹ Das heißt ›Danke‹. Was ist nur los mit mir?* Die schier endlose Auswahl an Eissorten überfordert mich. Von den Klassikern Vanille und Schokolade bis hin zu ausgefallenen Kreationen wie Avocado-Limette und Lakritz-Himbeere. *Dave wusste anscheinend von meiner geheimen Lieblingsaktivität bei ersten Dates: Entscheidungen treffen.*

»Weißt du schon, was du willst?« Er deutet auf die drei Meter breite Theke, hinter der uns eine junge Bedienung erwartungsvoll anlächelt. Erwartungsvoll, oder wie ich sage: auffordernd, ungeduldig und frech.

»Ich denke, ich bleibe beim Altbewährten und nehme eine Kugel Schokolade. Für die interessanteren Kreationen bin ich nicht mutig genug.« Ich lache wieder. Er grinst (selbstsicher), dreht sich zur Bedienung und deutet auf mich. »Für sie bitte eine Kugel Schokolade und für mich drei Kugeln: Mango-Chili, Sesam und Matcha-Latte.« *Irre. Wäre ich eine Person, die bei ersten Dates küsst, wäre der Zug hiermit abgefahren. Zu meinem Glück bin ich nicht einmal eine Person, die bei ersten Dates mehr als drei Sätze sagt.*

Mit dem Eis machen wir uns auf den Weg zurück und lassen uns auf der immer noch freien Bank nieder. Dave schwärmt von seinem Geschmacksexperiment, als wäre es das achte

Weltwunder. Sein Eis schlabbernd, fragt er mich: »In deiner Bio stand, dass du Studentin bist. Was studierst du denn?«

»BWL.« *Kurz und knapp und gut. Alle Informationen, die er braucht. Ich liebe Informationen vor allem, da sie selten etwas mit Entscheidungen zu tun haben.*

»Und gefällt es dir?«

»Ja.«

»Verstehe.« Dave grinst (verschmitzt). »Kennst du das, wenn die andere Person beim ersten Date einfach nicht aufhört zu reden?«

Wow, er ist ehrlich und sarkastisch – das gibt Pluspunkte. Und wow, ich bin wirklich wortkarg – das gibt Material für Akten-Saskia.

»Sorry.«

»Schon gut. Aber vielleicht fällt deine Antwort auf die Frage, was du später mal damit machen willst, ja ausführlicher als ›keine Ahnung‹ aus?«

Verdammt. »Keine Ahnung« wäre genau die Antwort gewesen, die ich geben wollte.

»Tja, das ist eine gute Frage. Da bin ich mir noch nicht so sicher. Tatsächlich war das BWL-Studium eine recht spontane Entscheidung. Ich wusste nach dem Abi nicht einmal ansatzweise, was ich machen soll, und habe ein freiwilliges soziales Jahr zur Orientierung genutzt. Danach war ich der Entscheidung, was meine berufliche Laufbahn angeht, allerdings immer noch keinen Schritt näher. Da kam mir BWL ganz gelegen. Ich meine, das studiert doch jeder, der nicht weiß, was er sonst machen soll, oder? Ha ha ha.« *STOP. KOMM ZUM PUNKT.* »Was ich eigentlich sagen will, ist: BWL ist solide. Immer noch besser, als gar nichts zu tun. Und jetzt stecke ich mittendrin. Natürlich frage ich mich manchmal, ob das wirklich das Richtige für mich ist, aber ich weiß auch nicht so recht, was die Alternative wäre. Na ja, jedenfalls ziehe ich das jetzt durch.« *Wieso erzähle ich ihm nicht auch direkt von meinen schlimmsten*

Ängsten? »Hey, manchmal liege ich nachts wach und bekomme vor lauter Perspektivlosigkeit eine Panikattacke, ha ha, du auch?«

»Ehm ja, das klingt ... verzwickt.«

DIE SACHE MIT DER AUFREGUNG

Keine Sorge, wir kommen noch dazu, wie das Date ausging. Und bis hierhin lief es doch ganz gut. Bis auf die Dinge, die nicht so gut liefen. Natürlich habe ich das mit Akten-Saskia im Nachgang alles bis ins kleinste Detail durchgesprochen. Freiwillig (Akten-Saskia hat mich gebeten, das zu betonen).

Am besten fangen wir vorne an: die Sache mit der Aufregung. Aufregung lässt sich üblicherweise in zwei Kategorien einteilen: positiv und negativ. Die positive Aufregung – oder wie man im Volksmund sagt: die Vorfreude – auf eine potenziell romantische Begegnung kennst du sicher. Man hofft darauf, jemanden kennenzulernen, der interessant, bestenfalls attraktiv und kompatibel ist. Diese Vorfreude hält bei mir in der Regel schlappe drei Minuten an und geht dann in Vorangst beziehungsweise Vorunsicherheit über. Da kommt die negative Aufregung ins Spiel. Man macht sich Gedanken darüber, ob man interessant wirken, sich angemessen verhalten und das Date gut verlaufen wird. Das kennen natürlich sowohl Intros als auch Extros. Aber bei mir kommen eben noch die Auswirkungen der Introversion hinzu. Eine fremde Person zu treffen, die das eigene Leben entweder auf den Kopf stellt oder doch nur wertvolle Lebenszeit klaut, ist beängstigend. Ein Date ist der am weitesten entfernte Punkt meiner Komfortzone. Ein Sprung ins kalte Wasser. Von einem Dreißig-Meter-Turm. Und das Wasser ist mit einer zehn Zentimeter dicken Eisschicht überzogen. Aber hey, für eine potenziell romantische Begegnung bricht man sich doch gerne das Genick. Ich frage mich ernsthaft, wie wir Intros es überhaupt schaffen, nicht als Singles zu verwahrlosen und uns mit fünfzig Jahren die elfte Katze zuzulegen. Vielleicht ist am Mythos von der Einsiedlerin ja doch etwas dran. (Ist es nicht.)

Falls du dachtest, hier kommt jetzt noch der ultimative Tipp, wie man mit dieser ätzenden Aufregung besser umgehen kann, muss ich dich leider enttäuschen. Ich wollte nur darstellen, wie schlimm sich das anfühlt. Wahrscheinlich ist das auch der Grund, warum die Jetzt-Saskia mittlerweile in einer langjährigen Beziehung steckt. Nicht nur weil diese Beziehung so gut läuft (obwohl sie das tut), sondern weil ich keinen Bock auf noch so einen Spießrutenlauf lästiger und nervenaufreibender Aufregung habe. Es hat lang genug gedauert, meinen jetzigen Partner zu einer engen Bezugsperson werden zu lassen. Ich brauche als Introvertierte eben etwas Extra-Zeit, um mit einer Person wirklich warm zu werden. Zudem kosten diese ersten Dates wegen meiner Aufregung und Nervosität viel mehr Energie meiner sozialen Batterie. Beim Date mit Dave war mein Akku beispielsweise bereits vor dem Treffen um gute fünfzig Prozent verbraucht. Es besteht dann immer die Gefahr, dass der Akku sich während des Dates – vielleicht auch schon direkt zu Beginn – vollständig leert. Wenn sich aus den ersten Treffen mehr ergibt und der Date-Gegner zu einer Bezugsperson heranwächst, steigt aber die Chance, dass sich der Akku in seiner Anwesenheit zunehmend langsamer entlädt (hierzu mehr im nächsten Kapitel).

DIE SACHE MIT DEN ENTSCHEIDUNGEN

Menschen tun sich mit Entscheidungen oft schwer, weil sie mit der Fülle an Optionen überfordert sind oder befürchten, die falsche Wahl zu treffen. Das hat neben anderen Gründen wohl auch damit zu tun, den Erwartungen anderer Menschen gerecht werden zu wollen. Zum Glück bin ich nicht so. Ha ha ha. Na gut, vielleicht muss auch ich mir eingestehen, Züge eines People Pleasers zu haben.

PEOPLE PLEASER, DER

WORTART: *Namenwort*

AUSSPRACHE: *piepl plieser*

BEDEUTUNG: *eine Person, die es allen recht machen möchte und die eigenen Bedürfnisse und Wünsche hintenanstellt*

SYNONYME: *dumm, sei kein People Pleaser*

Entscheidungen sind ein undurchdringliches Dickicht an Möglichkeiten – und hinter jeder Ecke lauert der hungrige Feind namens »Angst vor Fehlern«. Man könnte ja eine Option wählen, die nicht allen gefällt, und was passiert dann? Richtig, die Welt geht unter. Ich erwähnte bereits, wie wichtig es ist, seinen eigenen Bedürfnissen nachzukommen. Klar, manchmal sollten auch Kompromisse drin sein, die Bedürfnisse der anderen sollen ja ebenfalls Berücksichtigung finden. Es ist daher nicht so, dass Daves Eis-Vorschlag schlecht war. Es war schlecht, dass ich mir den Kopf darüber zerbrochen habe, was er von meiner Antwort halten könnte. Was hätte im schlimmsten Fall passieren können, wenn ich direkt auf mein Bauchgefühl gehört und Ja gesagt hätte? Dass er sich daraufhin eine fragwürdige Kombination an komischen Eissorten bestellt? Oh nein, wie furchteinflößend. Mein Tipp: Wenn man dich fragt, was du gerne essen möchtest, dann hör auf dein Bauchgefühl und gib die Antwort, die jeder gerne hört. »Ich weiß es nicht.« Das schmeckt doch am besten.

DIE SACHE MIT »PASSEN INTROS UND EXTROS ZUSAMMEN?«

Die Antwort ist einfach: Ja. Der Schlüssel ist: Kommunikation. Das Schloss ist: kein Teil dieser Metapher.

Die schlechte Nachricht: Wenn du möchtest, dass eine bestimmte Person oder dein Umfeld generell Rücksicht auf deine Bedürfnisse nimmt, musst du sie äußern. Ja, von allein. Die gute Nachricht: Das ist jedoch nicht davon abhängig, ob du als introvertierte Person mit einer extro- oder introvertierten Person zusammen bist – und umgekehrt. Alle Kombinationen sind möglich: Intro/Intro, Intro/Extro, Extro/Intro (das ist das Gleiche), Extro/Extro. Man muss sich nur dessen bewusstwerden, dass in einer Beziehung (Freundschaften, Familien und so weiter) unterschiedliche Interessen, Wünsche und Bedürfnisse aufkommen. Entscheidend sind gegenseitiges Verständnis und Kompromissbereitschaft. Es kann beispielsweise auch vorkommen, dass die Bedürfnisse von zwei introvertierten Personen in einer Beziehung völlig unterschiedlich ausfallen. Was ich damit sagen möchte: Redet miteinander. So wie ich und Dave es letztendlich auch getan haben. Meine Übergänge sind spitze, danke, ich weiß.

EIN ENDE MIT SCHRECKEN

Nach zweieinhalb überraschend schönen Stunden im Park nähert sich das Date seinem wohlverdienten Ende. Dave hat schon zweimal auf sein Handy geschaut, ich habe einmal gegähnt (nicht aus Langeweile), die Heimreise war bereits Gesprächsthema. Wir tasten uns an die Verabschiedung heran. Das trifft sich gut, denn auch mein Akkustand geht zur Neige – das passiert selbst bei den besten Dates.

»Hör mal, eine Sache noch.«

Er fährt sich durch sein dichtes Haar.

»Ich fand es heute wirklich schön …«

Aber? Wieso ein Aber? Ich fand's auch schön, Dave, es gibt keinen Grund für ein Aber!

»Aber du musst noch etwas wissen«, fährt er fort.

»Okay, wie viele Frauen hast du umgebracht?«

Er lacht. »Keine. Also keine, von denen ich erzählen will. Das ist ein Thema fürs dritte Date.«

Was ist es dann, Dave? Na los, spuck's aus.

»Ich hab' eine feste Freundin.« *Was?!* Er zuckt mit den Achseln, so als wäre es keine große Sache. »Aber sie muss hiervon ja nichts wissen. Ich bin da etwas lockerer.«

Lockerer als wer? Als sie? Auf jeden Fall lockerer als ich!

»Okay, du siehst so aus, als wäre das ein Problem.«

Nein, nein, wieso sollte es ein Problem sein, deine Untreue aktiv zu unterstützen? Was willst du beim zweiten Date von mir? Gemeinsam eine Bank überfallen?

»Ehm … also ehrlich gesagt, ist das nicht so mein Ding.«

»Oh.« Dave sieht ehrlich enttäuscht aus. Er muss doch damit gerechnet haben, dass ich so reagieren könnte. Oder? *ODER?* »Ich hätte eigentlich gedacht, dass du nicht so prüde bist.«

Ich werfe einen Blick auf mein Handy. »Mein Bus kommt jetzt, also … Tschüss.« Noch bevor ich an der Haltestelle angekommen bin, habe ich seine Nummer gelöscht und ihn überall blockiert.

Zurück auf meiner Couch finde ich immer noch keine Antwort auf die uralte Frage, die sich Frauen sicher schon seit Anbeginn der Menschheit stellen: Wie kann er so ein Arschloch sein? Um die Enttäuschung schnell zu verarbeiten, setze ich auf ein bewährtes Hausmittel: TikTok. Beim Scrollen durch den Feed erscheint ein Pop-up. Eine Nachricht von einem Arbeitskollegen. »Hi Saskia, ich wollte dich eigentlich schon länger fragen, nur nach deiner Trennung von Niklas auch nicht unsensibel sein, aber … hättest du Lust, dich mal mit mir auf einen Kaffee oder ein Eis zu treffen?«

Ich antworte: »Welche Eissorte würdest du nehmen? Mango-Chili, Sesam oder Ich-betrüge-meine-Freundin?«

»Klingt zwar alles verlockend, aber geht auch Schokolade?«

»Okay, wann hast du Zeit?«

INFOBOX

WAS WIR GELERNT HABEN

Dating-Apps haben vielleicht einen zweifelhaften Ruf, aber sie bieten trotzdem einen niedrigschwelligen Weg, um neue Leute beziehungsweise einen potenziellen Partner kennenzulernen. Und du kannst in deinem eigenen Tempo agieren, ohne dem Druck eines sofortigen persönlichen Treffens ausgesetzt zu sein.

Wenn du das Bedürfnis nach sozialen Kontakten oder einer neuen Liebe verspürst, dann gehe diesem am besten nach. Tust du das nicht, besteht die Gefahr, dass das Gefühl von Einsamkeit aufkommen kann. (Übrigens folgen später noch Tipps, wie man auch abgesehen von Online-Datings unter Leute kommen und neue Menschen kennenlernen kann.)

Akzeptiere, dass ein gewisses Maß an Aufregung vor einem Date völlig normal ist. Und wenn es dir doch zu viel wird, steht es dir immer frei, das Date auf einen anderen Tag zu verschieben.

Entscheidungen zu treffen kann einem schwerfallen. Es ist aber wichtig, um den eigenen Bedürfnissen gerecht zu werden. Vermeide es, dich zu sehr von den vermeintlichen Erwartungen anderer beeinflussen zu lassen. Höre lieber auf dein Bauchgefühl und suche nach Kompromissen. Deine eigenen Wünsche solltest du nicht immer hintenanstellen.

Ob die Person, die du datest, entweder intro- oder extrovertiert ist oder irgendwo dazwischenliegt, ist völlig egal. Es ist auch egal, wo du dich auf der Intro-Extro-Skala wiederfindest. Solange man eine vernünftige Ebene der Kommunikation findet und Verständnis für den jeweils anderen aufbringt, passen Intros sowohl zu Extros als auch zu Intros, und Extros sowohl zu Intros als auch zu Extros.

10
DIE VIER BEZIEHUNGS- PHASEN

»KAPITEL ZEHN.« Max und ich sitzen am Frühstückstisch und starten den Tag mit zu Schleim verkochtem Haferbrei.

»Jetzt soll es darum gehen, wie ich in einer Beziehung bin.«

»Genau wie dein Porridge«, sagt Max und würgt den nächsten Löffel runter.

»Also perfekt?«

»Kapitel zehn schon? Wow, wie die Zeit vergeht.«

»Lenk nicht ab. Wie bin ich so als Freundin?«

»Ein liebenswürdiger und –«

»Makelloser Engel? Das ist aber lieb von dir!«

»Ich wollte eigentlich *introvertierter Freak* sagen, aber deins ist besser.«

»Dann sind wir uns ja einig.«

Ich stelle meine noch halbvolle Schüssel zur Seite. »Vielleicht sollten wir als Erstes klären, ob du in diesem Kapitel überhaupt namentlich genannt werden möchtest.«

»Eigentlich nicht«, antwortet mein anonymer Co-Autor.

»Ernsthaft?«

»Nö, ist mir eigentlich egal«, sagt Max.

»Cool, dann schlage ich vor, wir machen das so: Du beschreibst aus deiner Perspektive, wie toll es ist, mit mir zusammen zu sein.«

»Aber nur, wenn du mir ausnahmslos alles durchgehen lässt.« »Auf gar keinen Fall. Wenn du Blödsinn erzählst, dann mache ich ...«[1]

»Was?«, fragt Max verwirrt.

»Ach nix, kannst du dann ja nachlesen. Viel Spaß beim Schreiben.«

---

1 »... Fußnoten und korrigiere das.«

Zuerst das Wichtigste: Dieser Abschnitt gehört mir und mir allein, weshalb ich auf den kommenden Seiten drei gut gehütete *Secret Facts* über Saskia verraten[2] werde – und niemand kann etwas dagegen tun (außer Saskia, unsere Lektorin, der Verlag und die Justiz).

Dann das Zweitwichtigste: Auf der Intro-Extro-Skala sehe ich mich bei keinem der beiden Extreme, sondern liege wohl relativ mittig – also ein Ambi mit leichter Prägung Richtung Intro. Geselliges Zusammensein ermüdet mich zwar nicht besonders, aber regelmäßige Zeit für mich allein ist schon ein Segen. Es ist allerdings – wie gesagt – nur eine leichte Tendenz.[3]

Saskias Zusage, sich mit mir auf einen Kaffee oder Eis zu treffen, regte bei mir also keine Gedanken darüber an, ob (und wann) sich mein sozialer Akku entleeren wird. Richtig, ich bin der Arbeitskollege vom Ende des letzten Kapitels. Und hätte ich damals schon gewusst, dass ich eines Tages dieses Buch mit ihr schreiben würde, hätte ich mir in den vergangenen Jahren auf jeden Fall mehr Notizen gemacht.

Ich erinnere mich, dass ich Saskia bei unseren ersten Dates als eher zurückhaltend wahrnahm. Schüchtern trifft es nicht ganz, wie die folgende Geschichte zeigt:

Beim ersten Treffen gingen wir, wie verabredet, Eis essen.[4] Wir bestellten nacheinander, und Saskia überreichte der Bedienung direkt das Geld für ihr Hörnchen. Die überaus taktvolle Frau sagte daraufhin: »Ach, ich dachte, ihr zahlt zusammen.«

2 Der Mann ist mutig. Warten wir mal ab.

3 Okay, das waren jetzt sechs Zeilen, in denen es *nicht* um mich geht. Reicht dann auch. Ich will jetzt wissen, was die *Secret Facts* sind!

4 Wir wählten beide eine normale Sorte.

Saskias Antwort: »Ich auch.«[5] Wie es zu einem zweiten Date kam, nachdem ich im Boden versunken und tagelang nicht auffindbar war, weiß ich nicht mehr.

Schüchtern war sie also nicht, aber häufig kam sie mir zurückhaltend vor, teilweise geradezu verschlossen. Es lag nicht nur an ihren oftmals eher kürzeren Gesprächsbeiträgen, sondern auch an ihrer geringeren Bereitschaft, etwas über sich zu erzählen. Oberflächlicher Smalltalk lief schnell ins Leere. Saskia ließ sich einfach nicht in die Karten schauen. Nach jedem Date dachte ich: Die hat kein Interesse an mir. Aber aus irgendeinem Grund vereinbarten wir trotzdem immer weitere Treffen und dann führte eins zum anderen ... und ich fand mich schließlich in einer Beziehung mit dieser Person wieder, die kein Interesse an mir hatte.[6]

SASKIA 1 SECRET FACT

PHASE 2: DIE ZWIEBEL

Kommen wir zum ersten gut gehüteten *Secret-Fact*: Saskia liebt »Gute Zeiten, schlechte Zeiten« und schaut es seit bald zehn Jahren ohne Unterbrechung.[7] Jede Woche erscheinen fünf Folgen, es ist für sie also seit Ewigkeiten ein alltägliches Thema. Erfahren habe ich von dieser Leidenschaft erst nach einigen Monaten.

Natürlich gab und gibt es wichtigere Dinge in ihrem Leben als diese Serie. (Zum Beispiel mich – wehe hier kommt eine Fußnote!)[8] Trotzdem war die »Enthüllung« für mich eine klei-

5 Fand ich den Spruch damals lustig? Ja. Würde ich ihn wieder machen? Ja.

6 Diese Formulierung klingt zum Glück super gesund und überhaupt nicht problematisch.

7 LÜGE!!! Es gab zwischendurch mal eine Unterbrechung von ungefähr einem halben Jahr. Danach bin ich der Sucht jedoch wieder verfallen.

8 Spaß.

ne bis mittelgroße Überraschung, da ich zu diesem Zeitpunkt bereits annahm, ihre Interessen zu kennen. Zu einem gewissen Grad sind solche Momente auch nach der Anfangsphase sicher normal – aber im Vergleich zu diesem Typ Mensch, von dem man nach dem ersten Kennenlernen bereits die halbe bis ganze Lebensgeschichte weiß, war Saskia zu Beginn quasi das Gegenteil. Die oft bemühte Metapher einer Zwiebel als Bild für menschliche Persönlichkeiten passt allerdings trotzdem nicht ganz, da der Einstieg in tiefgreifende Themen wiederum recht leichtfiel. Es war, als hätten wir die äußeren Schalen einfach übersprungen. Während ich also längst über ihre problematischen Gefühle gegenüber dem BWL-Studium und manchen Zukunftswünschen Bescheid wusste, waren diese »GZSZ«-Momente immer wieder kleine Überraschungen. Dadurch, dass sich die zu Beginn unserer Datephase übersprungenen Smalltalk-Themen[9] erst später den Weg an die Oberfläche bahnten, gewannen sie für mich zudem ungemein an Wert. »Oh mein Gott, ich weiß jetzt endlich Saskias Lieblingsfarbe,[10] sie öffnet sich wirklich komplett.«

Während wir auf diese umgekehrte Art immer vertrauter miteinander wurden, offenbarte Saskia außerdem neue Wesenszüge, die ich vorher noch nicht einmal hätte erahnen können. Die eher zurückhaltende und fast verschlossene Königin knapper Antworten entpuppte sich zum Beispiel als Profi in Neckereien. Die anfängliche Angst, sie habe womöglich gar kein Interesse an mir, war spätestens damit Geschichte. Sie öffnete sich mehr und mehr, und plötzlich lernte ich eine sehr

9 Was nicht heißt, dass wir unmittelbar in die tieferen Themen eingetaucht sind. Nein, es gab auch viele Momente der peinlichen Stille und des Vor-Sich-Hin-Schweigens.

10 Ich habe Max im Nachhinein gefragt, was meine Lieblingsfarbe ist. Seine Antwort: »Gelb? Ne, Rot. Rosa? Vielleicht Schwarz? Oder Mintgrün? Oder war es Lila?« Die Wahrheit ist: Ich hab' keine Lieblingsfarbe.

viel lebhaftere Seite an ihr kennen. Und lieben. Fast vergessen. Lieben lernte ich diese Seite natürlich auch.[11]

PHASE 3: GEBRÜLL UND GESANG

Wer Saskias Content auf Social Media kennt, der weiß, dass sie[12] laut werden kann. Nach einigen Jahren Beziehung und über einem Jahr in geteiltem Wohnraum kann ich bestätigen: Nach ihrem Witz sind Gebrüll und Gesang Saskias zweitgrößte Talente. Niemand ist darin besser als sie – und das meine ich als Kompliment. (Ich schwöre.)

Je mehr Zeit wir miteinander verbrachten, desto größere Diskrepanzen erkannte ich zwischen unserer vertrauten Zweisamkeit und ihrem Auftreten in sozialen Settings. Auf Partys hält sie sich zurück, steht nicht im Mittelpunkt, hört eher zu, statt zu jedem Gespräch etwas beizutragen. An einem entspannten Wochenende zu Hause gibt sie auch mal aus dem Nichts ein lautstarkes Rolf-Zuckowski-Medley zum Besten. Das ist der zweite gut gehütete *Secret-Fact*: Bei guter Laune in sicherem Setting singt (oder brüllt) Saskia Kinderlieder durch die Wohnung. Ihre absolute Top 3:

- Guten Tag, ich bin der Nikolaus
- Du da im Radio
- Theo, mach mir ein Bananenbrot[13]

SASKIA 2 SECRET FACT

11 Und das hat er sogar geschrieben, OHNE dass ich ihn dazu zwingen musste.

12 ... extrem witzig ist.

13 Okay, ich merke, dass unsere Ansichten hier doch stark voneinander abweichen und Max mich sehr verzerrt darstellt. Das möchte ich kurz richtigstellen: Selbstverständlich ist *Theo, mach mir ein Bananenbrot* auf Platz zwei und *Du da im Radio* auf Platz drei!

Es hat aber, wie gesagt, sehr lange gedauert, um die Phase des »Gebrüllgesangs« zu erreichen. Inzwischen gehört das – und vieles andere – aber zu den Routinen des Alltags.

PHASE 4: DIE ROUTINEN

Wenn Saskia mich bei einem Restaurantbesuch fragt, ob ich bezahle, dann liegt es nicht daran, dass sie mich für einen Gentleman hält. Wir laden uns zwar auch ab und zu gegenseitig ein, aber wenn Saskia die Rechnung übernimmt, überreicht sie mir das Geld und sagt: »Ich lade dich ein, aber du bezahlst.« Das Entscheidende ist der zwischenmenschliche Akt des Bezahlens inklusive der damit einhergehenden Konversation.[14] Natürlich gilt das nicht für hundert Prozent unserer gemeinsamen Unternehmungen, aber je nach Tagesform und Akkustand der sozialen Batterie kann ich ihr einen enormen Gefallen tun, indem ich solche alltäglichen sozialen Begegnungen für uns beide regle.

Gehen wir gemeinsam ins Kino, besorge meistens ich Popcorn und Getränke. Bestellen wir Essen bei einem Lieferservice, nehme in der Regel ich es an. Fragt uns auf der Straße jemand nach dem Weg, bin ich es, der nicht weiterhilft. Wie gesagt, nicht an allen Tagen – aber über die Jahre hat sich hier eine Routine eingespielt.[15]

Eine weitere Routine, die sich unabgesprochen in unseren Alltag eingeschlichen hat, ist das Zwei-Tage-Gesetz. Dieses Gesetz besagt, dass wir niemals an mehr als zwei aufeinander-

14 Wenn du eine unbezahlte Ganztagsbetreuung willst, dann such dir einen Freund, der weniger introvertiert ist als du. Max ist ein hervorragender Alltagsassistent. Aber leider schon vergeben, sorry.

15 Wir wollen aber nicht vergessen, dass ich Max umgekehrt auch im Alltag entlaste. Beispielsweise in der Küche, wenn ich wieder verkochten Haferbreischleim zubereite. Den mag er am liebsten.

folgenden Tagen eine Aktivität planen. Freitags Kino, samstags Besuch von Freunden = Sonntag bleibt frei. Aber manche Herausforderungen überfallen Saskia natürlich auch ungeplant, da hilft selbst das Zwei-Tage-Gesetz nur wenig: Tatsächlich kam und kommt es häufiger in meiner Anwesenheit zu Situationen, in denen sie auf offener Straße von Fans erkannt wird. Dieses ungeplante Aufeinandertreffen mit Fremden meistert sie natürlich stets professionell – nur weil sie ein introvertierter Freak ist, macht sie das ja noch lange nicht zu einer Soziopathin.[16] Aber es gibt auch Situationen, in denen ich ihre soziale Batterie förmlich leerlaufen sehe.

Einmal erkannte eine Gruppe Jugendlicher sie beim Besuch einer Attraktion in einem Freizeitpark. Wir waren bereits mehrere Stunden dort und hatten einige Male Schlange gestanden,[17] so dass Saskias soziale Batterie bereits angeschlagen war und … Moment, wo wir gerade bei Freizeitparks sind, kommen wir schnell noch zu dem dritten gut gehüteten *Secret-Fact*, den Saskia mir nie hätte anvertrauen dürfen: Als sie 19 Jahre alt war, hat sie einmal nach der Fahrt mit einem Kinderkarussell in das nächstgelegene Gebüsch gekotzt.[18] Und auch das hängt natürlich ganz eindeutig mit ihrer Introversion zusammen. Zurück zur Geschichte. Während wir noch auf unseren Plätzen saßen, sprachen die Fans sie an. Saskia agierte in Anbetracht ihres Akkustands souverän,[19] aber als der Ride vorbei war und ich aufstehen wollte, hielt sie mich mit einer

16 Der Mann weiß einfach, wie man Komplimente macht.

17 Es ist auch einfach eine Frechheit, dass sich an dem Tag, an dem ich im Freizeitpark bin, 30.000 andere Menschen auch dazu entscheiden, in denselben Freizeitpark zu gehen.

18 Nicht jede Attraktion, die wie ein Kinderkarussell aussieht, fühlt sich auch an wie ein Kinderkarussell.

19 Souverän, weil ich angeschnallt war und nicht wegrennen konnte.

Hand an meinem Arm und einem müden, aber eindringlichen Blick davon ab, direkt aufzustehen.

»Lass uns bitte noch kurz warten. Eigentlich würde ich ja gerne mit ihnen quatschen, aber mir fehlt die Kraft und da hätten die dann jetzt auch nichts von.«[20] Also warteten wir. Ein übermotivierter und ungeduldiger Angestellter des Parks forderte uns allerdings schon nach wenigen Sekunden auf, den Bereich zu verlassen, so als hätten Achterbahnen eine geregelte und enge Taktung. Die Fans waren jedenfalls weg. Ende gut, alles gut. Und die Moral dieser Geschichte ist, dass ich ein wunderbarer und stets unterstützender Freund bin und mich außerdem durch Bescheidenheit und –

GUTEN TAG, ICH BIN DER NIKOLAUS.

Hallo, ich bin's wieder. Saskia. Ich hoffe, du hast mich nicht zu sehr vermisst. (Doch, genau das hoffe ich.)

Eigentlich wären von Max jetzt noch drei Seiten Selbstlobeshymnen gekommen, aber die erspare ich uns, das Wichtigste hat er ja gesagt. Und eigentlich auch nichts vergessen – bis auf eine kurze Erwähnung des Umstands, dass ich ein liebenswürdiger und makelloser Engel bin. Wenn du eins aus diesem Kapitel mitnimmst, dann bitte das.

Die anfängliche Zurückhaltung – beziehungsweise was Max als solche interpretiert hat – kennen wir ja bereits aus meiner Perspektive. Smalltalk vermeide ich, so gut es geht – Overthinking leider nicht gut genug. Immerhin haben wir hier ein schönes Beispiel dafür, dass die Introversion auch anders als schüchtern interpretiert werden kann. Beispielsweise als Unnahbarkeit oder Interesselosigkeit. Das ist doch

20 Wir wollen ja nicht, dass ich plötzlich anfange zu heulen (Flashback: Sarinas Party).

gleich viel besser. So oder so braucht es eben Zeit, bis ich mit einer Person warm werde. Meine Smalltalk-Schwierigkeiten werden dann aber zunehmend irrelevanter, da ich Gesprächsthemen mit Substanz und Tiefe bevorzuge (und diese sich mit längerem und zunehmendem Kontakt häufiger anbieten). Das hört sich zwar ein wenig wie die Insta-Bio eines vierzehnjährigen Pick-me-Girls oder -Boys an, macht mich aber tatsächlich *nicht* interessanter, sondern erschwert eigentlich nur die Kennenlernphase. Aber die Geduld hat sich für Max und mich gelohnt. Schließlich wird er jetzt regelmäßig – und zu hundert Prozent freiwillig – Zuhörer meiner kleinen Kinderlieder-Konzerte.

Wenn ich in einer Beziehung wirklich angekommen bin und sich mein Partner zu einer vertrauten Bezugsperson entwickelt hat, verlangt das Miteinander meiner sozialen Batterie kaum noch Energie ab. Je nach aktueller Phase und gemeinsamer Aktivität (beispielsweise: Chillen) kann Zweisamkeit sogar energiesparend bis -fördernd wirken. Bis zu diesem Punkt ist es aber – und war es auch mit Max – ein recht langer Weg.

Max und ich wissen mittlerweile von den Bedürfnissen des jeweils anderen. Manchmal brauche ich Ruhe, manchmal braucht Max Ruhe, manchmal brauchen wir zusammen und manchmal getrennt voneinander Ruhe. Glücklicherweise sind Max und ich beide Vertreter einer beziehungsfördernden Technik namens »Reden«.

Dieses »Reden« habe ich bisher ja praktisch noch gar nicht erwähnt, bis auf die letzten siebenundvierzigmal: Kommunikation. Verständigung. Rücksichtnahme. Tatsächlich sehen wir in der Entwicklung, die Max beschreibt, wie sich das Äußern eigener Bedürfnisse und gegenseitige Rücksichtnahme in der Praxis auswirken kann. Er kennt die sozialen Herausforderungen, die sich mir an akkuschwachen Tagen stellen, nur, weil ich mich überwunden und ihm erklärt habe, was genau in mir vorgeht. (Dass ich ihn vorher an einen Stuhl gefesselt und ihn zum Zuhören gezwungen habe, hat wahrscheinlich auch geholfen.)

Natürlich ist jeder Mensch verschieden, und deshalb möchte ich hier keine Äpfel mit Birnen vergleichen. Aber eine Person, die zumindest versucht, meine introvertierten Wesenszüge zu verstehen und mich in herausfordernden Situationen zu unterstützen, eignet sich für eine langfristige Beziehung nun einmal besser als Prof. Dr. Dr. Extro-Ex.

Die Ruhepausen, die ich als Introvertierte brauche und auf die ich noch genauer eingehen werde, haben sich – wie Max bereits erwähnte – zu einem unausgesprochenen Zwei-Tage-Gesetz entwickelt. An (maximal) zwei aufeinanderfolgenden Tagen Aktivitäten planen und (mindestens) einen Tag Ruhepause einlegen. Ein simples, aber für Introvertierte sehr effektives Gesetz. Deshalb gibt es bei unserer gemeinsamen Wochenplanung oft Momente, in denen wir uns anschauen und uns per Kopfschütteln signalisieren: »Die Beerdigung am Samstag muss ganz eindeutig abgesagt werden. Zwei-Tage-Gesetz!«

Abschließend möchte ich noch einmal betonen, dass ich natürlich kein grenzenloses Verständnis für jedes meiner Bedürfnisse erwarte. Für alle an der Beziehung Beteiligten muss ausreichend Platz vorhanden sein, und auch Konflikte müssen ausgehalten werden. Solltest du ebenfalls ein Intro sein, dann nimm dieses Buch bitte nicht als Versprechen dafür, nach jeder Bedürfnisäußerung auf Verständnis zu stoßen. Unterschiedliche Persönlichkeiten erzeugen Konflikte – das ist normal. Und solltest du ein Extro sein, dann denk nicht, dass du dich in einer Beziehung/Freundschaft/Whatever immer hinten anstellen musst. Wenn beide Seiten offen kommunizieren und genauso offen zuhören, dann schafft man auch für beide Seiten Platz. Und falls sich das für dich so liest, als wäre ich im absoluten Zen-Modus und würde eine perfekte Beziehung führen, dann denk immer daran: GUTEN TAG, ICH BIN DER NIKOLAUS – GUTEN TAG – GUTEN TAG!

»Das Kapitel ist jetzt eigentlich fertig. Oder fehlt noch was?«, fragt Max beim Mittagessen desselben Tages.

»Wir haben erst eine Seite.«

»Verdammt.«

»Das Kapitel ist jetzt eigentlich fertig. Oder fehlt noch was?«, fragt Max beim Frühstück ein paar Tage später.

Um Unfälle zu vermeiden, haben wir uns heute für Toast entschieden.

»Müsste jetzt alles drin sein. Dein Part. Die Fußnoten. Mein Part«, bestätige ich.

Max will einen weiteren Bissen nehmen, hält dann inne.

»Aber wie bin ich denn eigentlich so als Freund?«

»Ein –«

»Liebenswerter und makelloser Engel?«

INFOBOX

WAS WIR GELERNT HABEN

Es kann in der Kennenlern- und Aufwärmphase bei Introvertierten wie mir ein bisschen dauern, bis Gespräche geschmeidig und unverkrampft über die Bühne gehen. Aber wenn gegenseitiges Interesse besteht und der sprichwörtliche Funke übergesprungen ist, kann es sich lohnen dranzubleiben.

Inzwischen solltest du die von mir empfohlenen Beziehungskeywords im Schlaf aufsagen können. Kommunikation, Verständnis, Rücksichtnahme. Das Gegenüber steckt genauso wenig in deinem Kopf wie umgekehrt. Aber wo zwei Wille (*was ist die Mehrzahl von Wille?!*) sind, gibt es auch zwei Wege, die allerdings parallel zueinander verlaufen oder sogar zusammenführen oder sich regelmäßig kreuzen. Du verstehst schon.

11
STAND-UP STATT START-UP

HEY SASKIA,

ich war gestern bei deinem Auftritt und muss dir einfach sagen, wie toll ich es fand. Ich verfolge dich schon länger, besonders deine Kochvideos und so. Ich habe mir übrigens auch die Podcasts angehört, in denen du über deine Introversion gesprochen hast. Hätte das vorher niemals von dir gedacht, es ist aber total interessant, was du so darüber erzählst. Auf der Bühne merkt man es dir jedenfalls gar nicht an, total beeindruckend. Mach bitte weiter so!

LG, ein Fan :)

Beim Lesen solcher Nachrichten wird mir natürlich zuallererst warm ums Herz – ja, jetzt kommt ein Aber: Aber es ist auch bemerkenswert, wie viele Rückmeldungen ich spezifisch zu meiner introvertierten Prägung bekomme, seit ich das erste Mal öffentlich darüber gesprochen habe.

Teilweise fällt mir der Umgang damit nicht leicht. Ich möchte nämlich nicht nur wegen dieses einen Merkmals in eine Schublade gesteckt werden – jeder Mensch ist mehr als nur das Label Intro- oder Extroversion. Ich zum Beispiel passe auch gut in die Schubladen: extrem hübsch, wahnsinnig talentiert, überdurchschnittlich intelligent und so weiter. (Bei meiner Abneigung vor Labels hätte ich mir das mit dem Buch aber vielleicht noch einmal überlegen sollen …)

Andererseits verstehe ich natürlich, dass viele Leute eben immer noch ein teilweise falsches oder zu einfaches Bild von Introvertierten haben (außer sie haben das Kapitel ➲ *MYTHEN UND FAKTEN* gelesen, dann sollte alles passen) – dieses Klischeebild erfülle ich als »Öffentlichkeits-Saskia« kaum, und das sorgt bei manchen sicher für Stirnrunzeln. Oder besser noch, für Kopfschmerzen.

Aber sogar mit dem richtigen Verständnis von Introversion erscheint Stand-up-Comedy auf den ersten Blick nicht unbedingt die naheliegendste Beschäftigung für eine Person wie mich. Besser wäre eine Tätigkeit mit reguliertem Menschenkontakt. Vielleicht Leuchtturmwärter. Oder Serienkiller. In jedem Fall gab es auf meinem Weg zur Stand-up-Künstlerin einige Hürden zu überwinden. Also reisen wir erneut zurück in die Vergangenheit, direkt ins Jahr 2019, und schauen uns an, wie alles begann. Hier müsst ihr euch jetzt einen Flashback-Effekt vorstellen: Die letzte Aufnahme wird unscharf, Farben verblassen, Konturen lösen sich auf und eine Szene aus früheren Zeiten überlagert das Bild.

NOCH ZWEI MONATE

Kurz vor Semesterstart schlage ich mich mit der obligatorischen Stundenplangestaltung herum. Ich klicke zwischen mehreren Tabs hin und her.

OPTION #1 – Master-Vorlesung: Bla-Bla-Analytics
OPTION #2 – Master-Vorlesung: 1, 2, 3 – KPI
OPTION #3 – Master-Vorlesung: Stakes & Shares – who cares?

Nachdem ich im BWL-Grundstudium bereits erfolgreich den B.o.L. (Bachelor of Langeweile) abschließen konnte, erhoffe ich mir vom Master, endlich von den karohemdtragenden Crypto-Bros aufgenommen zu werden. Vielleicht erfülle ich mir sogar einen Kindheitstraum und schaffe es bis zur karohemdtragenden Crypto-Hoe. Dabei waren meine Kommilitonen anfangs cool. Sind sie wahrscheinlich immer noch, aber ich sehe sie zu selten, um das mit Sicherheit sagen zu können. In den letzten Bachelor-Semestern ging es immer weiter auseinander – unterschiedliches Studientempo, unterschiedliche

Vertiefungsmodule, unterschiedliche Stundenpläne. Ich klicke weiter.

OPTION #4 – Master-Seminar: Chancen

OPTION #5 – Master-Seminar: Risiken

OPTION #6 – YouTube: Nightwash März '19

Ups, das war ein Tab zu weit. In den letzten Wochen lief bei mir ständig Stand-up-Comedy im Hintergrund, während ich mich mit dem Stundenplan und anderen Lebensentscheidungen herumquälte. So sorge ich für eine ausgeglichene Balance zwischen Lachen und Heulen. Ich lasse das Video laufen und schaue mir ein paar Minuten lang den Auftritt einer Künstlerin an, die vermutlich genauso alt ist wie ich. Und die bestimmt kein BWL studiert, dafür wirkt sie zu cool.

Die innere Blockade, die mich von der Ausarbeitung des Stundenplans abhält, hängt bestimmt auch mit meiner Planlosigkeit zusammen. Am Anfang des Studiums fragt man sich ja automatisch, ob man die richtige Entscheidung getroffen hat. Als ich mein Bachelorzeugnis im Briefkasten hatte, fragte ich mich das aber immer noch. Manche beschäftigen sich damit, wie es nach dem Abschluss weitergehen soll. Ich frage mich stattdessen: »Wie konnte es überhaupt bis zum Abschluss kommen? Warum bin ich nie falsch abgebogen?«

Und das ist nicht einmal das größte Problem. Ob nun BWL im Bachelor oder Master, ob nun dieses Studienfach oder ein anderes – ich brauche langsam mal *echte* Abwechslung. In Steuerlehre sitze ich neben einem Marc, in Geldwerttheorie neben einem Mark und in eBusiness zwischen Markus und Marco. Und alle vier verzichten auf dasselbe Deo. Ich brauche etwas Neues, das merke ich seit einiger Zeit immer schmerzlicher. Die Sehnsucht wird am schlimmsten, wenn ich mir anschaue, was für Kreaturen ein abgeschlossenes BWL-Studium inklusive Master hervorbringt. Start-up-Gründer. So will ich nicht enden. Kreative Pausen sind bitter nötig. *Dabei bin ich doch gar nicht kreativ.* Obwohl ... Auf meinen Lernmaterialien arbeite ich mit vier verschiedenfarbigen Stiften, außerdem Highlightsetzung durch Textmarker und verschnörkelten Überschriften.

Im Hintergrund läuft noch immer das Video. Es macht so viel Spaß, ihr zuzuhören, dass ich erneut vom Stundenplan ablasse. *Vielleicht ... nein, Saskia, das ist doch Blödsinn. Als ob du das könntest. Auf einer Bühne stehen ... vor Leuten! Und du bist noch nicht einmal lustig. Andererseits – die Leute, die von sich behaupten, lustig zu sein, sind's meistens erst recht nicht.*

Neuer Tab, Google: Wie macht man Stand-up? Fast vierhundert Millionen Ergebnisse. *Abfahrt.* Die nun folgende mehrstündige Recherche stellt natürlich noch keine verbindliche Entscheidung dar. Dass ich mich stundenlang damit beschäftige, bedeutet ja nicht, dass ich es durchziehen muss. Nur weil ich weiß, dass man sein erstes Comedy-Material zunächst bei einer Open-Mic-Veranstaltung ausprobiert, bin ich ja noch nicht dazu verpflichtet. Nur weil Köln, wo es viele *Open Mics* gibt, mit dem Zug schnell und gut erreichbar ist, sitze ich ja noch nicht im Regional-Express auf dem Weg zur Show. Und nur weil ich herausgefunden habe, wann (sonntagabends) und wo (eine Kneipe südlich vom Hauptbahnhof, zu Fuß fünfzehn Minuten) ein solches *Open Mic* stattfindet, bin ich nicht angemeldet (das macht man nämlich am selben Abend vor Ort). Aber wenn das alles der Fall wäre, rein hypothetisch – was würde ich dann überhaupt erzählen? Auf der Bühne stehend, das Mikrofon fest im Griff? Was habe ich schon zu sagen?

Anders als im Kapitel ➔ *DATING: DER INTRO, DER EXTRO UND DER AMBI* überkam mich hier der Sinn nach etwas Neuem nicht in Form von Jemand-Neuen-Kennenlernen, sondern in Form von Ein-neues-kreatives-Hobby-Ausprobieren. (Wahrscheinlich war ich damals einfach in einer sehr mutigen Grundstimmung. An einem anderen Tag hätte ich mich vermutlich fürs Häkeln entschieden.) Über den eher positiv konnotierten Mythos, Introvertierte seien kreativer als Extrovertierte, haben wir aus zwei Gründen bisher noch nicht gesprochen. Erstens: Weil ich glaube, dass dieses Stereotyp nicht so weit verbreitet ist wie die eher negativ besetzten Klischees (Schüchternheit, unsoziales Verhalten, Einsamkeit) und deshalb nicht so dringend geklärt werden musste. Zweitens: Weil ich die bittere Wahrheit so lange wie möglich hinauszögern wollte. In der Wissenschaft wurden bereits extro- als auch introvertierte Prägungen häufiger als Charaktermerkmale untersucht, die womöglich für einen sogenannten kreativen beziehungsweise künstlerischen Persönlichkeitstyp sprechen. Allerdings ist sich die Forschung hier bis heute uneinig. Abgesehen davon, wie man Kreativität überhaupt definiert (dieses Fass werde ich ganz sicher nicht aufmachen), bleibt also ungeklärt, ob Intro- oder Extroversion für die künstlerische Ader überhaupt eine Rolle spielt – und wenn ja, welche Prägung von Vorteil wäre.

Der Mythos erscheint natürlich naheliegend: Eine Person, die eher nach innen gekehrt ist und Energie aus reizarmen, dafür aber tiefgehenden sozialen Settings zieht – teilweise auch für sich allein –, sollte keine großen Schwierigkeiten mit dem abgeschotteten Dasein als Künstler haben (was bereits ein eigenes Stereotyp ist). Es gibt aber auch ein gutes Gegenargument: Wer wenig(er) erlebt, der hat auch wenig(er) zu verarbeiten. Kein Input = kein Output. (Also anders als im BWL-Studium. Da bekam ich viel Input und erzeuge bis heute keinen Output.)

Aus meiner Erfahrung kann ich dir eigentlich nur einen Tipp geben, egal ob du ein Intro, ein Extro oder – wie ich es ab sofort nennen werde – ein Dazwischo bist (okay nein, ich bleibe bei *Ambi*): Solltest du von dir selbst denken, du seist eigentlich nicht kreativ, aber tief in dir den Wunsch verspüren, eine künstlerische Beschäftigung auszuprobieren, dann tu es unbedingt! Es gibt für jede Kunstform – ob Zeichnen, Töpfern oder rhythmisches Rülpsen – hilfreiche Kreativtechniken, die jeder erlernen kann. (Zumindest laut dem Wikipedia-Eintrag *Kreativitätstechniken* mit einer Auflistung von 49 verschiedenen Methoden.) Manche Leute starten vielleicht mit etwas mehr oder weniger Talent, aber wenn ich als introvertierte BWL-Studentin meine kreative Ader entdecken konnte, dann kannst du das auch. Das Wichtige ist nämlich: Nicht nur Extros, sondern auch Intros können jederzeit Lust auf etwas Neues verspüren. Wir Intros tun das vielleicht seltener, aber wir sind trotzdem keine innerlich vertrockneten Einsiedler. Und die Lust auf Neues kann uns genauso furchtlos gegenüber der Gefahr des Scheiterns machen wie den mutigsten Extro. Ob sich das in meinem Fall auszahlte und wie es mit meinem neu entdeckten Interesse für Stand-up-Comedy weiterging? Wer weiß ... (Du, sobald du das Kapitel beendet hast.)

NOCH EIN MONAT

Nach der Arbeit mache ich mir ein kinderleichtes Fertiggericht: verkohlte Tiefkühlpizza. Misslingt garantiert. Die Jeans wird gegen eine Jogginghose getauscht, und ich klemme mich direkt wieder hinter den Schreibtisch. Notizblock, Stift und Laptop erwarten mich genau so, wie ich sie heute Morgen zurückgelassen habe. Fünf geöffnete Tabs – und keiner davon hängt mit meinem Stundenplan zusammen. Es ist ein sehr befreiendes Gefühl, wenn man erst einmal eingesehen hat, dass Lernen dumm und eine akademische Ausbildung für die Tonne ist. In diesem Semester werde ich keine Kurse besuchen. Wer braucht schon Sicherheit und Zukunftsperspektiven? Mein Studi-Job bringt mich fürs Erste über die Runden. *Für qualmende Tiefkühlpizzen reicht's.* Die restliche Zeit benötige ich für die Ausarbeitung meiner ersten fünf bis sieben Minuten Stand-up-Material. An diesem Richtwert sollte man sich als neuer

Künstler orientieren, bevor man die Bühne betritt. Fünf bis sieben Minuten. Der Haken ist: Wenn das Publikum in dieser Zeit nicht ein einziges Mal lacht, dann stirbt man. No risk, no fun.

Sollte ich tatsächlich total versagen, ist das aber halb so wild, ich sehe die Leute schließlich nie wieder. Niemand dort wird mich kennen, umgekehrt genauso, es ist ja nicht einmal meine Heimatstadt. Falls es scheiße läuft, fahre ich einfach nach Hause, gehe schlafen, und wenn Max mich am nächsten Morgen fragt, wie es gelaufen ist, dann gaslighte ich ihn so lange, bis er vergisst, dass ich existiere. Ein neuer Punkt für meine To-do-Liste: herausfinden, ob Max auf Hypnose reagiert.

Es gibt also keine realistischen Gefahren. Abgesehen von der offensichtlichsten: Ein Journalist vom *Stadtanzeiger* könnte vor Ort sein, der am Tag darauf meine Fresse auf die Titelseite klatscht. Schlagzeile: »Schlechtester Stand-up-Auftritt in der Geschichte der Menschheit – Umfrage durchgeführt: Schlimmer als Saskia Fröhlich geht es nicht.«

Hör endlich auf mit den Sorgen, Saskia. Natürlich habe ich Max von meinem Plan erzählt und natürlich hat er gefragt, ob er mich begleiten kann. Ich denke, eine Antwort bekommt er dann fünf Minuten nach dem Auftritt.

»Wieso warst du nicht da?!«

»Du hast gesagt, ich soll nicht mitkommen.«

»Ja, aber das war *vor* dem Auftritt!«

Andererseits wäre es natürlich schön, nicht komplett allein in diese unbekannten Gewässer vorzustoßen. Und mit Gewässer meine ich: die Location, das Setting, die Menschen, der Auftritt, die Bühnensituation und alle anderen neuen Erfahrungen und Eindrücke, die das Gedankenkarussell fleißig ankurbeln. Intro-Sorgen halt. Aber es war klar, dass die kommen – und ich werde sie in Schach ha-ha-ha-halten. *Da muss ich kurz lachen.*

Mein Handy klingelt: »Mama«. Das Schöne ist, dass ich meiner Mutter wirklich alles erzählen kann. Das Schlechte ist, dass ich das tatsächlich auch mache.

»Comedy? Wow«, ist ihre erste Reaktion. »Das hätte ich nicht erwartet. Finde ich mutig, Saskia. Da musst du aber wirklich gut vorbereitet sein, oder? Und bei deinem ersten Auftritt bin ich dann auf jeden Fall dabei.«

So viel zu meinem Plan, im Zweifel allein hinzufahren. Max habe ich gesagt, solange niemand mitkommt, habe ich nichts zu verlieren (außer den Mut, jemals wieder etwas Neues auszuprobieren). Aber meine Mutter ist nicht wie Max – sie lässt sich nicht einfach abwimmeln (oder einschüchtern).

Der Auftritt muss also *definitiv* gut werden.

NOCH ZWEI WOCHEN

Ein Notizzettel klebt am Rahmen meines Spiegels: Sonntag, 18.08.2019. Er erinnert mich beim Proben an die Deadline. Am 18.08. wird meine Mutter zu mir kommen, und wir essen gemeinsam, danach setzen wir uns mit Max in den Zug nach Köln, laufen zusammen zum *Open Mic,* und dann werde ich mich der Challenge stellen und wegrennen, untertauchen, eine neue Identität annehmen und das Land verlassen.

Meine sieben Minuten Material für die Bühne stehen. Und ich habe keine Ahnung, ob es auch nur ansatzweise lustig ist. Zum Glück bin ich gut im Auswendiglernen, daran wird es also schon einmal nicht scheitern (danke, BWL-Studium). Leider bin ich auch sehr gut darin, direkt im Anschluss alles wieder zu vergessen (danke, BWL-Studium). Außer es läuft scheiße, denn dann landet es für immer in meiner Worst-of-Gedächtnisschublade. Aber darum kümmere ich mich nach dem Auftritt. Ich laufe, meinen Text aufsagend, vor dem Spiegel hin und her. Wäre mein Leben ein Comic, dann würden über meinem Kopf Hunderte kleine Gedankenwölkchen schweben. Wie wird es vor Ort ablaufen? Wie und wo muss ich mich anmelden, um auftreten zu dürfen? Was, wenn es scheiße läuft? Muss ich früher da sein? Muss ich trotzdem Eintritt zahlen? Wer wird noch da sein? Was, wenn es scheiße läuft? Muss ich mit den anderen Comedians reden? Wie viele Zuschauer kommen zu diesen *Open Mics*? Kann ich mich vor Ort zurückziehen und noch ein bisschen Ruhe haben? Was, wenn es scheiße läuft?!

In meinem Kopf herrschen Aufregung und Introversion – eine explosive Mischung. Wie Benzin und Streichholz. Wie Cola und Mentos. Wie Nitroglycerin und ... Schütteln.

NOCH EIN TAG

Rieke, eine alte Schulfreundin, sitzt neben mir und lacht. Ich lache auch, aber innerlich ist es eine gefährliche Mischung aus lachen und in die Hose scheißen. Wieso hielt ich es für eine gute Idee, ausgerechnet einen Abend vor meinem ersten Auftritt eine Comedy-Show zu besuchen? Und dann noch eine *richtige* Show, kein *Open Mic*, keine Anfänger, sondern echte Profis. Jeder von ihnen hat was drauf, die Stimmung ist super, einige Leute im Publikum weinen vor Lachen. Ich weine *und* lache, das ist nicht dasselbe.

Welche Form von Vergangenheits-Saskia dachte auf der Suche nach etwas Neuem auch nur im Traum daran, dass Stand-up-Comedy genau das Richtige wäre? War es etwa »Ich-bin-unsterblich«-Saskia? Als ich einige Stunden später im Bett liege und mit offenen Augen an die Decke starre, bin ich jedenfalls nicht mehr unsterblich. Eine neue Form wurde freigeschaltet: »Ich-kann-nicht-schlafen«-Saskia. Und dieser Zustand hält leider bis zum nächsten Morgen.

NOCH FÜNF STUNDEN

Meine Mutter ist da und wir essen. Also – sie isst. Ich bekomme vor Aufregung nichts runter.

NOCH DREI STUNDEN

Meine Mutter, Max und ich sitzen im Zug und unterhalten uns. Also – die beiden unterhalten sich. Ich bekomme vor Aufregung kein Wort raus.

NOCH ZWEI STUNDEN

Immer noch im Zug. In der Veranstaltungsinfo stand, als Künstler solle man bestenfalls schon eine Stunde vor Beginn da sein, um sich rechtzeitig anzumelden. Andere Shows vergeben ihre Spots per Kommentar über Social Media, aber ich suche mir natürlich die aus, bei der alles face-to-face geklärt wird. Selbst wenn ich auf der Bühne nicht witzig sein sollte, ist wenigstens mein Leben ziemlich ironisch.

Ausgerechnet heute hat die Bahn natürlich keine Verspätung. Wenn also alles klappt, werde ich eine Stunde lang in der Bar rumsitzen und darauf warten, dass mein Herz explodiert.

Wieso habe ich meine Mutter und Max nur in diesen Horror-Plan eingeweiht? Wären sie nicht hier, könnte ich an der nächsten Station aussteigen und entspannt auf den nächsten Zug in entgegengesetzter Richtung warten. Und während der Heimfahrt würde ich mich auf der Bahntoilette einschließen und mir diese irre Idee selber aus dem Kopf prügeln. Stand-up-Comedy – genau! Als Nächstes probiere ich es als Profi-Tänzerin oder Bühnenmagierin. (Obwohl es mir gerade wirklich gelegen käme, mich selbst verschwinden zu lassen. Der Teil mit dem »Wieder-Auftauchen« ist gar nicht so wichtig.)

Mit dem bombenfesten Knoten in meinem Magen könnten sich Pfadfinder ein Abzeichen verdienen. Das ist die höchste Form der Aufregung, Nervosität in Reinform. Zuletzt habe ich mich bei der praktischen Führerschein- und meinen mündlichen Abiturprüfungen so gefühlt. Beides ist Jahre her. Ist es überhaupt erlaubt, als erwachsene Person so aufgeregt zu sein? Oder ist es eine Straftat? Ich sollte mich selbst anzeigen, am besten sofort: »Ich gehöre in eine Zelle, Herr Oberwachtmeister, noch heute. Auf gar keinen Fall dürfen Sie eine kranke Psychopathin wie mich bis nach Köln kommen lassen.«

DER ERSTE AUFTRITT

Die Kneipe platzt aus allen Nähten. Insgesamt treten zwölf Comedians auf, die meisten sind in Begleitung. Dazu kommt noch die Laufkundschaft. Es sitzen bestimmt sechzig oder siebzig oder – meiner ersten Einschätzung nach, der Max und meine Mutter widersprechen – fünfhundert Leute im Publikum. *Kein Problem.* Wieso sollte ich mich vor meiner Mutter und Max schämen, wenn gleich sechzig oder siebzig oder fünfhundert Leute nicht über meine Witze lachen?

Wieso ist mein Mund so trocken?

In der Stunde, die wir bereits hier sitzen und warten, habe ich mein Wasser nicht einmal angeschaut.

Darum ist mein Mund so trocken.

Die ersten vier Künstler spielen nacheinander ihr Material. Ich habe keine Ahnung, ob sie witzig sind – vor lauter Aufregung hat sich mein Humorzentrum deaktiviert. Kein Problem, wer braucht für seinen ersten Stand-up-Auftritt schon Humor? Einige Leute lachen allerdings, die Stimmung scheint nicht schlecht zu sein.

Ich bin die Fünfte. Der Weg zur Bühne ist lang genug für einen Halbmarathon. Als ich im Rampenlicht (zwei billige LED-Scheinwerfer) stehe, verlässt meine Seele den Körper. Zum Glück bin ich gut im Auswendiglernen (danke, BWL-Studium). Ich spiele meinen ersten Gag. Die Leute verziehen ihre Gesichter und stoßen auf seltsame Art Luft aus. Der Klang kommt mir bekannt vor. Wie nennt man das noch einmal? Irgendwas mit L? Lachen? *Ja, sie lachen.* Dann fällt die Aufregung von mir ab wie die Sache mit den Zinsen, wenn – äh, du weißt schon – wenn es der Wirtschaft nicht so gut geht (verfluchtes BWL-Studium). Der Auftritt läuft besser, als ich es mir jemals hätte erhoffen können. Nach der Show kommen draußen sogar noch einige Gäste, andere Neulinge und sogar erfahrene Comedians zu mir und sprechen mir Lob aus. Der Smalltalk fällt mir schwer und die auf mich gerichtete Aufmerksamkeit im direkten Kontakt überfordert mich – aber als mich jemand fragt, ob es wirklich mein erster Auftritt war, überwiegt ein Gefühl von Stolz.

Auf der Rückfahrt fragt Max mich, ob ich dann bald ein zweites Mal auftreten werde.

»Mal sehen«, sage ich. *(Auf jeden Fall, auf jeden Fall, auf jeden Fall, auf jeden Fall, AUF JEDEN FALL!)*

Ob ich Stand-up auch dann weiterverfolgt hätte, wenn ich beim ersten Auftritt komplett gebombt wäre? (»Bomben« meint im Comedy-Jargon, dass niemand lacht und man den Regeln entsprechend stirbt.) Vermutlich ja, denn das Hochgefühl nach dem gelungenen Auftakt trieb mich schnell zum nächsten Open Mic, und ich lernte, dass beim ersten Auftritt wohl noch Welpenschutz gilt. Beim zweiten und dritten Mal lief es mit demselben Material nämlich ziemlich scheiße. Trotzdem machte ich weiter und stellte mich der Herausforderung immer wieder aufs Neue. Aber wer weiß, vielleicht hätte ich die Reise auch nach einem schlechteren ersten Mal beendet. So oder so ist es bis heute eine Leidenschaft, aber auch bei jedem weiteren Auftritt eine Herausforderung.

Auf der Bühne ist meine Introversion zum Glück eher zweitrangig, weshalb ich auch nicht sagen würde, dass ich »trotzdem« Stand-up mache. Ich kenne mein Material und habe mich (bestenfalls) gut vorbereitet, bin während des Auftritts nicht auf Gespräche oder direkten Kontakt zu anderen angewiesen, habe ein zeitliches Limit und folge einem bestimmten Ablauf. Auf der Bühne besteht also ein hohes Maß an Kontrolle. Nur ob die Leute dann auch lachen, das ist ein anderes Thema. Oft genug tun sie es nicht, aber darüber diskutiere ich dann im Nachgang mit Akten-Saskia.

Die echten Hindernisse erwarten mich nach wie vor beim Kontakt zum Veranstalter, den Comedians im Backstage, bei Begegnungen mit dem Publikum vor und nach den Events und Gesprächen mit ALLEN ANDEREN LEUTEN VOR ORT. (Natürlich bin ich dankbar für meine Fans, aber Smalltalk klappt dadurch leider trotzdem nicht besser. »Du fandest meinen Auftritt lustig? Das freut mich, danke, tschüss.«)

Zum Glück mache ich Stand-up inzwischen lange genug, um in der Regel vorher schon den Sicherheitsgrad einer Show bemessen zu können. Wenn ich bereits in der Location gespielt habe, die meisten der anwesenden Comedians kenne und mir die Show – also beispielsweise das *Open Mic* – nicht fremd ist, wird mir der Abend wahrscheinlich nicht zu viel abverlangen. Ist hingegen alles neu, könnte die Batterie an ihre Grenzen geraten. Je nach Sicherheitsgrad bereite ich mich deshalb entweder nur auf den Auftritt an sich oder auf den Auftritt und die sozialen Interaktionen vor. Außerdem versuche ich, bei unsicheren Auftritten den Tag danach freizuhalten.

Damit dürfte das Wichtigste zum Dasein als introvertierte Comedienne gesagt sein, aber meine Reise endete nicht auf den Stand-up-Bühnen. Ein Kapitel fehlt noch. (Also nicht in diesem Buch, da fehlen noch mehrere, sondern auf meinem Weg als Künstlerin.)

SECHS MONATE DANACH

Über zwanzig weitere – teilweise sogar bezahlte – Auftritte später bin ich mir sicher, dass das erste *Open Mic* den Beginn eines wunderbaren Hobbys markierte. In meinem Kalender stehen für die kommenden Wochen keine Uni-Vorlesungen, dafür aber schon die nächsten zehn Shows. (Das Studium kann doch sicher noch ein paar Wochen oder Monate oder Jahre warten.) Trotz meiner Introversion konnte ich in einer Szene Fuß fassen, in der ohne zwischenmenschlichen Kontakt nicht viel geht. Im Backstage läuft es mit den anderen Künstlern vielleicht etwas hölzern und im Kontakt mit Besuchern nach der Show schlage ich mich sicher auch nicht immer wie ein Profi, aber das sind nur Nebensächlichkeiten. Stand-up macht mir Spaß. Punkt. Und es wäre wirklich super schade und emotional ein herber Schlag, wenn jetzt etwas passieren würde, dass es mir unmöglich macht, dieses Hobby weiter zu verfol–

CORONAPANDEMIE!

LOCKDOWN!

KONTAKTVERBOT!

Natürlich. Natürlich zwingt eine weltweite Pandemie die Kulturbranche genau jetzt zum absoluten Stillstand – und mich dazu, wieder mehr Zeit zu Hause zu verbringen. *Wieder mehr Zeit zu Hause verbringen? Klingt eigentlich auch ganz verlockend. Vielleicht wird das meine neue pandemiebedingte Freizeitbeschäftigung.* Trotzdem will ich mir mein neues Hobby nicht kampflos nehmen lassen. Die gerade erst entdeckte kreative und lustige Ader soll nicht gleich wieder austrocknen. Wenn nicht auf der Bühne, dann über andere Wege. Wozu gibt es denn Social Media (also abgesehen von der akuten Suchtgefahr und den negativen Auswirkungen auf die psychische Gesundheit während eines Lockdowns)? *Aber was soll ich hochladen?*

Zunächst probiere ich es mit Lip-Sync-Videos und kurzen Sketchen. Klar, es macht Spaß, aber ich spüre, dass noch mehr in mir steckt. Einige Uploads (und Zeit) später denke ich, dass ich mir ein Format überlegen sollte, zum Beispiel so etwas wie – mein Magen unterbricht den Gedanken mit einem Knurren. Also wird erst einmal gegessen. Heute gibt es Grünkohleintopf. *Was ist, wenn ich mich einfach beim Kochen filme? Nein, das ist dumm, Saskia, wer würde das denn sehen wollen?* Eine Viertelstunde später steht mein Handy auf der Küchenzeile, die Zutaten liegen bereit. Mein Finger berührt beinahe den Kamera Button, aber ich zögere. *Was soll ich überhaupt sagen? Ach, egal, dir fällt schon etwas ein.* Ich starte die Aufnahme.

»Willkommen in meiner kleinen scheiß Drecksküche.«

Als Content Creatorin habe ich noch mehr Kontrolle darüber gewonnen, welchen und wie vielen sozialen Settings ich mich aussetze. Deshalb wurde meine Online-Präsenz auch zum einzigen wirklich sicheren Raum für mich – zumindest, solange ich nicht die Nachrichten-Anfragen von Männern Ü50 öffne. Obwohl, eigentlich geht's schon bei Ü40 los. Ach was, am besten öffne ich einfach gar keine Nachrichten-Anfragen.

Auf dem Papier habe ich im Social-Media-Output das Beste aus beiden Welten vereint: Ich kann meine kreative und humorvolle Seite ausleben, entkomme dabei aber allen zwischenmenschlichen Interaktionen und Reizüberflutungen, die mir möglicherweise mehr Kraft rauben als geben.

Aber wie bereits mehrfach gesagt: Einsam möchte ich auch nicht sein. Deshalb gebe ich trotz des Online-Erfolgs die Stand-up-Comedy auch nie ganz auf. Zwar besteht bei Live-Shows immer ein gewisses Risiko für dezente Überforderung, aber wenn alles gut läuft, kann ich mich auch dort sehr wohl fühlen. Manchmal sogar so wohl, dass im Anschluss das Impostor-Syndrom kickt. Vielleicht kennst du es selbst: Du feierst einen großartigen Erfolg, fühlst dich dabei aber wie ein Hochstapler. Same here. Wenn *ich* mich auf der Bühne super souverän schlage, die Leute lachen, vielleicht sogar eine Publikums-Interaktion gelingt, halte ich mich nämlich direkt für einen Hochstapler. Irgendwann werden sie herausfinden, dass ich eigentlich nicht lustig bin, denke ich dann. Oder noch schlimmer: Irgendwann werden sie herausfinden, dass ich eigentlich introvertiert bin. Moment mal ... spätestens nach Veröffentlichung dieses Buchs werden sie wissen, dass ich introvertiert bin. Verdammt.

Du fragst dich jetzt abschließend sicher noch, ob ich mein Master-Studium trotzdem beendet habe. Und die Antwort ist so simpel wie einfach: Nein. Es waren drei Jahre vergangen, bis ich mich ins Online-Portal meiner Uni eingeloggt habe, um festzustellen, dass ich im sechsten Semester meines Masterstudiums eingeschrieben war – ohne auch nur eine einzige Leistung erbracht zu haben. Ich hatte zwar keine Zeit, aber eine beträchtliche Summe an Studiengebühren investiert, um auf dem Papier als Studentin zu gelten. Das hat mich also nicht reicher an Wissen, dafür aber ärmer an Geld gemacht. 0/5 Sterne. Kann ich nicht weiterempfehlen.

INFOBOX

WAS WIR GELERNT HABEN

Ob Kreativität und Introversion zusammenhängen, konnte bisher nicht eindeutig nachgewiesen werden. Manche Studien gehen sogar vom Gegenteil aus – die Sachlage bleibt unklar. Man sollte sich also lieber nicht zu viele Gedanken über angeborene Merkmale machen, sondern die Energie stattdessen ins kreative Schaffen lenken, wenn einem danach ist. Und selbst wenn du dich für nicht besonders künstlerisch veranlagt hältst, können Kreativtechniken helfen (denk an die Liste auf Wikipedia).

Dass ich Stand-up mache, beweist: Introversion hält einen nicht von seinen Träumen ab. Dass es trotzdem immer wieder eine Herausforderung ist, beweist auch: Es wird immer Challenges geben. Wenn du in deinem Job in einem eingespielten Team agierst und deine soziale Batterie mit Minimalverbrauch läuft, dann ist das natürlich schön, aber kein Zustand für die Ewigkeit. Es wird immer Herausforderungen geben, und es wird sich für bestimmte Wünsche und Ziele auch immer lohnen, sich diesen zu stellen. Das schauen wir uns im letzten Kapitel übrigens noch genauer an.

Über Social Media kann man sich als introvertierte Person praktisch »gefahrlos« ausleben, was die soziale Batterie angeht. Skills und Talente, die sonst nur bei engen Freunden oder sogar nie vor anderen Menschen zum Vorschein kommen, finden auf Social Media womöglich ihr Publikum. Dennoch ist Vorsicht geboten: Die reale Welt existiert nicht ohne

Grund – sich nur noch im Online-Kosmos zu bewegen, kann für Einsamkeit, Isolation und Schlimmeres sorgen. Deshalb ist es immer wichtig, die Balance zu wahren. Aber die sozialen Medien als Safe Space für die eigene Entfaltung zu nutzen, ist eine Chance, die man (als Intro) nicht ignorieren sollte.

12
DIE KLASSEN-CLOWN-FRAGE

ZEHN VON ZEHN STAND-UP-COMEDIANS kennen den folgenden Satz: »Hey, du machst doch Comedy, erzähl mal einen Witz.«

Null von zehn Bestattern kennen den folgenden Satz: »Hey, du bist doch Bestatter, grab mal ein Loch.«

Tatsächlich sind beide Aufforderungen ähnlich absurd, da sowohl das Loch als auch ein guter Stand-up-Gag sorgfältige Planung, gutes Handwerk und eine Leiche erfordern. Na gut, eins davon war gelogen (für das Loch braucht man gar nicht *so* viel Handwerk, ich meine, wie schwer kann Buddeln schon sein?). Jedenfalls steckt deutlich mehr Zeit im Fine Tuning von Witzen, als viele Leute meinen. Und ein »Witz«, wie ihn Ü50-Männer beim Stammtisch erzählen, ist auch etwas völlig anderes als ein »Witz« auf der Bühne. Für den einen braucht man – wie gesagt – sorgfältige Planung und gutes Handwerk. Für den anderen braucht man das Gegenteil von Schamgefühl. Aus dem Stegreif in kleiner Runde lustig zu sein funktioniert also nach anderen Regeln als das Schreiben von Bühnenmaterial. Es gibt Comedians, die beides (und noch mehr) beherrschen. Und dann gibt es Comedians, die nicht extrovertiert sind. (*Aber* sie sind Comedians.)

Eine andere Frage, die viele Stand-up-Künstler kennen dürften, ist daher nicht weniger absurd: »Du warst bestimmt schon in der Schule der Klassenclown, oder?« Hätten die Leute, die solche Fragen stellen, einen Lehrer vor sich, was würden sie da sagen? »Du warst bestimmt schon in der Schule ein Schüler, oder?«

Die geschickte Überleitung in Richtung Klassenclown soll aber eigentlich nur dazu dienen, erneut eine Zeitreise in meine Schulzeit zu unternehmen, um dir zu zeigen, wie mein Verhältnis zur hohen Kunst der Klassenclownerie in Wirklichkeit aussah. Ich nenne diese Anekdote:

DER TAG, AN DEM AVRIL LAVIGNE DIE SCHNAUZE VOLL HATTE

Der Tag startet mit einer Doppelstunde Geschichte. Es geht immer noch um die Französische Revolution. Ein halbes Schuljahr nur die Französische Revolution. Die tun fast so, als sei es ein weltbewegendes und den Verlauf der Geschichte nachhaltig beeinflussendes Event gewesen. Ich höre nur halbherzig zu. Und als es mir endlich gelingt, mich zu konzentrieren, lenkt mich das Getuschel aus den hinteren Reihen direkt wieder ab. Tommi spielt mal wieder den Alleinunterhalter für seine Freunde. Viele unserer Mitschüler mögen Tommi, ganz im Gegenteil zu den Lehrern. Er schreibt in keinem Fach wirklich gute Noten, in Geschichte und Sport sieht es besonders düster aus – wenn man ihm ein Talent zusprechen will, dann wäre es wohl sein loses Mundwerk und ein konsequenter Mangel an Respekt. Ständig ruft er dazwischen, bis Herr Kremers ihn schließlich direkt anspricht: »Thomas, da du sicher zugehört hast, wirst du mir ja sagen können, welche Stellung Bischof Fauchet zu dem Konflikt bezog?«

»Äh ... die Missionarsstellung?«

Die Jungs lachen, Herr Kremers verzieht das Gesicht. Wahrscheinlich denkt er dasselbe wie ich: *Neuntklässler reißen einfach die besten Witze über Sex.*

»Sehr komisch, Thomas. Komm doch nach der Stunde bitte mal zu mir.«

Ich höre Tommi noch etwas tuscheln, es scheint um die unglückliche Wortwahl des »Kommens« nach der Stunde zu gehen. Der Witz zündet bei seinem Publikum, welches aus einer Handvoll genauso halbstarker Schwachmaten wie ihm besteht. Heute fehlt mir die Geduld für Tommis unlustige One-Man-Show. Und mit »heute« meine ich: immer. Abgesehen von unserem vollkommen unterschiedlichen Verständnis von Humor begreife ich einfach nicht, wie jemand derart gerne im Mittelpunkt stehen kann. Noch dazu wirkt er dabei so verzweifelt – als müsse er mindestens alle fünf Minuten die Aufmerksamkeit auf sich ziehen, um nicht zu sterben. *Vielleicht ist das ja eine Art Fluch.* »Du wirst dich bis an dein Lebensende ständig zum Idioten machen müssen, außer ein Kuss der wahren Liebe wird dich davon befrei- ach, wen verarsche ich hier, merk dir einfach nur den Teil: bis an dein Lebensende.«

In der Dritten und Vierten folgt die nächste Doppelstunde, Physik bei Frau Jankowski. Frau Jankowski ist eine sehr gute Lehrerin, sitzt aber in der deutschen Sprache weder in Laut noch Schrift hundertprozentig fest im Sattel. Trotzdem reichen ihre Kenntnisse mehr als aus, um die Lerninhalte zu vermitteln. Es wäre also kein Problem, gäbe es nicht –

»Thomas, sagst du bitte Lösung, wenn du schon nicht hörst zu.«

»Tut mir leid, Frau Jankowski, weiß ich Lösung nicht.«

Ich verdrehe die Augen und bin damit nicht die Einzige. Es gibt jedoch auch ein paar Schüler, die lachen. Wie kann man darüber lachen? In der zweiten Hälfte des Unterrichts schreibt Frau Jankowski das Wort »Baterie« an die Tafel. Im Polnischen ist es nun einmal »Bateria«, wow, unfassbar, wie konnte dieser Fehler nur passieren? Aber natürlich lässt die letzte Reihe keine Gelegenheit für einen billigen Spruch aus und sei er noch so schlecht. »Baaateeerie. Baaateeerie«, sagt Tommi und grinst dumm in die Runde. »Was soll das sein, eine Baaateeerie?« Frau Jankowski geht nicht darauf ein, aber ich bemerke, dass sie ganz nebensächlich einen kleinen Vermerk auf ihrer Klassenliste macht. *Selbst schuld,* denke ich.

Nach der zweiten großen Pause geht es mit Musik weiter. Aktuell halten wir in Kleingruppen oder allein Referate über Künstler unserer Wahl. Heute bin ich dran. Meine Freundinnen waren alle ziemlich aufgeregt, aber ich bin bei Vorträgen eigentlich immer entspannt. Und natürlich bestens vorbereitet: Ich habe ein A3-Poster von Avril Lavigne auf bunte Pappe geklebt und den äußeren kleinen Rand, der übrig blieb, mit Liedzeilen von ihr beschrieben. (Aus mehr als dreißig Zentimeter Entfernung wird es komplett unleserlich.) Unterm Strich sind auf dem Plakat also eigentlich keine wichtigen Informationen. Na ja. Außerdem habe ich Wikipedia konsultiert, den gesamten Artikel in ein Word-Dokument kopiert und selbiges ausgedruckt. Und zum Schluss meinen langen, blonden Haaren schwarze Strähnen verpasst. Das hatte bis jetzt zwar nichts mit dem Referat zu tun, aber als ich nach vorne gehe, um das Poster aufzuhängen, ruft Tommi: »Oh, wow, Avril Lavigne höchstpersönlich.« Verhaltene Lacher, aber auch kein Grillenzirpen. *Ich schwöre, wenn der noch einmal sein dummes Maul aufmacht, dann –*

Glücklicherweise gelingt es Tommi, während meines Referats so leise zu tuscheln, dass ich es nicht verstehe. Ich kann also in aller Ruhe den Wikipedia-Artikel vorstellen. Frau Kesselmann gibt mir im Anschluss das Feedback, ich hätte gut und frei vorgetragen und das Anschauungsmaterial sei ebenfalls in Ordnung. Sie hat also weder zugehört noch sich das Plakat angeschaut. Als Schulnote ausgedrückt: Eins. *Da hat sich der Aufwand doch gelohnt.*

»Gibt es noch Fragen?«, richtet sie sich an die Klasse.

Ich ahne bereits, wer die Hand heben wird.

Frau Kesselmann seufzt. »Ja, Thomas?«

Er grinst. »Wie ist es denn so, ein Referat über sich selbst zu halten?«

Immer noch besser, als müsste man ein Referat über dich halten. Plakat-Überschrift: Wenn man für Aufmerksamkeit alles tut – die gesammelten Peinlichkeiten eines nervigen Idioten.

»Gibt es auch noch schlaue Fragen?«, entgegne ich.

Die Jungs um Tommi verziehen amüsiert die Gesichter und knuffen ihn in die Seite, nach dem Motto: »Hat die nicht gesagt.« *Doch, habe ich.*

Tommi sieht nicht begeistert aus, hält sich aber zurück. Auch sonst kommen keine weiteren Meldungen. Frau Kesselmann atmet auf und klappt ihren Hefter zu. »Gut, dann starten wir heute ausnahmsweise mal früher in die Pause.«

Genauso ausnahmsweise wie in den vergangenen zwölf Wochen.

Der Tag endet mit der sechsten Stunde. Mathe. Aber wie sagt man so schön: Lieber ein Ende mit Mathe als ein Mathe ohne Ende. Als Herr Jakobs den Raum betritt, kehrt Stille ein. Doch noch bevor er uns begrüßen kann, nutzt Tommi den Moment der Ruhe und ruft quer durchs Klassenzimmer: »He, Avril, darf ich dein Skater Boy sein?« Seinen Freunden schießt vor Lachen das Wasser in die Augen – was für ein dankbares Publikum. Aber jetzt reicht's. Das ist der Moment, in dem Avril Lavigne die Schnauze voll hat.

»Große Worte für Mister 'ne-Vier-in-Sport. Dich würd' ich gerne mal auf 'nem Skateboard sehen.«

Einen Augenblick lang friert das Klassenzimmer ein. Blicke wandern von mir zu Tommi und wieder zurück. Sogar Herr Jakobs hält inne. Amüsiert beobachtet er das Geschehen. Hier und dort wird leise gekichert.

»Na und? Wenigstens sehe ich nicht aus wie irgendein hässlicher MTV-Star.«

»Stimmt, du bist nämlich nur hässlich.«

Hilfesuchend schaut er nach rechts und links. Auch Tommis Freunde müssen grinsen. »Ach, halt doch die Fresse! Dich will eh keiner, ob mit Strähnen oder ohne!«

Herr Jakobs hebt eine Hand, um einzuschreiten, aber ich bin schneller: »Denkst du viel darüber nach, wer mich will und wer nicht? Umgekehrt ist das nämlich nicht der Fall.«

Wieder lachen einige unserer Mitschüler, längst nicht alle, aber genug, um meinen Widersacher endgültig verstummen zu lassen. Fühlt sich tatsächlich nicht schlecht an – plötzlich verstehe ich Thomas etwas besser. Ich brauche zwar nicht so viel Aufmerksamkeit wie er, aber es hat schon was, wenn ein Spruch beim Publikum (aka bei der 9A) zündet.

Nach diesem 3:0-Schlagabtausch für mich sorgt Herr Jakobs wieder für Ruhe und beginnt den Unterricht. Ich sehe im Augenwinkel, dass Tommi mich zwischendurch immer wieder finster anfunkelt. Aber am nächsten Tag liegt seine Aufmerksamkeit wieder ganz auf den üblichen Zwischenrufen und nicht mehr auf mir. Und er nennt mich auch nie wieder Avril Lavigne.

Ich war damals also genauso sehr der Klassenclown, wie ich im ersten Kapitel eine Stimmungskanone auf Sarinas Party war. Beides überließ ich lieber den Leuten, die genug Energie dafür hatten. So wie Thomas. Der hatte wirklich jede Menge Energie. Aber leider kein gutes Gespür dafür, in welche Richtung er sie lenken sollte. (So wie ein blinder Kutscher mit seinen Pferden. Der ist für dich, Tommi!)

Das soziale Gefüge im Klassenzimmer motivierte ihn, den Alleinunterhalter zu spielen – mir als Introvertierte ist das bis heute kaum begreiflich, weil solche Settings (Partys, Zusammenkünfte, andere Events mit größeren Gruppen) in mir bekannterweise das komplette Gegenteil auslösen. Außer ich wechsle in eine »Bühnensituation«, wie beispielsweise ein Stand-up-Auftritt (obwohl ich da auch sehr aufgeregt sein kann), der Dreh eines Videos für Social Media oder ein Referat über Avril Lavigne.

Präsentationen verlangten mir tatsächlich oft weniger ab als einigen Mitschülern – sogar den extrovertierteren. Die Aufmerksamkeit, die mir im Rampenlicht zuteil wird, ist natürlich trotzdem nicht toll, egal, ob Auftritt oder Referat. (Zehn

Minuten auf der Bühne stillen mein Aufmerksamkeitsbedürfnis für circa dreiundsiebzig Wochen. Mittlerweile bin ich bis zu meinem 153. Lebensjahr abgedeckt.) Aber diese Form von sozialer Begegnung strapaziert meine soziale Batterie (Justice für Frau Jankowski!) trotzdem weitaus weniger als der wesentlich chaotischere Face-to-face-Kontakt.

So viel also zum Thema Klassenclown. Als mir diese Geschichte aus meiner Schulzeit wieder einfiel, bemerkte ich jedoch zum ersten Mal selbst, dass mein Hang zum Sarkasmus wohl trotzdem immer schon da war. Die meiste Zeit behielt ich meine Sprüche zwar für mich und wirkte auf mein Umfeld sicher still und zurückhaltend. Aber sobald ich zur Zielscheibe von Ärgereien wurde, ließ ich mir gar nichts gefallen (hiervon ausgenommen ist die Grundschulzeit, ab der weiterführenden Schule konnte ich mich dann selbst wehren). Dankbarerweise sorgten meine giftigen Konter in der Regel für Ruhe. Das Überraschungsmoment war dabei auch ein entscheidender Vorteil. (»Ein stilles Mäuschen, das aus dem Nichts Kontra gibt? Von der lassen wir mal lieber die Finger.«)

Das war aber kein taktisches Verhalten. (Co-Autor Max: »Alternativer Vorschlag: Das war aber kein Kalkül. Klingt schlauer.« Ich: »Pff, ist mir doch egal, ob das schlau klingt.«) Das war aber kein Kalkül. Ich mag Sarkasmus, trockener Spott trifft nun einmal meinen Humor. Das ist eine Geschmacksfrage, keine bewusste Entscheidung. Also hatte ich wohl einfach Glück, dass sich meine Vorliebe für die schlecht gelaunte Seite der Comedy gleichzeitig als perfekte Ausgangslage für wirkungsvolle Schutzmechanismen entpuppte.

In einigen der Geschichten aus den vorangegangenen Kapiteln wirkte ich sicherlich weniger selbstbewusst als in dieser. Ich schätze, dass das vor allem an den Veränderungen in den Lebensumständen liegt. Gegen einen Möchtegern-Entertainer in der neunten Klasse konnte ich mich natürlich ungehemmter zur Wehr setzen als bei einem Wohnungsmakler oder Bekannten von Freunden, die ich gerade erst kennengelernt habe. Aber um auf die Bühne oder vor die Kamera zu treten, braucht man ebenfalls ein gewisses Mindestmaß an Selbstbewusstsein. Das ist auch völlig entkoppelt von Intro- oder Extroversion – Lampenfieber müssen wir alle besiegen. Und was mich immer wieder dazu antreibt, ist derselbe sarkastische Funke wie damals in der Neunten: der innige Wunsch, Tommi dumm aussehen zu lassen. Okay nein, heutzutage ist Tommi nicht mehr mein Hauptantrieb. Mein inneres Feuer wird jetzt eher von der Freude genährt, andere Menschen mit meiner sarkastischen Art zum Lachen zu bringen.

INFOBOX

WAS WIR GELERNT HABEN

Nicht jeder Comedian war bereits in der Schule ein Klassenclown, so wie nicht jeder CDU-/CSU-Politiker bereits in der Schule abgeschrieben hat (das kommt erst in der Uni). Ebenso ist natürlich nicht jeder Comedian introvertiert (nur die guten). Aber vollkommen unabhängig von Verhaltensweisen und Persönlichkeitsprägungen ist wahrscheinlich bei jedem Comedian schon früh ein gewisser Hang zur eigenen Humornote erkennbar gewesen.

Egal, ob Intro- oder Extro-Comedian: Witze sind nicht in jeder Lebenslage on demand abrufbar. Selbst die spontansten und schnellsten Stand-up-Künstler sind nicht vor all den komplizierten und schweren Lebensphasen und -herausforderungen gefeit, die jeden von uns erwarten. Und hin und wieder braucht das Humorzentrum auch mal eine Pause. (Check aber immer gerne unsere – meine – Social-Media-Kanäle aus, dort stellen wir Witze kostenlos zur Verfügung, wo du sie jederzeit abrufen kannst.)

Humor kann jedem als ein entwaffnendes Mittel der verbalen Verteidigung dienen – für Introvertierte, die als still oder abweisend wahrgenommen und aufgrund dessen unterschätzt werden oder sogar ins Visier von Sprücheklopfern geraten, ist dieser Abwehrmechanismus aber auf eine ganz eigene Art wertvoll. Und kann auch eine ganz eigene Wirkung entfalten. Deshalb Vorsicht: Überleg's dir lieber zweimal, wem du ans Bein pisst. (Am besten natürlich niemandem, man sollte nämlich generell kein Arschloch sein.)

13
DER ULTIMATIVE INTRO-GUIDE

BEVOR WIR IM NÄCHSTEN KAPITEL unseren überwältigenden Ausflug in die Welt der Introversion zu seinem fulminanten Abschluss bringen (müssen), möchte ich diese letzte Gelegenheit nutzen, dem Buch noch etwas mehr Ratgeber-Charakter zu verpassen. Endlich bekommst du – neben den vielen theoretischen Tipps und Infoboxen – nun auch praktische und alltagsnahe Tipps zum Umgang mit deiner Introversion beziehungsweise zum Umgang mit Introvertierten – die hast du dir inzwischen auch wirklich verdient. Schließlich warst du mit mir auf Sarinas Party und zu Besuch bei Akten-Saskia, hast mit mir eine Top-Secret-Wohnungsbesichtigung infiltriert, dich durchs Smalltalk-Labyrinth manövriert und mich bei meinem ersten Auftritt begleitet.

Und um dir mit diesem Kapitel *wirklich* die ultimative Anleitung zum Umgang mit (d)einer Introversion zu liefern, werde ich das komplette Register der Ratgeberliteratur zücken: Step-by-step-Anleitungen, Prinzipien und Techniken mit abgekürzten Namen, praxisnahe Beispielszenarien und das pausenlos wiederholte Versprechen, dass sich dein Leben mit Hilfe von nur X (hier beliebige Zahl einsetzen) kleiner Änderungen wirklich komplett umkrempeln lässt. Mach dich bereit für Intro-Coach-Saskia. Kleiner Disclaimer: Die folgenden Seiten könnten deinen Humor auf ungeahnte Weise herausfordern. Ich übernehme keine Haftung. Du wurdest gewarnt.

VULGÄRHUMOR, DER

WORTART: *Namenwort*
BEDEUTUNG: *Humor, der auf billigste Art und Weise mit obszönen und anstößigen (sprachlichen) Mitteln arbeitet; kann jedoch auch eingesetzt werden, um Leute, die darauf allzu tadelnd oder abfällig reagieren, als Spaßfeinde zu entlarven*
BEISPIELE: [VOM HERAUSGEBER ZENSIERT]
SIEHE AUCH: *American Pie, Superbad, Bottoms*

E.S.E.L. & K.A.K.A. Der ultimative Intro-Guide

Kommt Ihnen das bekannt vor? Sie verbringen (für Ihren Geschmack viel zu viel) Zeit mit einer Gruppe von Personen, die Sie kaum kennen – beispielsweise auf einer Party, im Backstage nach einem Auftritt oder bei einer Firmenfeier? Danach sind Sie total ausgezehrt und kraftlos? Nein? Herzlichen Glückwunsch, Sie sind wahrscheinlich extrovertiert! Sie kennen diese Sorgen nicht. (Dafür wird's bei Ihnen haarig, sobald Sie längere Zeit am Stück allein sind, aber für diese Probleme sind wir zum Glück nicht zuständig.)

In jedem anderen Fall sind Sie beim P.I.P.I. an der richtigen Adresse, denn unser patentierter E.S.E.L. und die daraus entstandene K.A.K.A. werden Ihnen dabei helfen, innerhalb kürzester Zeit wieder zu alter Stärke zu finden und aufzutanken!

Der **E.S.E.L.**
(»Effizienter Selbstfürsorge- und Energiemanagement«-Leitfaden) zeigt Ihnen Möglichkeiten, den Bedürfnissen Ihrer introvertierten Natur nachzukommen. Sie werden lernen, wie Sie Ihren sozialen Akku gezielt aufladen und dabei Ihre Energie effizient verwalten können.

Die **K.A.K.A.**
(»Kraft-Aufbau-Kur«-Anleitung) ergänzt diesen Ansatz durch einen Haufen praktischer Anleitungen sowie Tipps für den Aufbau Ihrer inneren Kraftreserven. Von kleinen Erholungspausen bis hin zur umfassenden Energie-Kur – die K.A.K.A kann zu einer festen Struktur in Ihren Routinen werden.

Also, zögern Sie nicht länger!

Folgen Sie mir in die Tiefen des P.I.P.I. (Privates Institut für Praktische Introversion), wo Introversion nicht nur akzeptiert, sondern gelebt wird. Wir garantieren Ihnen, dass Sie sich nach der Anwendung unserer Methoden nicht nur erholt, sondern auch gestärkt fühlen werden.

Mit introvertierten Grüßen
S. Fröhlich

DER E.S.E.L.

Die Grundzüge des »Effizienten Selbstfürsorge und Energiemanagement«-Leitfadens habe ich bereits mehrfach angerissen. Beispielsweise mit dem Hinweis, bei der Aussicht auf einen oder mehrere sozial herausfordernde Tage am Stück direkt im Anschluss eine Pause einzuplanen. Wir erinnern uns an das Zwei-Tage-Gesetz. Das dahinterliegende Prinzip lässt sich in drei Schritten zusammenfassen, denen jeder gute E.S.E.L. folgt:

SCHRITT EINS: Vorab solltest du immer möglichst vorausschauend einschätzen, wie kräftezehrend ein Event werden könnte. Wichtige Parameter sind:

- Wie viele Personen kommen?
- Wie gut kenne ich diese Personen?
- Habe ich eine direkte Bezugsperson, die mich notfalls abschirmen kann?
- Ist es ein gewohntes Umfeld/Setting?
- Wie ist meine Tagesform?
- Wie sehen die Stunden vor dem Event aus? Wird die Batterie bereits angeschlagen sein?

SCHRITT ZWEI: Auf Basis deiner Antworten solltest du (zumindest mit etwas Übung) ableiten können, an welchen Tagen du Pausen einplanen musst. Bei manchen Events bietet sich eventuell direkt eine anschließende Auszeit von einem halben oder ganzen Tag an, bei anderen Events schaffst du möglicherweise auch eine Reihe am Stück, bevor du einen Cut benötigst. Beobachte deine Erfahrungen und lerne dich kennen, um deine eigenen Möglichkeiten und Grenzen besser einzuschätzen. Und behalte immer deinen Kalender im Blick!

SCHRITT DREI: Plane die konkrete Gestaltung der Erholungsphasen/-Tage entsprechend deinen Voraussagen. Eine grobe Einschätzung, wie angeschlagen dein Akku sein wird, kann schon eine gute Basis für mögliche Vorkehrungen darstellen, beispielsweise:

- Nach dem Event ist schlimmstenfalls selbst für die belanglosesten Entscheidungen keine Energie mehr übrig: Leg dir vorher schon dein Lieblingsbuch, deinen Lieblingsfilm oder deine Lieblingsserie bereit, breite deine Kuscheldecke auf dem Sofa aus, entscheide dich für einen Tee und häng den Beutel in deine Lieblingstasse, und so weiter – je besser du dein Nest vorbereitest, umso sanfter wird die Landung.
- Wirst du nur ein paar Stunden benötigen? Einen halben Tag? Einen ganzen? Es kann sehr unangenehm sein, sich die Situation vorher schönzureden und am Ende die abendliche Verabredung mit Freunden doch abzusagen, weil mehr Luft raus ist, als man vorher wahrhaben wollte. Geh ehrlich mit dir ins Gericht.
- Wie viele Tafeln Schokolade werden benötigt?
- (Viele.)

ERGÄNZUNG: Solltest du nicht stark introvertiert geprägt sein, können dir diese Tipps in einigen Lebenssituation sicherlich trotzdem helfen. Beispielsweise wenn du weißt, dass du feiern gehst und erst spät in der Nacht oder am nächsten Morgen heimkommen wirst – in eine perfekt vorbereitete Höhle der Entspannung zurückzukehren ist ein Segen, den man nicht mehr missen möchte, wenn man diese Erfahrung einmal gemacht hat. Und selbst, wenn du stark extrovertiert geprägt bist, helfen dir diese Ratschläge vielleicht beim Umgang mit Introvertierten in deinem Umfeld. Sie daran zu erinnern, Erholungstage vorausschauend einzukalkulieren und auf die eigene Selbstfürsorge und strategisches Energiemanagement zu achten, wird dir sicherlich Pluspunkte einbringen. Den meisten Menschen fällt es nicht leicht, die eigenen Bedürfnisse stets im Blick zu behalten und ehrlich einzuschätzen – Intros sind da keine Ausnahme. Deshalb kann höflich formulierte und gut gemeinte Unterstützung auch für uns durchaus wertvoll sein.

DIE K.A.K.A.

Wenn du dem E.S.E.L. folgst, führt er dich zwangsläufig zur K.A.K.A. – der »Kraft-Aufbau-Kur«-Anleitung. Diese hilft bei all den Mikro-Entscheidungen, die du im Zuge von Schritt drei treffen musst. Da jeder sein eigener Mensch ist und ich daher genauso wenig du bin, wie du ich bist, braucht jeder Mensch auch seine eigene K.A.K.A. – na gut, okay, langsam reicht's mit den Kaka-Gags. Kommen wir lieber zum Kern der Sache: Die meisten Menschen wissen glücklicherweise instinktiv, was ihnen dabei hilft, ihre Batterie wieder zu laden. Darüber solltest du dir also nicht allzu sehr den Kopf zerbrechen. Das lädt nur zum Overthinking ein (und falls es doch so weit kommt: Erinnere dich an den Gedankenstopp). Hör an Pausentagen einfach auf deinen Bauch. Den eher extrovertiert Geprägten unter uns ist nach einem langen Tag im Büro abends womöglich nach einem gemeinsamen Essen mit Freunden, einem Telefonat mit dem besten Freund oder einer anderen sozialen Interaktion. Als introvertierte Person sieht es wahrscheinlich anders aus, weil die halbstündige Mittagspause mit den Arbeitskollegen das Bedürfnis nach sozialem Kontakt bereits abgedeckt haben könnte. Und wenn es ein Tag voller Meetings war, dann rufen am Abend möglicherweise eine Runde Yoga, ein bisschen Musik und die Couch. Reizarme Beschäftigungen, während derer die mentale Ausrichtung nach innen ungestört gelingen kann, um das Erlebte in sich selbst zu verarbeiten – es nach außen zu tragen, ist gar nicht immer nötig. Aber auch, wenn wir alle verschiedene Mittel und Wege zum Auftanken brauchen, möchte ich dir trotzdem meine K.A.K.A. zeigen (sorry, der musste noch sein) und damit eventuell für etwas Inspiration sorgen.

EIN BEISPIEL AUS DER PRAXIS

Szenario: Ich nehme an einem zweitägigen Dreh für eine Sketch-Show teil. Weder kenne ich die anderen Darsteller noch das Team. Auf der mehrstündigen Rückfahrt gerate ich im Zug zudem in einen Overthinking-Strudel und spule immer wieder die vergangenen zwei Tage ab, als wäre ich in einer Zeitschleife gefangen. Am Ende bin ich so erschöpft, dass mein Körper mir subtile Hinweise sendet, die ein Bedürfnis nach Ruhe signalisieren. Zum Beispiel Migräne mit Übergeben.

Maßnahme: eine Kraft-Aufbau-Kur der höchsten Stufe; Notfallprogramm.

Durchführung: zu Hause angekommen, esse ich zunächst einen – na gut, anderthalb – na gut, zwei oder drei Donuts, die ich mir beim Umsteigen am Hauptbahnhof geholt habe. Anschließend nehme ich ein heißes Bad mit Eukalyptus-Badezusatz. Menthol wäre die zweite akzeptable Option, jede andere Duftnote kommt nicht in Frage. Wenn es mir nicht sämtliche Poren so weit öffnet, dass ich mich vollsauge wie ein Schwamm, dann will ich darin nicht baden! Die nächste Stunde verbringe ich im Bademantel und erledige in kleinen Schritten mein Pflegeprogramm: Gesichtspeeling und -maske, Augenpads, Donut Nummer vier (ja, es waren vier und nein, den habe ich mir nicht ins Gesicht geschmiert), Bodylotion.

Wenn ich anschließend im Sonntagsoutfit auf der Couch lande, muss ich mit Entsetzen feststellen, dass ich keine Donuts mehr habe. Chips tun's auch. Bei einem der vielen Streaminganbieter mache ich mir eine meiner Feel-Good-Serien an: *Friends, King of Queens, Brooklyn Nine-Nine, Dahmer* oder spiele eines meiner Feel-Good-Videospiele: *Life Is Strange, Lego Harry Potter, Resident Evil.* Das Massagekissen in meinem Nacken läuft auf Hochtouren, und einmal die Stunde raffe ich mich auf, um mein Körnerkissen neu aufzuwärmen.

Und erst, wenn die Anspannung *wirklich* abgefallen ist, fange ich an, Max von den vergangenen Tagen zu erzählen. Das ist dann das unmissverständliche Zeichen dafür, dass der Aufladungsprozess gestartet ist und die Batterie wieder lädt. Ab diesem Zeitpunkt ist das Schlimmste geschafft, und ich kann mich langsam wieder um Alltagsangelegenheiten kümmern – wie Koffer auspacken, Wäsche waschen, das wichtigste Buch ever zum Thema Introversion schreiben.

Warnhinweise: In wenigen Fällen fühlte ich mich nach einem sehr strapaziösen Event (oder einer aufeinanderfolgenden Verkettung mehrerer Überanstrengungen) dazu verlockt, es mir in der Kraft-Aufbau-Kur etwas *zu* gemütlich zu machen. Die Erinnerung an die anstrengende Erfahrung raubte mir jeden Willen, mich der Welt da draußen jemals wieder zu stellen, und Bademantel, Donuts und Bingewatchen wirkten sehr viel attraktiver. Diese Momente lassen sich womöglich nicht ausschließlich auf die Introversion zurückführen, sollen aber auch nur das Sprungbrett für diesen allgemeinen Warnhinweis sein: Wenn du Intro bist, dann achte trotzdem (oder gerade deswegen) unbedingt darauf, wo für dich die Grenze zwischen Alleinsein und Einsamkeit verläuft. Und ich wäre ja nicht ich, wenn ich nicht ich wäre (ach was) und dir im nächsten Kapitel nicht erkläre, wie ich es geschafft habe, nicht im Kokon der Einsamkeit zu versauern. Doppelte Verneinung hoch zwei.

An dem Bedürfnis, allein sein zu wollen, ist nichts verwerflich – in unserer Gesellschaft besteht dafür zwar nicht immer gleich viel Verständnis, aber wozu gibt es Notlügen? (»Ich kann leider doch nicht. Ich habe ein wichtiges Vorstellungsgespräch bei der Ausreden GmbH.«) In manchen Lebensphasen besteht bei längerem Einigeln aber eine nicht zu unterschätzende Gefahr, den richtigen Moment für die Rückkehr ins soziale Leben zu verpassen. Und wenn man es sich in der kompletten Isolation und Kontaktlosigkeit erst zu gemütlich gemacht hat, dann kann der Weg zurück deutlich schwerer sein, als man vorher dachte. Du ahnst möglicherweise schon, dass das zu einer gemeinen Zwickmühle führen kann. Wenn die ersten Gefühle von Einsamkeit auftreten, gleichzeitig aber die Vorstellung möglicher sozialer Begegnung Angst oder Überforderung auslösen, wie kann man sich trotzdem überwinden und seinen Bedürfnissen nachkommen? Das schauen wir uns im nächsten und letzten Kapitel an. Denn die hier angedeutete hohe Kunst der Überwindung ist die letzte Disziplin, die es auf unserem gemeinsamen Weg noch zu meistern gilt. Und sobald dir das gelingt, hast du dein Training im Intro-Dojo abgeschlossen und das Level deiner Meisterin (also mir) erreicht. Aufregend, oder? (Du musst aber trotzdem noch Respekt vor mir haben.)

INFOBOX

WAS WIR GELERNT HABEN

Versuche, dich selbst vor absoluter sozialer Entladung und/ oder Überlastung zu schützen, indem du Pausen nach und/ oder zwischen intensiven Events einplanst. Behalte deinen Kalender im Blick und nimm deine Bedürfnisse ernst.

Nutze deine Pausentage beziehungsweise -phasen bestmöglich aus, indem du *wirklich* auf dein Bauchgefühl hörst. Nach sozial intensiven Events wird dein Kopf eine Weile brauchen, um alles zu verarbeiten – hüte dich vor Overthinking. Wenn du *echte* Entspannung findest, sind die unbewussten Verarbeitungsprozesse womöglich schneller erledigt. (So ist es jedenfalls bei mir.)

Wenn dir danach ist, allein zu sein, dann schäme dich nicht dafür und nimm dein Bedürfnis ernst. Das macht dich nicht zu einem Freak (und selbst wenn, so what?). Allerdings solltest du aufpassen, nicht den rechtzeitigen Absprung zurück ins soziale Leben zu verpassen, wenn das Bedürfnis nach Geselligkeit zurückkehrt. Einsamkeit ist nicht zu unterschätzen und wenn sie dich erst einmal vereinnahmt hat, kann der Weg zurück schwierig sein.

14
INTROVERTIERT, NA UND?

ICH VERTIPPE MICH beim Eingeben der Telefonnummer, lösche alles – und vertippe mich wieder. Unkonzentriertheit wäre eine gute Ausrede fürs Zittern meiner Finger. Oder Unterzuckerung. Oder ein Schlaganfall. Nichts davon stimmt, die Wahrheit ist schlimmer: Nervosität. Wieso bin ich nur so nervös? Ich will mich schon seit Wochen für die Probestunde im Schauspielkurs anmelden! Nicht nur, dass mir nach neuen Erlebnissen ist (was einmal in fünfzig Jahren vorkommt). Nicht nur, dass ich denke, es wird mir Spaß machen (was einmal in hundert Jahren vorkommt). Noch dazu kann etwas Schauspielübung für meine Tätigkeiten als Content Creatorin und Stand-up-Künstlerin sicher nicht schaden. Und um das richtige Angebot zu finden, war sogar einiges an Recherche nötig: alle Optionen zusammentragen, die teuren und weit entfernten Schulen aussortieren, die Webseiten der verbleibenden Schulen checken und überprüfen, ob die Kurse für absolute Anfänger geeignet sind. Am Ende blieb eine gewaltige Auswahl übrig: Eine einzige Schule entsprach meinen Erwartungen. Immerhin fiel die Entscheidung leicht. Für die Anmeldung ist jetzt nur noch ein Anruf nötig.

Ich probiere es erneut mit der Nummer, diesmal klappt's. Der grüne Hörer wartet auf meine Fingerspitze. Aber die Nervosität ist noch da. Mir ist einfach nicht danach, mit einem anderen Menschen zu sprechen. Vorgestern hatte ich einen Auftritt, gestern habe ich eine Comedy-Show moderiert und heute ... Na gut, heute stehen keine besonderen Termine an. Aber meine Batterie ist längst nicht geladen. Das wird noch zwei, drei Stunden dauern. (Und mit zwei, drei Stunden meine ich Staffeln von Friends.) *Reiß dich zusammen, Saskia.* Sollen die ganze harte Vorarbeit und die wochenlange Recherche (es waren dreißig Minuten) umsonst gewesen sein?

Aber ist jetzt wirklich der richtige Zeitpunkt? Na gut, auf den perfekten Moment wartet man eh länger als auf den Tod. (Mein nächstes Buch wird eine Kalendersprüche-Sammlung.)

Was soll's, wenn ich mich diese Woche nicht anmelde, dann bin ich halt beim ersten Versuch gescheitert. Okay, beim zweiten – vor wenigen Tagen hatte ich schon einmal die Nummer eingegeben und konnte mich dann nicht überwinden. Aber das macht doch nichts. Nächsten Montag habe ich noch keine Termine, da kann ich es dann zum fünften Mal probieren. *Komm schon, Saskia, es ist nur ein dummer Anruf.*

Ich drücke auf den Hörer-Button, die Verbindung wird hergestellt. Es klingelt einmal durch – und ich lege auf. Schade. Niemand erreichbar.

Nur ein dummer Anruf, Saskia.

Diesmal klingelt es dreimal, dann hebt jemand ab.

»Frau Werner am Apparat, wie kann ich helfen?«

»Hallo, ich würde gerne an einer Probestunde für den Schauspielkurs am Mittwochabend teilnehmen.«

»Dann brauche ich bitte einmal Ihren Namen.«

»Saskia Fröhlich.«

»Vielen Dank, Frau Fröhlich. Sie sind dann für den Mittwoch angemeldet. Schönen Abend noch.«

Nach diesem nervenaufreibenden und zeitintensiven Gespräch atme ich erst einmal erleichtert durch. *Lass dir das eine Lehre sein, Saskia. Hinterher ist es nie so schlimm gewesen, wie du vorher dachtest.*

Ein paar Tage vergehen und schließlich ist es so weit: Heute Abend findet die Probestunde statt. Natürlich beschleicht mich wieder die übliche Aufregung. Das dreißigsekündige Telefonat mag sich als gar nicht so qualvoll entpuppt haben, aber ein zweistündiger Improvisations-Schauspielkurs mit komplett fremden Leuten? Noch dazu als die Neue? Ja genau, als würde ich mich in dieses Minenfeld der Fettnäpfchen wagen. Mein Akten-Ich reibt sich schon die Hände. *Stopp, Saskia.* Ich muss mich beruhigen, am besten ablenken – ich brauche etwas zu tun. Ich koche etwas. Oder nein, besser noch: Ich backe.

Gegen 15:30 Uhr entscheide ich mich also für die Zubereitung von Lava Cakes. Um 18:45 Uhr werde ich das Haus verlassen müssen, um – Puffer eingerechnet – pünktlich zu Beginn vor Ort zu sein. Mehr als genug Zeit für mein Rezept.

SASKIAS BLITZREZEPT FÜR EXTRA SCHNELLE LAVA CAKES

- 6–8 Cakes
- max. 30 Minuten (wahrscheinlich weniger)
- Feuerlöscher bereitstellen (Explosionsgefahr)

ZUTATEN:

- 90 g vegane Schokolade (für den Teig)
- ca. 40 g vegane Schokolade (Stücke für den Kern)
- 50 ml Öl
- 150 ml pflanzliche Milch
- 100 g Mehl
- 50 g Zucker
- 10 g Kakaopulver
- Prise Salz

ZUBEREITUNG:

15:30. Da die Lava Cakes blitzschnell zubereitet sind, muss man sich beim Bereitstellen der Zutaten nicht stressen. Ohne Eile holt man sie einzeln aus dem Schrank/der Kammer/dem Ort der Aufbewahrung. Sollte eine der Zutaten zunächst verwechselt werden, so dass man ein zweites oder sogar drittes Mal gehen muss, besteht noch lange kein Grund zur Panik.

15:42. Die Schokolade für den Teig mit einem zeitsparenden Trick schmelzen. Dafür die zerbrochenen Stücke für einige Minuten auf höchster Stufe in die Mikrowelle geben.

15:47. Wenn es anfängt zu qualmen und sich der alarmierende Gestank verkohlter Kakaomasse in der Küche ausbreitet, die Schale wieder aus der Mikrowelle holen und die ungenießbare Pampe abkühlen lassen. Da der Schokoladenvorrat für einen zweiten Versuch nicht genügt, schnell zum Supermarkt um die Ecke und eine neue Tafel holen.

16:38. Nach dem ungeplanten Wocheneinkauf die Ausbeute in Ruhe verräumen, anschließend bemerken, dass man zwar fünfzig Euro ausgegeben, die Schokolade aber vergessen hat. Noch einmal schnell zum Markt flitzen.

17:00. Man hat aus seinen Fehlern gelernt: Schokolade geduldig über dem Wasserbad schmelzen. Ja, man mag bereits die Sechzig-Minuten-Marke überschritten haben, aber ab jetzt kein Risiko mehr eingehen. Die Temperatur sollte in kleinen Schritten erhöht werden, um nichts anbrennen zu lassen. Die langweilige Warterei mit TikTok überbrücken.

17:45. Nach fünf Minuten auf TikTok feststellen, dass nicht nur fünf, sondern fünfUNDvierzig Minuten vergangen sind. Die geschmolzene Schokolade nun mit dem Öl und der Milch verrühren. Danach die trockenen Zutaten in einer Schüssel gut vermischen, zuerst den Zucker, dann das Kakaopulver und schließlich ... aus Versehen die Packung Mehl fallen lassen.

17:48. Nass wischen.

18:02. Merken, dass das nicht die beste Idee war. Notfallmäßigen Frühjahrsputz beginnen.

18:31. Da man eh schon dabei ist, das Innere des Backofens von Fettresten befreien und den Kühlschrank durchwischen.

Nach der umfangreichen Putzaktion den eigentlich dringend nötigen Blick auf die Uhr vergessen und die inzwischen erkaltete Schokoladen-Öl-Milch-Masse erneut über dem Wasserbad erwärmen.

18:39. Beim zweiten Versuch die trockenen Zutaten ohne größeren Unfall vermengen, danach den flüssigen Kakaosud hinzugeben und alles gut verrühren. Die Muffinform einfetten. Bemerken, dass man den Backofen nicht vorgeheizt hat. Moment, wie viel Zeit bleibt eigentlich noch? Oh Gott, eigentlich müsste man das Haus jeden Augenblick verlassen, aber man hat sich noch nicht fertig gemacht, noch nicht einmal umgezogen, gar nichts.

19:00. Sich gegen (oder um Punkt) 19 Uhr endgültig geschlagen geben und sein Schicksal akzeptieren, auf dem Küchenboden in sich zusammensinken und den Teig direkt aus der Schüssel löffeln. Auf Wunsch mit einem Fingerhut frische Tränen verfeinern, je nach Geschmack.

19:02. Sollte jemand behaupten, man hätte das absichtlich hinausgezögert, antwortet man: Äh … selber.

VERSUCH NUMMER ZWEI

Es dauert mehrere Wochen, bis ich mich dazu durchringe, über einen erneuten Versuch auch nur nachzudenken. Nicht fürs Backen, sondern fürs Schauspiel. Schließlich habe ich mich beim letzten (versäumten) Probetermin nicht einmal abgemeldet. In meiner Vorstellung wird ein erneuter Anruf deshalb so ablaufen:

»Hallo, ich würde gerne eine Probestunde für einen Impro-Kurs wahrnehmen.«

»Kein Problem, verraten Sie mir einmal Ihren Namen?«

»Saskia.«

»Und Ihr Nachname?«

»Fröhdlfdflf.«

»Entschuldigen Sie, das habe ich nicht ganz verstanden. Könnten Sie Ihren Namen wiederholen?«

»Saskia.«

»Den Nachnamen meine ich.«

»Frödlfdl.«

»Bitte?«

»Fröhlich.«

»Saskia Fröhlich. Kennen wir uns bereits?«

»Das ist unmöglich. Ich habe noch nie bei Ihnen angerufen, schon gar nicht vor zwei Monaten.«

»Okay – einen Augenblick. Bevor ich Ihnen die Zusage gebe, kontrolliere ich nur schnell unsere schwarze Liste.«

»Schwarze Liste?«

»Eine Liste aller Leute, die, ohne abzusagen, zu einem vereinbarten Termin nicht erschienen sind. Fröhlich. Unter ›F‹ ... Fridolin. Frodo. Ah, Fröhlich. Saskia Fröhlich. Sie stehen ja tatsächlich auf der Liste.«

»Oh weia, und jetzt?«

»Jetzt werde ich Ihnen eine halbe Stunde lang enorme Vorwürfe machen, Sie fragen, was Sie sich dabei nur gedacht haben, und Sie dabei übel beleidigen.«

»Na gut, ich denke, das ist fair.«

»Im Anschluss kontaktiere ich natürlich die Polizei. Man würde Sie dann im Verlauf des Abends festnehmen und ins Gefängnis bringen.«

»Das habe ich mir schon gedacht.«

»Haben Sie denn noch Fragen?«

»Jetzt gerade nicht, die fallen mir dann bestimmt erst hinterher ein.«

»So ist das ja immer, nicht wahr?«

»Ha ha, ja, typisch ich.«

»Ja.«

»Ja.«

»Wollen wir dann starten?«

Und so weiter.

Es vergehen ein paar weitere Wochen, bis ich endlich bereit bin, noch ein paar Wochen vergehen zu lassen. Dieses Spielchen wiederholt sich. Und wiederholt sich. Und wiederholt sich. Aber trotzdem lässt mich der Wunsch nach dem Schauspielkurs einfach nicht los. Und keines der alternativen Angebote spricht mich so sehr an wie die Schule, bei der ich leider nie wieder anrufen kann: Die Optik der Webseite entspricht tatsächlich dem Standard des aktuellen Jahrzehnts, die Bewertungen sind überragend, und das Team sieht sympathisch aus. Außerdem gibt es tief in mir eine Saskia, die sich mit der Schmach des versäumten Termins nicht abfinden will. Die beweisen will, dass sie es besser kann. Die weiter und weiter verstreichende Zeit nährt meine Hoffnung darauf, dass der Name »Saskia Fröhlich« sicher irgendwann von der schwarzen Liste gestrichen wird – das Delikt muss verjährt sein, bevor ich es noch einmal probiere.

Erst mehrere Wochen später ist es so weit. Erneut wähle ich die Nummer, erneut tippe ich auf den grünen Hörer, erneut vereinbare ich eine Probestunde noch für denselben Abend. Tatsächlich werden mir weder Vorwürfe gemacht, noch steht nach dem Telefonat die Polizei auf meiner Schwelle. Vielleicht hat die Frau, mit der ich gesprochen habe, gerade erst angefangen und kennt die schwarze Liste noch nicht. Glück gehabt. Also Versuch Nummer zwei! Yeah! *Verkack es diesmal nicht, Saskia. Und keine Lava Cakes mehr! Obwohl …*

SASKIAS ZUVERLÄSSIGES REZEPT FÜR LAVA CAKES, DIE IMMER GELINGEN

- 6–8 Cakes
- max. 30 Minuten (plus-minus)
- Feuerlöscher bereitstellen (Explosionsgefahr)

ZUTATEN:
- 90 g vegane Schokolade (für den Teig)
- ca. 40 g vegane Schokolade (Stücke für den Kern)
- 50 ml Öl
- 150 ml pflanzliche Milch
- 100 g Mehl
- 50 g Zucker
- 10 g Kakaopulver
- Prise Salz

ZUBEREITUNG:

1. Beim Bereitstellen der Zutaten möglichst jeden Gedanken an die am Abend bevorstehende Challenge vermeiden. Keine Überlegungen zum Thema Anreise, Begrüßung, Ablauf und Teilnehmer des Schauspielkurses anstellen.

2. Während man die Schokolade in kleine Stücke zerbricht, bevor man sie schmilzt, sollte man sich außerdem auf keinen Fall all die Szenarien ausmalen, was bei der Probestunde schiefgehen könnte.

3. Beispielsweise, dass man den Raum nicht findet oder den falschen betritt, zu Stundenbeginn vor der ganzen Gruppe etwas vorführen oder an einem Kennenlernspiel teilnehmen muss oder der Kurs nur aus unangenehmen Menschen

besteht. Diese Dinge sollte man sich – wie gesagt – nicht ausmalen.

4. Die geschmolzene Schokolade mit Milch und Öl verrühren. Wenn die Kakao-Milch-Suppe das Öl abstößt, könnte die Sorge aufkommen, am Abend vom Rest des Schauspielkurses genauso abgestoßen zu werden. Kräftig mit dem Schneebesen dagegen anrühren. Wenn eine glatte Masse entstanden ist, Schokoladenspritzer und Angstschweiß aufwischen.

5. Mehl, Zucker, Kakaopulver und Salz vermengen. Die Frau am Telefon war zwar freundlich, aber was ist, wenn sich die Kursleitung daran erinnert, dass schon einmal mein Name für eine Probestunde auf dem Zettel stand – ist eine Frage, die man sich währenddessen nicht stellt. Stattdessen gibt man die flüssigen Zutaten hinzu und verrührt alles zu einem Teig.

6. Das Einfetten der Muffinform mag dazu einladen, die Gedanken abschweifen zu lassen, deshalb darauf achten, dass sie nicht immer noch um eine mögliche unangenehme Konfrontation kreisen. Ebenfalls zu vermeiden: Selbstzweifel und -vorwürfe.

7. Die erste Hälfte des Teigs in die Förmchen geben, dann jeweils ein Schokoladenstück in der Mitte platzieren. Anschließend mit dem restlichen Teig abdecken, so dass beim Backen flüssige, weiche Kerne entstehen. Zarte, leicht verletzliche Kerne, die sofort zerfließen und ihre Form verlieren, sobald sie offengelegt werden. Die schnell an ihr Limit geraten und denen ungewohnte Situationen nicht leichtfallen, wenn der soziale Akku bereits angeschlagen ist. Die einen anderen Tag für die Probestunde bevorzugen würden. Leckere Schokoladenkerne.

8. Bei 180 Grad circa zehn Minuten backen.

9. Zehn Minuten können eine lange Zeit sein.

10. Wenn man am Küchentisch sitzt und die Gedanken kreisen lässt.

11. Was man vermeiden sollte.

12. Was allerdings leichter geschrieben als getan ist.

13. Einen kurzen Gang ins Badezimmer unternehmen, um sich kaltes Wasser ins Gesicht zu spritzen und tief durchzuatmen.

14. Auf dem Badewannenrand in sich zusammensinken und das Gesicht in den Händen vergraben. Sich fragen, wieso man nicht einfach eingesehen hat, dass eine Probestunde im Schauspielkurs zu viel verlangt ist. Man ist dafür nicht gemacht – wieso zu etwas anmelden, das man zum Schluss eh nicht wahrnehmen wird?

15. Wenn ein unangenehmer Duft bis ins Badezimmer zieht, sind die Lava Cakes fertig. Bemerken, dass man den qualmenden Backofen aus Versehen auf »Grillfunktion« gestellt hat. Offen stehen lassen, außerdem alle Fenster sperrweit öffnen, den piependen Rauchmelder im angrenzenden Flur abmontieren und die Kohlebriketts, deren weichen Kerne von einer steinharten Schicht verbrannter Kruste beschützt werden, wegschmeißen.

16. Den gescheiterten Backversuch als ein schlechtes Omen akzeptieren und sich für den restlichen Tag vor der Welt verstecken.

Zweimal meldete ich mich zu einem Schauspielkurs an und zweimal »versäumte« (aka sabotierte) ich ihn. Klingt für dich unglaubwürdig? Nach all dem, was wir bereits erlebt haben? So langsam solltest du mich doch kennen. Und für Vergessliche gibt es einen prima Merksatz:

Allein bin ich bequem
Und habe kein Problem,
Fremde Menschen aber
Sind für mich ein legitimer Grund, spontan abzusagen.

Am Versmaß und den Reimen arbeite ich noch. »Problem« auf »bequem« erscheint mir etwas zu simpel. Ich denke aber, die Botschaft kommt rüber. Falls du dich außerdem fragst: »Hä, aber auf die Stand-up-Bühne hat sie es doch auch geschafft? Wo ist denn jetzt das Problem beim Schauspielkurs?«, dann würde ich gerne antworten: »Hier noch einmal einige Vorteile einer Comedy-Bühne: keine direkte Interaktion mit fremden Menschen, ich allein habe das Mikrofon, gute Vorbereitung möglich, klarer Ablauf und hohes Maß an Kontrolle. Wie viele dieser Vorteile treffen auch auf einen Impro-Schauspielkurs zu? Richtig, keiner.«

SCHEITERN IST OKAY

Ich habe ja bereits in einigen anderen Kapiteln erwähnt, dass uns Intros auch der Sinn nach etwas Neuem stehen kann. Manchmal vielleicht nach etwas ganz Bestimmtem – beispielsweise eben Stand-up-Comedy oder Schauspielkurs. Manchmal auch nach neuen Eindrücken ohne genaue Spezifizierung. Und wenn wir jetzt die damit einhergehenden Herausforderungen (das Eintauchen in unbekannte soziale Gewässer, die Vorstellung von Smalltalk und die Unsicherheit darüber, wie man sich in neuen sozialen Settings verhalten soll, ...) beiseitelassen und stattdessen Saskias Super-duper-1A-klappt-garantiert-immer-Strategie »ein neues Hobby suchen« anwenden, können wir nicht nur neue Erfahrungen sammeln, sondern auch soziale Kontakte knüpfen. Eine Möglichkeit ist die Teilnahme an Kursen oder Vereinen, die den eigenen Interessen entsprechen.

Hier mal ein paar Beispiele:

- Tanzkurs
- Kochkurs
- Backkurs
- Malkurs
- Sprachkurs
- Nähkurs
- Töpferkurs
- einem Chor beitreten
- Buchclub
- Yogakurs
- sämtliche Sportvereine
- gemeinnütziges Projekt
- ein Abstecher in den Swingerclub

Oder Stand-up-Comedy. Oder ein Impro-Schauspielkurs. Solche regelmäßigen Treffen bieten nicht nur die Möglichkeit, einem Hobby nachzugehen, sondern auch auf Gleichgesinnte zu treffen. Durch die Struktur der Kurse, die in der Regel zu bestimmten Zeiten und Tagen stattfinden, können wir Intros uns bestens darauf vorbereiten und diese sozialen Interaktionen im Vorfeld einplanen. Zum Beispiel kann die Vorfreude auf den wöchentlichen Montags-Yogakurs eine motivierende Kraft sein, um sich trotz möglicher anfänglicher Unsicherheit auf neue Begegnungen (und Bewegungen) zu freuen.

»Aber Saskia, was ist mit den Herausforderungen und Hemmungen? Du kriegst es ja offensichtlich selber nicht hin.« Good

News: Diese Zwickmühle lässt sich überwinden. Je nach Tagesform fallen zwischenmenschliche Interaktionen zwar besser oder schlechter aus, aber wo ein Wille ist, da ist auch die Ausdauer, eine Telefonnummer fünfmal zu wählen, bevor man den Anruf durchzieht. Einige Hemmungen und Ängste lassen sich mit Atemübungen, der Gedankenstopp-Technik und guter Vorbereitung (siehe vorheriges Kapitel: geladener Akku!) außerdem recht gut kontrollieren. Insgesamt ist eine vorbereitete Introvertierte daher einer unvorbereiteten immer einen gelungenen Lava Cake voraus.

Worauf gute Introvertierte sich deshalb ebenfalls vorbereiten sollten, sind Rückschläge. Yeah, wir alle lieben Rückschläge. Oder das genaue Gegenteil ist der Fall und niemand scheitert gerne. Aber es gehört dazu. (Die Sprüchesammlung nimmt langsam Form an.) Mir persönlich hilft es enorm, eine Niederlage immer als möglichen Outcome im Hinterkopf zu behalten. Für mich als Intro kann ein Fehlschlag sonst nämlich schnell den Pfad für Selbstvorwürfe ebnen: »Wäre ich normal, dann hätte es geklappt«, und so weiter. Ich bin mir sicher, es geht auch anderen Intros so. (Extros bestimmt ebenfalls, aber dann mit mir unbekannten Prägungen und Gründen. Wer weiß schon, wie Extros ticken?! Irgendwer bestimmt, aber ich nicht.) Die eigene Prägung zu akzeptieren und sich nicht gegen seine Bedürfnisse zu stellen, bedeutet nicht, die eigenen Fehlschläge ebenfalls als angeboren hinzunehmen: »Ich bin halt so, was soll's?« Dann gelingen die Lava Cakes erst recht nicht. Ich kenne diese Art von Aberglauben natürlich selbst nur zu gut: »Es hat beim letzten Mal schon nicht geklappt, diesmal wird's ganz bestimmt auch nicht klappen.« Aber das ist die falsche Erwartungshaltung. Genauso wie das Gegenteil: »Diesmal wird's ganz bestimmt klappen.« Beide Extreme können eine Falle sein. Denn wenn man denkt, es wird nicht klappen, lässt man es früher oder später von vornherein. Und wenn man denkt, es wird sicher klappen, schmerzt ein Fehlschlag umso stärker.

Dieser Gegensatz geht auch weit über meine Introversion hinaus: optimistisches und pessimistisches Denken können das gesamte Leben einfärben. Und in beiden Fällen nicht immer zum Guten. Meiner Erfahrung nach ist die gesündeste Erwartungshaltung: »Ich weiß nicht, ob es klappt.« Bahnbrechend, oder? Aber das ist noch nicht alles. Das Entscheidende ist dabei nämlich die Bereitschaft zur inneren Ruhe. Nichtwissen sollte kein Anlass für Panik sein. Oder zum Ausmalen von Horrorszenarien anregen. Stattdessen soll es zur Gelassenheit beitragen. Denn dann – und jetzt schließt sich der Kreis – ist es bedeutend leichter, sich Herausforderungen zu stellen und die Komfortzone (wenn gewünscht) zu verlassen. Sowohl Erfolgsdruck als auch die Angst vor einer Niederlage sorgen für innere Anspannung, die sich schlimmstenfalls in Hemmungen, Blockaden und Absagen äußert.

So, und nachdem dieser Regen der Weisheit auf dich niederging (die Kalender-Sprüchesammlung füllt sich weiter und weiter): Ich weiß dieses ganze Zeug zwar, aber es auch wirklich anzuwenden, in jeder sozialen Lage? Gelingt mir natürlich in 100 Prozent der Fälle, ausnahmslos und jederzeit. Easy. (Meine Backversuche enden schließlich auch nicht in Selbstsabotage und Kopfzerbrechen.) Aber es gibt Hoffnung. Je häufiger und regelmäßiger man sich sagt: »Ich weiß nicht, ob es klappt«, desto selbstverständlicher wird es, die Ungewissheit zu akzeptieren. Und sie sogar für sich zu nutzen. Es ist in jedem Fall empfehlenswert, eine Situation nicht vorab zu bewerten, sondern neutral an die Sache ranzugehen, indem man sich sagt: »Das habe ich noch nie gemacht, ich probiere es einfach mal aus und schaue, was dabei herauskommt.« Schauen wir uns nun an, wie meine Tour des Scheiterns weiterging – oder ob ich schließlich meine eigenen Ratschläge doch noch in die Tat umsetzen werde.

Zweimal habe ich mich überwunden, mich um eine Probestunde zu kümmern. Zweimal bin ich anschließend gescheitert. So etwas hinterlässt Spuren. Wie erkläre ich das am besten? Ich glaube, ich brauche ein schlaues Zitat und eine gute Metapher.

»Wege entstehen dadurch, dass man sie geht.«
Ist wahrscheinlich von Kafka. Oder von Goethe.
(Hätte aber von mir sein können.)

Man könnte auch sagen: Wege entstehen dadurch, dass viele Leute dieselbe Abkürzung nehmen. Am S-Bahnhof bei mir um die Ecke führt beispielsweise ein kleiner Trampelpfad über eine Grünfläche. Geht man außenrum, dauert es nur ein paar Sekunden länger. Menschen sind halt faul. Wir kleben auch unsere Kaugummis unter U-Bahn-Bänke, statt uns bis zum nächsten Mülleimer zu gedulden. Na gut, was heißt »Wir«? Ich bin jedenfalls ein unschuldiges Lämmchen. Was das Gerede über Trampelpfade soll? Interessant ist ja, dass die erste Person, die eine Abkürzung nimmt, gar nicht im Sinn hat, dort einen Weg zu ebnen. Aber so jemand wird manchmal ungeplant zum Influencer. Wenn die Grashalme erst einmal umgeknickt sind und die Erde festgetreten ist, folgen schnell die ersten Trittbrettfahrer (scheiß Nachmacher!). Und ruckzuck entsteht ein neuer Weg, wo vorher keiner war – wie von allein.

In meinem Kopf ist spätestens mit der zweiten versäumten Probestunde und der zweiten nicht erfolgten Absage ein negativer Trampelpfad entstanden. Ich nenne ihn den »Das Schauspielthema ist durch«-Weg. Eine Abkürzung in Richtung »Versagen«. Jetzt ergibt die Metapher Sinn, oder? Natürlich hätte ich ahnen können, dass das die Folge meiner Drückebergerei sein wird. Aber wer beschäftigt sich vorher schon mit den Konsequenzen seines eigenen Handelns? Machst du das etwa? Ja? Ach so. Ehm, ich dann auch. Jedenfalls ist das Schauspiel-Thema durch – dieser Gedankenpfad ist festgetreten, seit ich zum zweiten Mal die bequeme Abkürzung des »Einfach-nicht-Hingehens« nahm. Niemals im Leben fiele es mir ein, mich ein drittes Mal selbst so zu demütigen. Wieder müsste ich dort anrufen, wieder käme der Stichtag, wieder wüsste ich gute Gründe, um es spontan ausfallen zu lassen. Zum Glück liegt die letzte Erfahrung dieser Art bereits einige Monate hinter mir. Und zum Glück ist mein Wunsch, einen Schauspielkurs zu besuchen, in der Zwischenzeit abgestorben. Erfüllte Wünsche sind out – nicht erfüllte und im Keim erstickte Wünsche sind der neue heiße Scheiß. Es gibt schließlich nichts Besseres, als nach einem langen und harten Tag nach Hause zu kommen, sich auf ein heißes Bad zu freuen und festzustellen, dass der Wasserboiler nicht mehr funktioniert. Eine eiskalte Dusche hat doch auch was. *Ach, wem mache ich etwas vor?*

Vielleicht sollte ich einfach Max fragen, ob er mit mir zum Schauspielkurs geht. Bei meinem ersten Stand-up-Auftritt hätte ich ohne meine Begleitung ja auch gekniffen. Vielleicht habe ich ihn sogar schon gefragt, mehr oder weniger, durch die Blume. Und vielleicht hat dieser unsensible Idiot keinerlei Interesse an Impro-Schauspiel. *Hallo?! Meine Interessen sollten seine Interessen sein!* Dann suche ich mir halt ein neues Projekt, bei dem ich noch keine verbrannte Erde hinterlassen habe. Statt Schauspiel könnte ich es mit etwas anderem probieren. Eine schnelle Google-Suche zum Thema Hobbys bringt vielversprechende Optionen zutage. Zum Beispiel Birdwatching. Oder Lockpicking. Oder … ich hab's: mittelalterlicher Schwertkampf. Selbst dafür gibt es Kurse. »Saskia Fröhlich – Stand-up-Comedian und dreimalige Gewinnerin des Kaltenberger Ritterturniers.« Ich öffne die Kontaktseite. Wieder eine Telefonnummer. Natürlich werde ich dort nicht anrufen, aber spaßeshalber öffne ich meine Telefon-App. Ich scrolle ein wenig herunter. Die Schauspielschule erkenne ich auf Anhieb. Nicht, weil ich sie mir gemerkt habe. Es ist einfach die einzige unbekannte Nummer zwischen: »Max«, »Mama« und »Management«. Ich weiß nicht, welcher Teil von mir sich dafür verantwortet, aber ohne mein aktives Zutun drückt mein Finger aufs Telefon. Der grüne Hörer taucht auf. Es wählt.

ES WÄHLT!

Aus einem Impuls heraus habe ich den Trampelpfad wieder verlassen und bin zurück im Dickicht. *Hoffentlich falle ich nicht schon wieder auf eine Abkürzung herein.*

SASKIAS SKEPTISCHES REZEPT FÜR LAVA CAKES, DIE MÖGLICHERWEISE WAS WERDEN ODER AUCH NICHT

- 6–8 Cakes
- max. 30-180 Minuten (plus-minus)
- Feuerlöscher bereitstellen (Explosionsgefahr)

ZUTATEN:
Müsstest du ja mittlerweile wissen …

ZUBEREITUNG:
1. Den Aberglauben überwinden, dass die Lava Cakes ein schlechtes Omen sind, und mit den Vorbereitungen beginnen. Sprich: Backofen vorheizen. Sich außerdem bewusst machen, dass man sich nach der Rückkehr von der Probestunde mit einem leckeren Lava Cake prima belohnen könnte. Falls man wirklich hingeht. Falls nicht, ist das aber auch okay. Dann probiert man es eben noch einmal. Und noch einmal. Und so weiter.

2. Schokolade schmelzen. Anschließend mit Milch und Öl verrühren. Parallel dazu die trockenen Zutaten vermischen, dann beides zusammenführen. Zu einem glatten Teig verquirlen, der gegenüber seiner weiteren Verarbeitung neutral eingestellt ist. Er sollte weder Erfolgsdruck noch Versagensängste verspüren.

3. Die Muffinformen einfetten und die erste Hälfte des Teigs gleichmäßig hineinfüllen. Die Schokoladenstücke – beziehungsweise zukünftigen Schokoladenkerne – auf den Teig verteilen. Dann mit der zweiten Hälfte des Teigs bedecken. Nicht darüber nachdenken, wie gut die Zubereitung bis hierher geklappt hat.

4. Bei 180 Grad circa zehn Minuten backen. Abkühlen lassen.

5. Einen Lava Cake als Nervennahrung inhalieren. Die restlichen Cakes beiseitestellen.

6. Sich rechtzeitig duschen, schminken, fertig machen und das Haus verlassen. In der Bahn kurz befürchten, man träume, und sich selbst kneifen. So etwas Kitschiges denken wie: »Jetzt ist es zu spät, um umzukehren«, und wirklich erst an der geplanten Station aussteigen. Zur Schauspielschule laufen. Den Kursraum betreten und an die Lava Cakes denken, die zu Hause auf einen warten. Egal, was jetzt passiert, man hat sie sich auf jeden Fall verdient.

7. Nach der Probestunde direkt zur Kursleiterin gehen und sich verbindlich anmelden. Ihr gegenüber betonen, dass es extrem viel Spaß gemacht hat (und dabei nicht einmal lügen).

8. Wie auf einer Wolke nach Hause schweben, wo die Lava Cakes warten. Kurz in der Mikrowelle aufwärmen, um den Kern wieder zu schmelzen. Währenddessen feststellen, dass sich all die Sorgen erneut als unberechtigt erwiesen haben und es hinterher doch Spaß gemacht hat. Dann die Cakes heiß genießen. Darüber wundern, wie verdammt lecker sie schmecken.

9. Für einen kurzen Moment einfach nur dasitzen, stolz sein und Glück verspüren. Sich klarmachen, dass man sogar als Introvertierte auch in sozialen Settings zu diesem Gefühl in der Lage ist.

»Hinterher hat's doch Spaß gemacht« – wenn ich dir einen letzten Ratschlag mit auf den Weg geben will, dann diesen. Vor allem, wenn du introvertiert bist. Scheitern gehört dazu. Das haben wir in diesem Kapitel mehr als einmal gesehen. Und nach einem Fehlschlag fällt es leicht, den Kopf in den Sand zu stecken. Aber ich habe mich wieder und wieder überwunden, und am Ende hat mir der Schauspielkurs wahnsinnig viel Spaß gemacht. Tut er übrigens bis heute. Ein fester und wiederkehrender Termin, der mich zum Kontakt mit einer Gruppe von teilweise bekannten, aber auch immer wieder unbekannten Menschen »zwingt«, tut mir auf viele Arten gut. Kann ich also empfehlen. Die Teilnahme fällt mir nicht immer leicht, in manchen Wochen ist es nach wie vor eine Überwindung, hinzufahren. Aber ich bleibe dabei: »Hinterher hat's doch Spaß gemacht.«

Und selbst wenn egal welche Form von Situation einmal keinen Spaß gemacht hat, weißt du jetzt, wie du einen positiven Umgang damit findest. Lass deine Erwartungshaltung nicht für übermäßige Enttäuschung oder Lustlosigkeit sorgen. Jeder scheitert mal, nicht nur Introvertierte – und wenn Introvertierte es tun, liegt's auch nicht zwangsläufig an der Introversion. Es gibt viele angeborene Charaktermerkmale, mit denen wir uns alle abfinden und arrangieren müssen. Die meisten davon hindern uns nicht daran, Glück und Erfüllung zu erleben. Und eine Introversion schon gar nicht. Wir sind halt nur introvertiert, na und?

INFOBOX

WAS WIR GELERNT HABEN

Alles Wichtige ist gesagt, das Buch ist vorbei, unsere gemeinsame Reise beendet. (An dieser Stelle sagst du: »Leider.«)

Zum Abschied möchte ich dir noch eine Reihe an Beispielen auflisten, wann, wie und warum es besser sein kann, nur dabei statt mittendrin zu sein. Wenn du ein Intro bist, dann tröstet dich diese Liste vielleicht an schlechten Tagen. Und wenn du ein Extro bist, dann macht dich diese Liste vielleicht neidisch.

So oder so, vielen Dank fürs Lesen und ... äh ... also ... Ich bin bei Verabschiedungen genauso schlecht wie bei Begrüßungen. Gibt man sich jetzt die Hand? Umarmt man sich? Ich weiß es nicht. Aber solange du mir auf meinen Social-Media-Kanälen folgst, muss es ja gar kein Abschied sein. Also bis gleich!

Und hier jetzt noch die versprochene Liste:

- Gerichtsverhandlung – Nur dabei besser als mittendrin
- Krankenhaus – Nur dabei besser als mittendrin
- Beerdigung – Nur dabei besser als mittendrin
- Familienstreit – Nur dabei besser als mittendrin
- Boxkampf – Nur dabei besser als mittendrin
- Unfallort – Nur dabei besser als mittendrin
- Flashmob – Nur dabei besser als mittendrin
- Marathonlauf – Nur dabei besser als mittendrin
- Kindergeburtstag – Gar nicht dabei besser als mittendrin

DANKSAGUNG

HÄTTE ICH VERSUCHT, dieses Buch im Alleingang auf die Beine zu stellen, wäre es in einer kleinen bis mittelgroßen Katastrophe geendet. Zu meinem Glück gab es aber viele tolle Menschen, die mich dabei tatkräftig unterstützt und das Ganze überhaupt erst möglich gemacht haben. Dank euch darf ich mich nun offiziell als Autorin bezeichnen.

Aber immer der Reihe nach:

Ein besonderer Dank gebührt meinem Co-Autor, Partner, besten Freund und dem vermutlich kreativsten Menschen, den ich kenne, Max. Dein Optimismus, deine grenzenlose Geduld, dein Verständnis und deine Unterstützung sind für mich von unschätzbarem Wert. Durch die unzähligen Momente, in denen wir zusammensaßen, uns ausgetauscht, gebrainstormt und so heftig über unsere eigenen Witze und Ideen gelacht haben, ist dieses Buchprojekt zu einem unvergesslichen Erlebnis geworden. Ohne dich wäre diese Reise nicht dieselbe gewesen. Dieses Buch ist ein weiterer Beweis dafür, dass wir ein unschlagbares Team sind.

Außerdem gilt meiner unglaublich ausdauernden und geduldigen Lektorin Sabine der größte Dank, jede wahnwitzige Idee mitgemacht zu haben. Vielen Dank für die zahllosen Ratschläge und Anmerkungen, die der Qualität des Textes mehr als guttaten.

Ebenso danke ich meiner Agentur, Endgame Entertainment, und ganz besonders Julia, die von Anfang an für das Projekt brannte und ohne die es nie zustande gekommen wäre.

Mein größter Dank gilt natürlich auch all den tollen Leuten vom S. Fischer Verlag. Danke für euer Vertrauen.

Liebe Ulrike, dank dir habe ich mich bei S. Fischer immer bestens aufgehoben gefühlt und war mir von Anfang bis Ende sicher, dass wir eine gemeinsame Vision verfolgen.

Liebe Verena, dein kreativer Input und dein tiefes Verständnis für das Thema halfen ungemein. Danke!

Ebenfalls möchte ich mich bei Christina für dieses wundervolle Layout-Design bedanken.

Ein ganz besonderes Dankeschön geht außerdem an meine Mutter, die mich seit jeher auf meinem Weg unterstützt und immer an mich geglaubt hat – ganz nach dem Motto: »Mach das, was dich glücklich macht.«

Ein kleiner Dank sei zudem noch Carl Gustav Jung gewidmet, der meiner Persönlichkeitsprägung (und damit diesem Buch) vor rund 100 Jahren einen Namen gab. Danke, alter Psycho-Doc.

Und last but not least bedanke ich mich natürlich auch von Herzen bei dir. Nicht alle schaffen es, die Danksagung bis zum bitteren Ende zu lesen. Spaß beiseite (ein letztes Mal): Dieses Buch wäre ohne dich einfach nur ein sehr aufwendiges, kostenineffizientes und etwas seltsames Tagebuch-Projekt. Aber da du es gelesen hast, darf es endlich ein richtiges Buch sein. Danke!

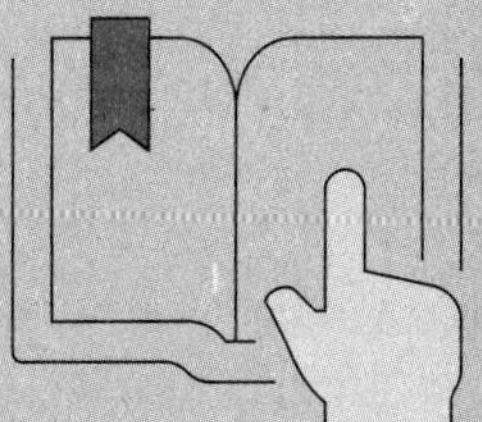

QUELLEN-
VERZEICHNIS

1. ZU JUNG & FREUD

Dare, Christopher/Dreher, Anna Ursula, et al.: *Freuds Modelle der Seele. Eine Einführung* (Bibliothek der Psychoanalyse), Gießen 2017 (2. Auflage).

Eckardt, Georg: *Tiefenpsychologische Beiträge zur persönlichkeitspsychologischen Begriffsbildung: Extraversion und Introversion* (Jung., C. G., 1913, 1921, 1936, 1937), in: Georg Eckardt (Hrsg.): Persönlichkeits- und differentielle Psychologie. Quellen zu ihrer Entstehung und Entwicklung, Wiesbaden 2017, S. 91–102.

Kast, Verena: *Die Tiefenpsychologie nach C. G. Jung. Eine praktische Orientierungshilfe,* Ostfildern 2014.

2. INTROVERSION BASICS

Asendorpf, Jens B./Neyer, Franz J.: *Psychologie der Persönlichkeit,* Berlin/Heidelberg 2024 (7. Auflage).

Eysenck, Hans Jürgen: *The biological basis of personality,* Springfield IL 1967.

Herzberg, Philipp Yorck/Roth, Marcus: *Persönlichkeitspsychologie (Basiswissen Psychologie),* Wiesbaden 2014.

(AUSSERDEM ZUM THEMA SCHÜCHTERNHEIT/INTROVERSION:)

Crozier, W. Ray: *Shyness as a dimension of personality,* in: W. H. Jones/J. M. Cheek/S. R. Briggs (Hrsg.): Shyness. Emotions, Personality, and Psychotherapy, Boston, MA. 1986.

3. SOZIALE ANGSTSTÖRUNG

Clark, David M./Ehlers, Anke, et al.: *Soziale Angststörung (Fortschritt der Psychologie),* Göttingen 2016 (2. Auflage).

von Consbruch, Katrin/Stangier, Ulrich: *Ratgeber Soziale Phobie. Informationen für Betroffene und Angehörige,* Göttingen 2021 (2. Auflage).

4. INTERNETQUELLEN & VERWEISE

Gedankenstopp-Technik, Wikipedia-Artikel: [https://de.wikipedia.org/wiki/Gedankenstopp], abgerufen am 06.05.2024.

»I daut it« - Youtube-Clip: [https://www.youtube.com/watch?v=j4ovbmsp6po&ab_channel=IdautitOfficial], abgerufen am 06.05.2024.

Kreativitätstechniken, Wikipedia-Artikel: [https://de.wikipedia.org/wiki/Kreativit%C3%A4tstechniken], abgerufen am 06.05.2024.

5. INTROVERSION BEI KINDERN

Fonseca, Christine: *Quiet Kids. Help Your Introverted Child Succeed in an Extroverted World,* Waco TX 2014.

Laney, Marti Olsen: *Hidden Gifts of the Introverted Child. Helping Your Child Thrive in an Extroverted World,* New York NY 2005.

Introvertierte Kinder – Informationen für Eltern (Big Direkt) [https://www.big-direkt.de/de/gesund-leben/familie-kinder/introvertiertes-kind-bitte-nicht-verbiegen&sa=D&source=editors&ust=1715005895885105&usg=AOvVawoEqonGNqaE5Q-gyZ2q4g7TQ], abgerufen am 06.05.2024.

6. KREATIVITÄT UND INTROVERSION/EXTROVERSION
Furnham, Adrian/Hughes, David J./Marshall, Emma: *Creativity, OCD, Narcissism and the Big Five,* in Thinking Skills and Creativity (10 2013), S. 91–98.
(Diese Studie erkennt für den gewählten Kreativitätsbegriff die Extroversion als vorteilhaft.)

Götz, Karin/Götz, Karl Otto: *Introversion-Extraversion and Neuroticism in Gifted and Ungifted Art Students,* in: Perceptual and Motor Skills (36 1973), S. 675-678.
(Diese Studie erkennt für den gewählten Kreativitätsbegriff die Introversion als vorteilhaft.)

Pretz, Jean/Wolfradt, Uwe: *Individual differences in creativity: personality, story writing, and hobbies,* in: European Journal of Personality (15(4) 2001), S. 297-310.
(Diese Studie erkennt für den gewählten Kreativitätsbegriff sowohl Intro- als auch Extroversion als vorteilhaft.)